从理性到情绪

——RDEU 视角下报童决策的心理权重重构

李江峰　吴　琼　著

哈爾濱工業大學出版社

内 容 简 介

本书以行为经济学与管理科学交叉研究为核心，突破传统“理性人”假设，引入等级依赖效用理论（RDEU），构建融合悲观/乐观情绪偏差的报童决策分析框架。书中在单期报童模型中构建心理权重模型，揭示情绪效应对库存决策的时变影响，拓展至定价与库存协同、资本约束等场景，分析情绪偏差对价格信号、资源配置的作用，解释“中心聚集效应”等行为异象，开发心理权重分类学与决策仿真工具，为理论研究提供行为运营建模新范式，为实践提供“情绪校准”决策指南，推动行为运作管理从单一风险厌恶维度向多维心理偏差拓展。

本书适合行为经济学、运营管理等领域研究者与从业者参考阅读。

图书在版编目(CIP)数据

从理性到情绪：RDEU 视角下报童决策的心理权重重构/李江峰，吴琼著. —哈尔滨：哈尔滨工业大学出版社，2025. 6. —ISBN 978－7－5767－2248－2

Ⅰ. F502

中国国家版本馆 CIP 数据核字第 2025ZU2912 号

策划编辑　杨秀华
责任编辑　杨秀华
封面设计　刘　乐
出版发行　哈尔滨工业大学出版社
社　　址　哈尔滨市南岗区复华四道街 10 号　邮编 150006
传　　真　0451－86414749
网　　址　http://hitpress.hit.edu.cn
印　　刷　哈尔滨圣铂印刷有限公司
开　　本　720 mm×1 000 mm　1/16　印张 10.5　字数 159 千字
版　　次　2025 年 6 月第 1 版　2025 年 6 月第 1 次印刷
书　　号　ISBN 978－7－5767－2248－2
定　　价　68.00 元

前 言

有效管理库存一直以来都是运筹学和管理学研究的主要议题，也是整个供应链有效运行的重要环节。面对快速变化的随机需求，每个制造企业如何决定自己的最优产量？每个零售企业如何决定自己的最优库存量？一些重要的服务业如何设计最优的运作空间？这些都是世界上各大企业所面对的共同难题。作为对这类问题研究的理论基石，经典的报贩模型由于其结构简单，并能够刻画大量现实中商业和生产运作模式，从而具有广泛的应用前景，因此长期以来都是学者和管理者强烈关注的焦点。

近 30 年来，在随机环境下，基于期望效用理论的传统经济和金融理论由于无法解释现实世界中一些异象，因而受到越来越多学者的质疑，一些学者通过把人类的行为因素纳入到决策模型中发展了行为经济学和行为金融学。目前，这一领域是经济学和金融学研究最为热点的主题。管理决策同所有经济和金融决策一样，都是同人类行为有着密不可分的关系。因而，近 10 年来，也有少数学者试图把行为经济学和金融学的理论引入到管理学的研究之中，提出了行为运作管理的思想。相对于行为经济学和行为金融学的发展，行为运作管理(BOM)仍然是一个刚刚起步的领域。此外，在有关行为报贩模型的研究中，现有文献大多数考虑报贩的风险厌恶、损失厌恶、缺货厌恶、有限理性和过度自信等行为偏差。最近，大量的实验证据表明，情绪在人们的决策过程中具有重要的影响，来自心理学的研究表明悲观总是和人类的一切消极情绪密切相关的，而乐观总是与一切积极情绪密不可分。因此，悲观和乐观偏差在人类决策过程中扮演着重要角色。所以，无论从学术还是从实践的角度来考虑，研究悲观和乐观偏差对报贩决策行为有怎样的影响是一个很有价值的研究问题。

在这样的动机下，本书从悲观和乐观偏差的视角下对经典的报童模型进行讨论，进行了以下三个方面的研究：

(1)研究了悲观和乐观偏差对于报贩订购行为的影响，并同期望效用和风险中性框架下的结果进行了比较。证明了悲观预期效用报贩的订购量小于风险厌恶的期望效用和风险中性报贩的订购量，这说明概率相关的风险态度对供应链的效率造成更大的损失，对于乐观的报贩在适当条件下有相反的结果，因此，悲观和乐观偏差加剧了供应链的不稳定性。通过构造例子说明Schweitzer和Cachon(2000)实验的"中心聚集效应"在AU框架下能够给予合理的解释。不同于现有的比较静态文献，考察了随机需求期望和方差的改变对于悲观和乐观报贩决策行为的影响。

(2)研究了价格相关需求环境的报贩问题。在乘和加需求模型下讨论了悲观和乐观报贩的定价订购决策。在乘需求模型和适当的条件下，证明了悲观预期效用报贩制定的价格高于相应的对偶效用报贩和风险中性报贩，而订购量小于后面两者；乐观报贩的最优价格小于对应的对偶效用报贩和风险中性报贩，而订购量大于后面两者。在加需求模型下，悲观预期效用报贩的最优价格小于对应的对偶效用和风险中性报贩的最优价格，但无法确定三者之间最优订购量之间的关系；乐观报贩有相反的定价行为。

(3)研究了悲观和乐观偏差对于资本限制报贩决策问题的影响。考察了悲观和乐观偏差对于报贩订购和借贷行为的影响，以及悲观和乐观偏差对于银行利润和设定贷款上限决策的影响。证明了悲观(乐观)的报贩和银行的均衡订购量少于(大于)二者都是风险中性情形下的对应数量。而悲观(乐观)的银行设定的贷款上限总是小于(大于)风险中性银行所设定贷款上限，从而降低(增加)了报贩由于借贷而可能破产的概率。

作者

2025年4月

目 录

导论:重新定义报童问题的哲学基础

本章旨在阐明本书的研究出发点、创新之处以及面向的读者群体。首先回顾决策科学从“理性人”到“情绪人”的范式迁移,进而明确本书在报童模型研究中的独特定位,最后通过读者旅程图告诉不同角色的读者该如何最大化地获取本书价值。

0.1 从“理性人”到“情绪人”:决策科学的范式迁移

传统决策科学长期建立在“理性人”假设之上,认为决策者具备完备理性和自利动机,始终追求效用最大化。自冯·诺伊曼和摩根斯坦恩奠定期望效用理论(EUT)以来,这一范式主导了经济学和运筹学等领域的模型构建。然而,大量研究和实践表明,“理性人”范式存在局限:真实人类并非始终严格按照理性准则行事。早在20世纪中叶,赫伯特·西蒙就提出了著名的“有限理性”概念,指出人类的认知能力和信息有限,因而决策时往往并非求取最优解,而是满足于“足够好”的可行解,即“满意化”而非“最优化”。这一观点动摇了绝对理性假设的基础,开启了将心理与认知因素引入决策分析的先河。

此后,卡尼曼(Kahneman)和特沃斯基(Tversky)等行为科学家通过大量实验进一步揭示了人类决策的系统性偏差。经典研究表明,期望效用等传统理论难以描述真实决策行为:人们的偏好并非不变,而是会随情境呈现方式、问题框架以及决策者的记忆和情绪而改变。例如,在著名的框架效应实验中,当决策问题表述为“拯救生命”时,人们倾向选择确定收益方案;但若表述为“避免死亡”,则偏好风险较大的方案。这种仅因表述正反而引起选择逆转的现象违背了理性决策的描述不变性假设,反映出损失厌恶等心理效应的作用。同样地,Allais悖论等例证表明决策者会系统性地偏好确定性高的收益,哪怕放弃期望收益更大的机会,以避免微小概率的损失。卡尼曼和特沃斯基据此提出“前景理论”,以价值函数和决策权重来刻画诸如损失厌恶和小概率事件权重失真等行为异象,成为对传统理性范式的重大修正和补充。

报童(newsvendor)模型因其结构简单却能刻画短生命周期、随机需求商品的库存决策,成为运筹学与管理科学中的“五大经典模型”之一。它不仅是库存理论和收益管理课程的核心案例,更在零售、生鲜、快消品、餐饮外卖以及在线服务等诸多实际场景中得到广泛应用。许多企业在季节性商品、促销活动、餐饮配料、快递配送等环节,都需要基于该模型进行订货量或备货量决策。正因为它既具备清晰的经济含义(临界 fractile 解),又能直观反映缺货与过剩之间的权衡,报童模型常被视为连接“理论 — 实践”的桥梁。然而,恰是这一“教学 + 实践”双重地位,使得任何偏差都可能带来显著的经济损失,即便是极小的系统性偏离,也会导致累计成本或机会损失的大幅上升。因此,深刻理解并改进报童模型,对于促进理论与企业运营的契合度、提升供应链绩效具有重要意义。

在经典报童库存决策问题中也可观察到类似的行为异象。按照理性范式,报童应根据已知概率分布计算出使预期收益最大化的订货量(即“临界 fractile”解)。但实验和实证研究发现,现实决策往往偏离这一最优解:订货决策常向平均需求值收敛(即“中心聚集”效应),并受上一周期销售情况影响而频繁调整(“需求追逐”行为)。这些系统性偏差难以用传统理性模型解释,却与决策者的认知局限和心理倾向密切相关。这些证据推动决策科学从规范的理性范式转向描述性的行为范式,关注真实个体的决策过程。西蒙、卡尼曼、特沃斯基等人的工作实质上标志着决策研究的范式迁移,即从关注抽象理性的“经济人”,转向融入心理与行为要素的“心理人”乃至“情绪人”。

这一范式迁移可以通过一个“三维”哲学转向框架来理解:

(1) 理性认知维度:从全知全能的理性计算转向承认人类认知的有限性和启发式策略(西蒙的认知转向);

(2) 情绪心理维度:从假设情感中性的理性决策者转向将情绪因素纳入决策模型(卡尼曼等的心理学转向),即从“理性人”走向“情绪人”;

(3) 情境环境维度:从理想化、可控的风险环境扩展到复杂、不确定的现实情境，特别是重大危机情境下决策行为的变化。

例如，20 世纪末以来行为经济学兴起即体现了前两种维度的转向，而 21 世纪的全球性事件则凸显了第三维度的重要性。三个维度的综合作用促成了决策科学范式由"理性"向"情绪"的深刻演进，为分析现实决策提供了更丰富的视角。

为了在理论上刻画从"理性人"到"情绪人"的转变，学者们发展出改进的决策模型。Quiggin 等人提出的等级相关期望效用理论（rank－dependent expected utility，RDEU）就是其中具有代表性的重要成果之一。RDEU 在经典期望效用框架上引入了决策权重函数，以反映决策者主观心理对概率的扭曲作用。换言之，在 RDEU 框架下，决策者不再直接使用客观概率 p 来加权效用，而是使用一个映射 $\omega(p)$ 来表示对概率的主观感知权重。例如，可以设定 $\omega(p)=p^r(0<r<+\infty)$ 来描述决策者的心理权重函数：当 $r<1$ 时，$\omega(p)$ 将小概率放大（对应一种相对乐观或冒风险的倾向），而 $r>1$ 时则压缩小概率（对应相对悲观或风险规避的倾向）。通过适当选取 $\omega(\cdot)$ 的形式，RDEU 能够灵活描述不同情绪状态下决策者对风险概率的主观扭曲，从而将情绪因素引入决策分析的数学表征。

基于 RDEU 的思想，我们可以形式化地区分出两类决策代理：传统理性的 EUT 决策者和考虑情绪权重的 RDU 决策者。对于 EUT 决策者，其报童订货决策遵循经典的临界 fractile 条件，即满足

$$F(q^{\mathrm{EUT}})=\frac{c_{\mathrm{u}}}{c_{\mathrm{u}}+c_{\mathrm{o}}} \tag{0.1}$$

式中，$F(\cdot)$ 为需求分布函数；c_{u} 和 c_{o} 分别表示缺货惩罚成本与库存剩余成本。

对于融入心理权重的 ε 决策者，上述条件相应地修正为

$$\omega(F(q^{\varepsilon}))=\frac{c_{\mathrm{u}}}{c_{\mathrm{u}}+c_{\mathrm{o}}} \tag{0.2}$$

式中，$\omega(\cdot)$ 为 ε 决策者的主观概率权重函数。

正如 Quiggin 理论所揭示的那样，对累积分布 F 施加变换 ω，意味着在决策计算中重构概率的心理权重。通过式(0.2) 的刻画，"情绪人"在报童问题

中的决策行为可以被理解为：相对于理性基准，他倾向于高估某些需求水平出现的可能性（或低估其他可能性），从而调整订货决策以符合其心理感知的风险收益权衡。

RDEU模型的引入赋予我们刻画“情绪人”的有力工具：它以严格的公理化形式将情绪和心理偏好纳入决策权重，弥补了传统期望效用理论在态度维度上的不足。通过RDEU，得以在保留理性分析框架的同时重构决策权重以体现情绪影响，实现对“理性人”范式的拓展。更重要的是，这一范式的迁移为后续建立心理权重重构的报童决策模型奠定了基础。在新的模型中，决策者的权重函数 $\omega(p)$ 将根据心理和情绪因素进行校准，从而更加贴切地模拟现实决策行为。本书余下章节将沿着这一思路展开，系统构建和分析“情绪人”报童决策的心理权重重构模型。

0.2 本书的独特定位

本书在单期单商品报童模型研究中具有两大核心创新。一方面，引入等级相关期望效用（RDEU）及多维心理权重函数，对经典期望效用（EU）模型进行公理化扩展，从而更精准地刻画决策者对小概率事件与大损失事件的主观权重调节；另一方面，在经典的单期单商品报童模型中，运用RDEU框架重构报童的订购决策，将其情绪与心理偏好纳入模型。进一步地，联合研究报童的定价与订购问题，探讨在风险偏好之外的心理因素如何影响其定价和订购策略。最后，针对资本约束情形，分析报童在资金限制下的最优订购选择。

0.2.1 聚焦单期单商品模型的理论深度突破

等级相关期望效用（RDEU）由Quiggin于1982年提出，对经典期望效用模型进行了公理化扩展，可通过对累积概率分布进行非线性变换来引入心理权重函数，以反映决策者对小概率事件的放大或压缩现象。Quiggin在其奠基性论文中严格公理化了权重函数 $q:[0,1]\to[0,1]$，保证决策权重的单调性与全局一致性，从而弥补了原始前景理论在测度可加性方面的不足。在此基础上,Li 等(2014)构建了基于 RDEU 的风险厌恶报童模型,证明在该框架下最优订货量解依然唯一,且严格依赖于心理权重函数形状参数 r 的取值。

为了将理论模型与现实决策行为对接,Bendoly 等(2010)通过实验数据对常见的权重函数形式 $\omega(p)=p^r$ 中的 r 参数进行标定,发现大多数受试者的 r 值集中在 0.6 ~ 0.8 之间,表明人们在订货决策中普遍倾向于对小概率事件进行高估。同时,系统性综述表明,在订货决策过程中,除损失厌恶外,锚定效应、追逐热度和过度自信等多种认知偏差之间存在交互作用,因此建议在模型中纳入更多维度的心理权重函数,以提高预测精度。例如,Gino 与 Pisano(2008)的实验发现,锚定信息会显著影响订货量选择,且在无须求信息条件下,初始锚定值会主导整个决策过程,使平均订货量偏离经典最优解。

在行为运作管理领域,Sharma 和 Nandi(2018)回顾指出,引入心理权重函数是解释报童实验"中心聚集"现象的核心,并强调应深入研究心理权重的动态演化机制。Ümmühan Akbay(2023)在其近期综述文章中提出,结合前景理论、RDEU 与累积前景理论(CPT)可构建更全面的行为决策模型,并建议采用阶段性参数估计方法以捕获情绪随时间变化的效应。本书将在上述文献与方法基础上,对单期报童模型的心理权重函数进行系统化推导与参数检验,以实现理论与实践层面的深度突破。

0.2.2 在定价与资本约束场景下的系统性扩展

经典报童模型假定商品价格固定,但现实环境中价格与库存决策往往相互影响,因此联合定价－库存模型的研究对于企业利润最大化与风险控制具有重要意义。Shi M 等(2024)结合实验与理论分析发现,在竞争性定价环境下,RDEU 框架能更准确描述市场参与者的价格敏感性与库存策略,不同形式的心理权重函数可导致最优定价与订货量较经典模型同步偏离高达 20%。此外,Li C 和 Lu M(2023)发表的最小后悔联合定价－库存研究将 RDEU 权重函数与后悔度度量结合,证明在高风险情境下,行为最小后悔策略的收益比传统最大化利润策略高出 10% ~ 15%。

针对资金受限的运营场景,RCVaR 方法为资本约束报童模型提供了稳健的最优订货解。Jia Zhai 等(2023) 通过鲁棒优化对部分已知需求分布与资本上限条件下的风险厌恶报童模型进行理论推导，指出将心理权重函数与 RCVaR 准则结合可显著降低短期破产概率，并在实验中实现平均收益提升约 8%。与此同时，van der Laan N 等(2022) 的研究提出，仅知需求均值和方差时，分布式鲁棒优化可提升收益下界 10% 以上，从而增强模型在数据稀缺场景下的实用性和鲁棒性。

在融资－采购联合决策方面，Cheng 等(2020) 研究表明，零售商在获得优惠信贷时，其最优订货量会因心理权重函数与借贷利率的交互作用而较无信贷环境提高约 12%。同样，研究指出，债务共享银行融资模式下，心理权重函数对信贷额度的敏感性对采购决策影响更为显著，可使库存策略在高波动市场中展现更强的弹性。本书将基于上述文献和模型，在联合定价－库存以及融资－采购场景下，构建多目标行为优化模型，并通过数值仿真系统验证模型的有效性与稳健性。

0.3　读者旅程图

本书的目标读者是行为运作管理、库存理论、风险决策等领域的学术研究者以及相关专业的博士研究生。以下“读者旅程图”按章节说明本书内容如何满足不同读者的兴趣和需求。

第 1 章(研究背景与文献综述)：介绍报童问题的经典模型及其假设，回顾行为运作管理领域关于报童决策偏差的实验发现和理论解释现状。通过全面的文献综述，读者可以了解该领域的发展脉络和尚存的研究鸿沟，为理解后续章节奠定基础。对于相关专业的博士生而言，本章提供了扎实的背景知识，帮助其把握本书所处的研究语境。

第 2 章(RDEU 理论基础)：本章提出本书的核心框架——基于等级相关期望效用(RDEU) 的单期报童决策模型，并在严谨的公理体系下完成其推导。首先回顾经典 EUT 与 CPT 在解释 Allais 悖论及小概率高权重行为上的不足，随后引入“共单调独立性”“一阶随机占优保持性” 等修正公理，构建包

含效用函数 $u(\cdot)$ 与概率权重映射 $q(\cdot)$ 的 RDEU 效用泛函。读者将在本章看到如何将心理概率扭曲系统性地融入库存决策，以及模型在一致性、可操作性方面的充分保障。本章的公理化演绎不仅为库存理论和风险决策领域提供了全新的理论工具，也为后续考虑定价、资本约束等扩展情境奠定了坚实的逻辑基础。

第 3 章（基于悲观和乐观偏差的单期单商品报童模型）：本章聚焦于单期单商品报童模型在等级相关期望效用（RDEU）框架下的构建与验证。首先，依据 RDEU 的临界分位（fractile）条件，推导出报童最优订货量 Q^* 所满足的非线性方程，并说明其与经典 EU 模型中分位点条件的本质差异。随后，在相同边际成本与缺货成本下，将风险厌恶、悲观偏差和乐观偏差三种典型心理权重函数分别代入模型，对比静态情形下各偏好类型对 Q^* 的影响规律。通过参数敏感性分析，揭示了概率扭曲与效用曲率如何协同决定最优订货量的高低，以及在需求分布变化影响 RDEU 决策者行为的微妙变化。最后，本章通过数值模拟验证上述理论洞见，展示在不同偏好组合与成本结构下，RDEU 模型相较于传统 EU 模型的订货决策优势和偏差幅度，为后续章节深入探讨定价－订购联动与资本约束情境奠定了坚实基础。

第 4 章（定价环境下基于乐观悲观偏差的报童模型）：将 RDEU 报童模型拓展到联合订货－定价决策情境，分析在概率权重扭曲下报童的最优定价和订货策略如何变化。读者将在本章发现，相较于传统模型，心理权重的存在如何改变高价低库存或低价高库存策略的优劣权衡。本章的结果对行为运作管理领域的研究者具有直接意义，它揭示了顾客需求不确定性下，决策者的心理偏好如何影响价格和库存决策的协同。对于实践中负责定价和库存管理的决策者，本章的分析也提供了行为层面的洞察。

第 5 章（悲观、乐观和资本约束报童模型）：探讨报童在有限资本约束下的订货决策行为，将 RDEU 模型应用于风险管理与运营决策交织的情境。本章刻画了资金限制如何与心理权重效应相互作用：资本不足时决策者对风险的权重感知将如何影响订货保守度？通过理论分析和数值实验，本章为库存理论和金融决策交叉领域的研究者提供了新的见解。例如，本章结果有助于理解中小企业在资金紧张时表现出的订货决策偏差，对后续研究库存管理与财务约束的耦合问题具有借鉴意义。

第6章(总结与展望)：总结全书的研究结论，强调RDEU视角下心理权重重构对于解释和优化报童决策的价值。本章对比了本书模型与经典理性模型的决策差异，提炼出对实际库存管理的启示，并指出当前模型的局限与未来可拓展的研究方向。对于学术研究者而言，本章提供了若干开放性课题和改进思路，激发读者在行为运作管理和决策科学领域继续探索。相关研究者可以从本章发现潜在的研究切入点，将本书的方法论应用到更广泛的决策问题中，开启属于自己的研究旅程。

第 1 章　研究背景与文献综述

1.1　报童模型概述与重要性

报童模型自阿罗－哈里斯－马尔沙克(Arrow，Harris 和 Marschak，1951) 首次提出以来，便以其简洁而富有洞见的“分位数规则”成为库存管理与运筹学中的核心范式。在这一模型框架下，决策者需在需求实现前“一次性”确定订货量 Q，并在需求到来后承担“缺货”与“过剩”两类对立成本：若需求 $\widetilde{X}$ 超过 Q，则面临缺货损失；若需求低于 Q，则必须为剩余库存支付持有与处理费用。通过对随机利润函数 $Z(\widetilde{X},Q)$ 的期望化分析，模型导出了著名的临界 Fractile 解

$$F(Q^*)=\frac{c_u}{c_u+c_o} \tag{1.1}$$

式中，c_u 与 c_o 分别为单位缺货成本与单位过量成本。

该公式的核心含义是：当增添一单位库存所避免的缺货损失恰好与因多订一单位而增加的持有成本相等时，即可实现期望利润最大化。

在实际运营中，报童模型广泛适用于生命周期短暂、需求波动剧烈且再订货成本高昂或不可行的商品决策，如报纸杂志的印刷发行、生鲜与即食食品的日常备货、季节性促销商品的高峰供应、快速迭代的电子配件以及一次性医用耗材的应急储备等。这些商品的共同特征是：销售窗口极为有限、需求难以准确预测且补货难度大。分位数法则凭借其直观透明、参数易得的优点，能够在多种行业场景下迅速给出决策建议，不仅显著降低了缺货和滞销的总体成本，也提高了企业的响应速度和竞争力。

更重要的是，报童模型不仅仅是一个静态订货规则，更是多种高级库存与收益管理策略的“底层引擎”。航空公司和酒店业的收益管理，就是将报童模

型与动态定价、舱位分割相结合的典型延伸;供应链多级协调中,末端的报童决策直接影响上游的生产与订货;在联合定价－库存、资本约束及多期多阶段模型中,Fractile 规则常被用作分层分段的近似解策略。由此可见,报童模型因其数学可解性与经济可解释性,被视为运作管理与收益管理研究的"试金石"。

由于其广泛的适用性和极高的理论价值,报童模型自诞生之日起便吸引了无数学者与从业者的关注。接下来,我们将从规范的风险中性视角出发,回顾期望利润与期望效用框架下的模型扩展,为后续引入行为偏差与心理权重重构奠定坚实基础。

1.2 报童模型的规范视角:期望利润与期望效用回顾

报童模型最初以期望利润最大化为目标,是单期库存控制问题的经典表述之一。在这一基本框架中,决策者面对具有随机性的市场需求,需要在"订货过多导致浪费"与"订货不足造成缺货"之间进行权衡。其早期形式基于线性收益函数,假设决策者风险中性,即仅关心利润的期望值,不考虑其波动性或结构特征。该模型形式简洁、求解明确,长期以来在运营管理、库存控制与收益管理领域占据核心地位。

为了更好地刻画实际决策中的风险态度,规范研究学派进一步引入了期望效用理论(EUT)。EUT 假定决策者具有可加性效用函数,并基于对不同结果的期望效用进行最优化选择。相比线性目标函数,EUT 允许决策者对相同期望收益但不同风险结构的方案做出差异性判断,是金融经济学、行为科学等领域的标准规范工具。

在规范模型框架下,报童问题的核心结构可通过表 1.1 的参数体系描述。

表 1.1 报童模型参数符号体系

符号	定义	符号	定义
Q	决策变量:初始订货量	p	零售价格(元 / 单位)

续表1.1

符号	定义	符号	定义
$\widetilde{X}$	随机需求(服从($F_{\widetilde{X}}(x)$))	c	批发价格(元 / 单位)
$F_{\widetilde{X}}(x)$	需求累积分布函数	v	残值(元 / 单位)
$f(x)$	需求概率密度函数	b	紧急补货价格(元 / 单位)

报童的利润函数 $Z(\widetilde{X},Q)$ 反映了不同需求情景下的实际收益,常见模型如下:

$$Z(\widetilde{X},Q)=\begin{cases}(p-v)\widetilde{X}-(c-v)Q, & \widetilde{X}\leqslant Q\\(p-b)\widetilde{X}+(b-c)Q, & \widetilde{X}>Q\end{cases} \tag{1.2}$$

在不引入补货机制的简化模型中,亦可考虑缺货惩罚成本 $\hat{c}$:

$$Z(\widetilde{X},Q)=\begin{cases}p\widetilde{X}-cQ+v(Q-\widetilde{X}), & \widetilde{X}\leqslant Q\\pQ-cQ-\hat{c}(\widetilde{X}-Q), & \widetilde{X}>Q\end{cases} \tag{1.3}$$

在期望利润最大化(EPM) 框架下,目标函数为

$$\max_{Q}\mathbb{E}[Z(\widetilde{X},Q)]=\int_{0}^{\infty}Z(x,Q)f(x)\mathrm{d}x$$

通过对期望利润函数求一阶导并设其为零,可导出临界 Fractile 解

$$F(Q^{*})=\frac{c_{\mathrm{u}}}{c_{\mathrm{u}}+c_{\mathrm{o}}} \tag{1.4}$$

式中,$c_{\mathrm{u}}=p-b$ 表示单位缺货成本;$c_{\mathrm{o}}=c-v$ 表示单位过量成本。

该表达式具有清晰的边际经济含义:当追加一单位库存时,其边际收益为避免缺货带来的损失(c_{u}),边际成本为库存滞销的成本(c_{o})。最优订货量应使两者相等,从而实现边际风险的平衡。

然而,上述分析隐含一个重要前提:决策者是风险中性的,即其目标是利润期望最大化。在现实中,许多决策者表现出风险厌恶倾向,即对损失更加敏感,对利润波动具有规避动机。为了引入风险态度,期望效用理论将目标函数从利润的线性期望转化为效用函数 $U(\cdot)$ 的期望

$$\max_{Q}\mathbb{E}[U(Z(\widetilde{X},Q))]=\int_{0}^{\infty}U(Z(x,Q))f(x)\mathrm{d}x \tag{1.5}$$

式中,$U(x)$ 满足 $U'>0,U''<0$,表示决策者是风险厌恶者。

此时，EUT 决策者的 Fractile 解为

$$\frac{\int_0^{Q^*} U'(Z_-(x,Q^*))f(x)\mathrm{d}x}{\int_0^{Q^*} U'(Z_-(x,Q^*))f(x)\mathrm{d}x+\int_{Q^*}^{\infty} U'(Z_+(x,Q^*))f(x)\mathrm{d}x}=\frac{c_\mathrm{u}}{c_\mathrm{u}+c_\mathrm{o}}$$

其中

$$Z_-(x,Q^*)=px-cQ+v(Q-x),Z_+(x,Q^*)=px-cQ-b(x-Q)$$

例如，若 $U(x)=\log(x)$，则表示决策者对单位利润的边际效用递减；若 $U(x)=x^\alpha$ 且 $0<\alpha<1$，则表示其风险厌恶程度由参数 α 控制。此时，最优订货量 Q^* 不再是需求分布的某个固定分位点，而需根据 $U(Z)$ 的变形导数条件数值求解。

Fractile 条件下最优订货量 Q^* 的示意图如图 1.1 所示。

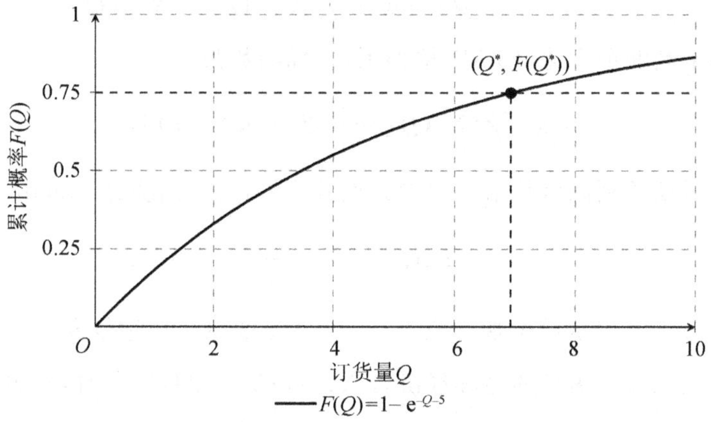

图 1.1　Fractile 条件下最优订货量 Q^* 的示意图

EUT 框架的引入，为库存决策理论建立了更加规范的模型基础，使研究者能够研究不同风险偏好下的订货策略。然而，与此同时，EUT 也存在一些局限性。例如，它无法解释为什么一些实验中参与者会违反独立性公理（如 Allais 悖论），或在面对极端概率时表现出概率加权行为。因此，尽管 EUT 是许多理论分析的起点，但它无法完全刻画现实中复杂的行为异象。

1.3　行为异象与实验发现

尽管经典报童模型在理论上提供了明确的最优订货策略，但大量实验研究表明，实际决策者在面对不确定需求时，常常偏离这一最优策略，表现出多种系统性的行为偏差。这些偏差不仅影响订货决策的质量，也揭示了人类在不确定环境下的认知局限性。本节将深入探讨这些行为异象及其背后的心理机制。

中心聚集效应（pull－to－center effect）是报童模型中最常被观察到的偏差之一。实验研究发现，决策者倾向于将订货量设定在需求分布的平均值附近，而非理论上最优的临界分位点。这一偏差导致在高利润率情境下订货不足，在低利润率情境下订货过多，从而降低了整体利润。这一现象被认为与“锚定与调整”启发式有关，即决策者以平均需求为锚点，进行有限的调整，最终导致订货量偏离最优值。具体可以用以下公式表达：

$$Q_{\text{actual}}=\gamma\,\mathbb{E}(\widetilde{X})+(1-\gamma)Q^{*}\,,0<\gamma<1$$

需求追逐（demand chasing）是另一种常见的行为偏差。在多期订货情境中，决策者往往根据前一期的实际需求调整当前的订货量，即使需求分布是已知且稳定的。这种行为忽视了需求的随机性和独立性，导致订货决策过度响应短期波动，从而增加了库存成本和缺货风险。这一现象可表示为

$$Q_{t+1}=Q_t+\beta(X_t-Q_t)\,,0<\beta\leqslant 1$$

这些行为偏差的存在表明，实际决策者在处理不确定性时，常常依赖于简单的启发式规则，而非严格遵循最优策略。也为后续引入更符合人类认知特征的决策模型提供了理论依据。

锚定效应（anchoring effect）指的是决策者在做出判断时，过度依赖初始信息或参考点，即使这些信息与实际决策无关。在报童模型中，决策者可能将平均需求、历史订货量或其他无关信息作为锚点，导致订货决策偏离最优值。这种偏离可通过以下公式表示：

$$Q=Q^{*}+\alpha(A-Q^{*})\,,0\leqslant\alpha\leqslant 1$$

框架效应(framing effect)则强调决策结果受信息呈现方式的影响。例如,将同一决策问题描述为“获得收益”或“避免损失”会导致决策者采取不同的策略。在报童模型中,若将缺货成本描述为“损失”,而将剩余库存描述为“未实现的收益”,可能会影响决策者的订货倾向。这种效应通常借助前景理论(prospect theory)的价值函数和概率权重函数表示,其中价值函数表达为

$$v(x)=\begin{cases}x^{\alpha}, & x\geqslant 0\\ -\lambda(-x)^{\beta}, & x<0\end{cases}$$

这里 $\alpha,\beta\in(0,1]$,且 $\lambda>1$。概率权重函数则表达为

$$w(p)=\frac{p^{\gamma}}{(p^{\gamma}+(1-p)^{\gamma})^{1/\gamma}},0<\gamma\leqslant 1$$

此外,过度自信(overconfidence)也是影响报童决策的重要因素。研究表明,决策者往往高估自己对需求分布的了解程度,低估需求的不确定性,从而做出过于激进或保守的订货决策。这种过度自信可能导致订货量偏离最优值,增加库存成本或缺货风险。

这些跨模型的共性偏差表明,传统的期望效用理论难以全面解释实际决策行为的复杂性。因此,引入更能反映人类认知特征的行为决策模型,如前景理论和等级相关期望效用模型,成为研究的必要方向。

通过对上述行为异象的深入分析,我们认识到实际决策者在面对不确定需求时,常常偏离理论上的最优策略,表现出多种系统性的行为偏差。这些偏差不仅影响库存决策的效果,也揭示了人类在不确定环境下的认知局限性。因此,在后续章节中,我们将探讨如何通过引入更符合人类认知特征的行为决策模型,来更准确地描述和预测实际的库存决策行为。

1.4 规范模型的演进

上一节回顾了报童模型在风险中性与 EUT 框架下的 Fractile 解。接下来,本节将沿着规范模型的演进脉络,依次引入风险厌恶、行为偏差建模与尾部风险度量工具,展示如何逐步丰富报童模型的理论表达。

1.4.1　风险厌恶与期望效用理论的扩展

期望效用理论(EUT)是描述决策者在不确定性下如何做出选择的经典理论框架。该理论假设决策者通过最大化期望效用来进行决策,即

$$\mathbb{E}[u(x)] = \sum_{i=1}^{n} p_i u(x_i)$$

式中,x_i 表示可能的结果;p_i 为对应的概率;$u(x)$ 为效用函数。

在连续情形下,期望效用表达为

$$\mathbb{E}[u(x)] = \int_{-\infty}^{\infty} u(x) f(x) \mathrm{d}x$$

风险厌恶是期望效用理论中的一个核心概念,指决策者倾向于选择确定的结果而非具有相同期望值的不确定结果。这种行为可以通过效用函数的凹性来描述,即

$$u(\mathbb{E}[x]) > \mathbb{E}[u(x)]$$

为了量化风险厌恶的程度,Arrow 和 Pratt 引入了绝对风险厌恶系数(absolute risk aversion,ARA)和相对风险厌恶系数(relative risk aversion,RRA)

$$\mathrm{ARA}(w) = -\frac{u''(w)}{u'(w)}, \mathrm{RRA}(w) = -\frac{wu''(w)}{u'(w)}$$

式中,w 表示财富水平;$u'(w)$ 和 $u''(w)$ 分别为效用函数的一阶和二阶导数。

常见的效用函数形式包括:

(1) 对数效用函数:$u(w) = \ln(w)$,具有恒定的相对风险厌恶。

(2) 指数效用函数:$u(w) = -\mathrm{e}^{-\alpha w}$,具有恒定的绝对风险厌恶。

在报童问题中,令 $Z(\widetilde{X}, Q)$ 作为财富水平函数,则 ARA/RRA 可写为

$$\mathrm{ARA}(Q) = -\frac{\partial^2 U(Z)/\partial Z^2}{\partial U(Z)/\partial Z}$$

以此刻画订货策略对风险的敏感度。这些效用函数形式在经济学中被广泛应用于描述不同类型的风险偏好行为。

1.4.2　前景理论与累积前景理论(CPT)

尽管期望效用理论在理论上提供了决策的规范模型,但大量实证研究表

明，实际决策者的行为常常偏离该理论的预测。为了解释这些行为偏差，Kahneman 和 Tversky 提出了前景理论(PT)，并在此基础上发展出累积前景理论(CPT)。

前景理论的核心观点：

(1) 参照点依赖性：决策者评估结果时是相对于某个参照点(通常是现状)进行的，而非基于最终财富水平。在报童模型中，一种常见的参照点是理性最优量 $Q^{*'}$，因此前景理论可解释为何实际订货量向该锚点偏移并表现出损失厌恶。

(2) 损失厌恶：相对于相同数量的收益，损失带来的负效用更大。

(3) 概率加权：决策者倾向于高估小概率事件的发生概率，低估中等概率事件的发生概率。

累积前景理论在前景理论的基础上，引入了对累积概率的加权，以避免原始前景理论中的一些理论缺陷。为适应连续需求分布，CPT 将单点概率加权推广到累积概率加权，形成下式：

$$U = \int_{-\infty}^{0} v(x)\mathrm{d}W^{-}(F(x)) + \int_{0}^{\infty} v(x)\mathrm{d}W^{+}(1 - F(x))$$

式中，$v(x)$ 是价值函数；$F(x)$ 是结果 x 的累积分布函数；W^{-} 和 W^{+} 分别是对损失和收益的概率加权函数。

价值函数 $v(x)$ 通常具有如下形式：

$$v(x) = \begin{cases} x^{\alpha}, & x \geqslant 0 \\ -\lambda(-x)^{\beta}, & x < 0 \end{cases}$$

式中，α 和 β 表示收益和损失的风险敏感度；$\lambda > 1$ 表示损失厌恶系数。

概率加权函数 $w(p)$ 常用的形式包括 Prelec 函数。

$$w(p) = \exp(-\eta(-\ln p)^{\gamma})$$

式中，η 和 γ 是参数，控制加权函数的形状。

CPT 在多个领域得到了广泛应用，包括金融投资、保险选择、消费者行为等，能够更好地解释实际决策中的行为偏差。

1.4.3 Spectral/CVaR 等一致风险度量

期望效用理论在描述风险偏好的规范性模型中占据核心地位，但其假设前提——决策者总是以期望效用最大化为目标，在面对极端风险和不确定性时往往显得不足，尤其是在尾部风险管理中表现不佳。为此，风险度量理论提供了更具现实解释力的工具，尤其是一致风险度量(coherent risk measures)理论的提出，标志着风险分析从效用函数转向函数空间的泛函分析视角。

Artzner 等(1999) 提出了"风险度量应满足一致性"的基本标准，即任何有效的风险度量 $\rho(\cdot)$ 应当满足以下四个公理：

(1) 单调性(monotonicity)：如果损失 $X \leqslant Y$ 几乎处处成立，则 $\rho(X) \geqslant \rho(Y)$；

(2) 次可加性(sub-additivity)：$\rho(X+Y) \leqslant \rho(X)+\rho(Y)$，体现分散化原则；

(3) 正齐性(positive homogeneity)：$\rho(\lambda X)=\lambda\rho(X)$，其中 $\lambda>0$；

(4) 平移不变性(translation invariance)：$\rho(X+a)=\rho(X)-a$，其中 a 为常数。

在一致风险度量体系中，条件风险价值(conditional value-at-risk, CVaR) 作为 value-at-risk(VaR) 的改进型，成为应用最广泛的尾部风险度量之一。给定损失变量 X 和置信水平 $\alpha \in (0,1)$，VaR 与 CVaR 分别定义如下：

$$\mathrm{VaR}_{\alpha}(X)=\inf\{x \mid \mathbb{P}(X \leqslant x) \geqslant \alpha\}$$

$$\mathrm{CVaR}_{\alpha}(X)=\mathbb{E}[X \mid X \geqslant \mathrm{VaR}_{\alpha}(X)]$$

CVaR 表示在最坏 $1-\alpha$ 的损失情景中，损失的期望值。其数学形式可由 Rockafellar 和 Uryasev(2000) 表达为优化问题：

$$\mathrm{CVaR}_{\alpha}(X)=\min_{\eta\in\mathbb{R}}\left\{\eta+\frac{1}{1-\alpha}\mathbb{E}[(X-\eta)^{+}]\right\}$$

该优化问题可视为在风险中性 Fractile 解基础上，对尾部 $1-\alpha$ 区间的损失加以重点管控，其 $\bar{Q}$ 求解可通过样本平均近似和线性规划实现。

CVaR 的一致性和凸性使其在鲁棒优化、金融工程和库存控制中被广泛应用。

在 CVaR 基础上，Acerbi(2002) 提出了谱风险度量(spectral risk measures, SRM)，其形式为加权的 CVaR 序列积分

$$\rho(X)=\int_0^1 \mathrm{VaR}_\alpha(X)\phi(\alpha)\mathrm{d}\alpha$$

其中，权重函数 $\phi(\cdot)$ 是单调非负且满足归一化条件的密度函数。ϕ 反映了决策者对不同置信水平下极端损失的主观关注程度，因此 SRM 在数学上连接了期望效用与尾部风险度量的思想，是期望效用和 RDEU 理论的一种泛化。

VaR 与 CVaR 随置信水平 $\alpha\in[0,0.8]$ 的变化示意图如图 1.2 所示。

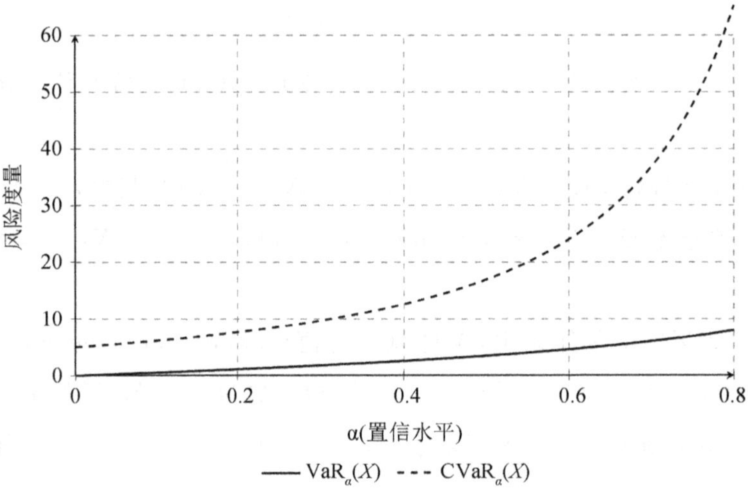

图 1.2 VaR 与 CVaR 随置信水平 $\alpha\in[0,0.8]$ 的变化示意图

特别地，当 $\phi(\alpha)=\frac{1}{1-\beta}1_{[\beta,1]}(\alpha)$，SRM 就退化为 CVaR：

$$\rho(X)=\frac{1}{1-\beta}\int_\beta^1 \mathrm{VaR}_\alpha(X)\mathrm{d}\alpha=\mathrm{CVaR}_\beta(X)$$

谱风险度量具备一致风险度量的所有性质，且允许通过调整权重函数来建模不同风险偏好的行为个体，因此非常适用于行为金融与行为运作管理的研究框架。在报童问题中，若将损失函数嵌入 CVaR 或 SRM 框架下，可以获得对尾部库存风险(如极端缺货或滞销)更敏感的订货策略。

将报童模型嵌入 CVaR 框架的一般形式如下：

$$\min_{Q} \mathrm{CVaR}_{\alpha}[-Z(\widetilde{X},Q)]$$

其中 $Z(\widetilde{X},Q)$ 表示利润函数，其负号即为损失函数。

该模型优化的目标是控制订货策略在极端情景下的最坏期望损失，适合风险厌恶的报童情形。

谱风险度量 $\rho(X)$ 的几何示意图如图 1.3 所示。

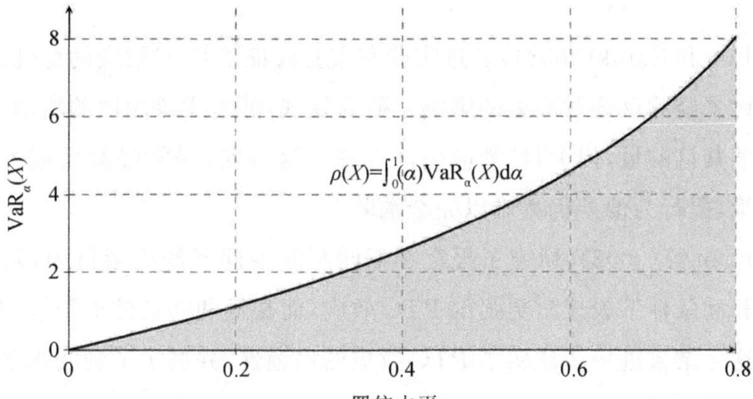

图 1.3　谱风险度量 $\rho(X)$ 的几何示意图(阴影表示加权面积)

1.5　行为运作管理领域的报童模型研究现状

报童模型作为库存管理领域的经典理论框架，用于研究单期、不确定需求产品的库存优化策略。近年来，随着行为运营管理(behavioral operations management，BOM)的兴起，学者们开始关注报童模型中的行为偏差现象。这些研究揭示了决策者在实际决策过程中受到认知偏差和启发式思维的影响，导致其决策与传统模型的最优解存在显著差异。本书综述了报童模型中的行为偏差研究，分析了不同研究者在该领域的成果，探讨了其研究数据、方法和结论，并对未来研究方向提出了展望。

1.5.1　行为偏差的实验研究

实验研究表明，报童模型中的决策者普遍存在行为偏差，这些偏差主要表现为“中心聚集”(PTC) 效应，即决策者倾向于将订购量调整到最优订购量和需求平均值之间。

Schweitzer 和 Cachon(2000)：首次通过实验发现报童的实际订购决策并非理论上的最优订购量，而是呈现出 PTC 效应。研究中，参与者在高安全库存或高利润设置下倾向于订购较少的数量，而在低安全库存或低利润设置下则订购较多的数量。这一发现引发了后续一系列关于报童模型行为偏差的实验研究。

Bolton 和 Katok(2008)：通过实验室实验验证了 PTC 效应的稳健性，并进一步探讨了经验反馈对决策的影响。研究发现，随着实验轮次的增加，参与者逐渐调整其订购量，但 PTC 效应仍然存在。这表明，尽管经验反馈可以部分改善决策，但行为偏差仍然难以完全消除。

Bostian 等(2008)：研究了报童在不同利润条件下的决策行为，发现参与者在高利润条件下表现出更强的 PTC 效应，而在低利润条件下则倾向于过度订购。这一结果进一步证实了 PTC 效应的稳健性，并揭示了利润水平对决策偏差的影响。

Ren 和 Croson(2013)：通过实验研究了过度自信对报童决策的影响，发现过度自信的决策者倾向于低估需求的不确定性，从而导致订购量偏离最优值。这一研究从个体差异的角度解释了行为偏差的形成机制。

Lurie 和 Swaminathan(2009)：研究了反馈频率对报童决策的影响，发现及时的反馈信息有助于减少报童的决策偏差。这一结果表明，信息反馈机制可以作为一种有效的干预措施，帮助决策者更好地调整其决策行为。

Rudi 和 Drake(2014)：探讨了需求审查对报童决策的影响，发现需求审查能够提高报童的决策准确性。这一研究进一步证实了信息处理在决策偏差中的重要作用。

Kremer 等(2014)：研究了随机误差对报童决策的影响，发现随机误差并不能完全解释 PTC 效应，而个体的认知偏差和启发式决策在其中起关键作用。这一研究结果强调了认知偏差在行为偏差中的核心地位。

1.5.2　行为偏差的理论研究

理论研究通过构建数学模型和行为假设，解释了报童模型中的行为偏差现象，并提出了可能的干预措施。

Su(2008)：提出了基于有限理性的报童模型，认为决策者的有限认知能力和时间限制导致其决策偏离最优解。研究通过 Logit 选择模型证明了有限理性可以解释 PTC 效应。这一理论框架为理解行为偏差提供了新的视角。

Kremer 等(2010)：探讨了随机误差对报童决策的影响，发现随机误差并不能完全解释 PTC 效应，而决策策略(如均值锚定和需求追逐)在其中起关键作用。这一研究结果进一步支持了有限理性理论。

Zhang 和 Siemsen(2016)：通过元分析总结了报童实验研究中的 PTC 效应，发现该效应在不同实验条件下具有较高的稳健性，但其具体表现形式可能因实验设计而异。这一研究结果为理论研究提供了实证支持。

Wang 和 Webster(2009)：基于前景理论，考虑了报童的损失厌恶心理，发现损失厌恶会导致报童在高利润条件下少订，在低利润条件下多订，从而产生 PTC 效应。这一研究结果揭示了行为经济学理论在解释行为偏差中的有效性。

Long 等(2015)：提出了一个新的参考点设定方法，将可能的最大和最小利润的加权组合作为参考点，证明了在这种情况下前景理论可以解释报童的 PTC 效应。这一研究结果进一步扩展了前景理论的应用范围。

Shen 等(2017)：将 Long 等人的方法推广到一般的需求分布，进一步验证了前景理论在解释报童决策偏差中的有效性。这一研究结果为前景理论提供了更广泛的适用性。

Eeckhoudt 等(1995)：基于期望效用准则，研究了风险厌恶型报童的最优订购决策，发现风险厌恶会导致报童订购量低于风险中性报童。这一研究结果揭示了风险偏好对决策偏差的影响。

Keren 和 Pliskin(2006)：采用均值方差(mean − variance，MV)准则，分析了风险厌恶型报童在不同需求分布下的决策行为，发现风险厌恶程度越高，报童的订购量越低。这一研究结果进一步支持了风险偏好理论。

Wu 等(2013):基于条件风险价值(CVaR)准则,研究了具有随机产能的风险厌恶型报童模型,发现 CVaR 准则下的订购量低于 VaR 准则,而后者又低于利润最大化准则。这一研究结果揭示了不同风险度量准则对决策偏差的影响。

1.5.3 行为偏差的干预研究

干预研究旨在通过设计合理的激励机制或决策支持系统,减少报童模型中的行为偏差,提高决策质量。

Becker－Peth 等(2013):设计了具有高回购价格和高批发价格的回购合同,通过实验验证了该合同可以有效降低报童的 PTC 效应。这一研究结果为干预措施提供了实证支持。

Lee 等(2017):提出了任务分解的方法,将报童决策过程分解为多个步骤,发现这种结构化的决策方式可以显著提高决策效率。这一研究结果为决策支持系统的设计提供了新的思路。

Niranjan 等(2023):研究了需求预测的均值回归现象,提出了减少反馈、提供决策支持等方法来纠正报童的行为偏差,但发现 PTC 效应难以完全消除。这一研究结果揭示了干预措施的局限性。

1.5.4 行为偏差的跨文化研究

跨文化研究表明,不同文化背景下的决策者在报童模型中的行为偏差存在差异,这些差异可能与文化价值观和社会规范有关。

Feng 等(2011):通过跨文化实验比较了中国和美国决策者在报童问题中的行为差异,发现中国决策者表现出更强的 PTC 效应,而美国决策者则更倾向于风险规避。这一研究结果揭示了文化背景对行为偏差的影响。

Cui 等(2013):研究了文化差异对报童决策的影响,发现集体主义文化背景下的决策者更倾向于保守的订购策略,而个人主义文化背景下的决策者则更关注个人利益最大化。这一研究结果进一步支持了文化差异理论。

Lau 等(2014):通过多文化实验验证了文化价值观对报童决策的影响,发现文化差异在一定程度上可以解释不同文化背景下决策者的行为偏差。这一研究结果为跨文化研究提供了实证支持。

1.5.5　行为偏差的供应链研究

供应链环境中的报童模型研究揭示了供应链成员之间的行为互动对库存决策的影响,以及如何通过供应链协调机制来减少行为偏差。

Corbett 和 Fransoo(2007):研究了报童模型在供应链中的应用,发现通过合理的合同设计可以协调供应链成员的行为,减少行为偏差对供应链绩效的影响。这一研究结果为供应链协调提供了理论支持。

Wu 等(2014):探讨了供应链中的风险偏好对报童决策的影响,发现风险规避的供应链成员倾向于保守的订购策略,而风险中性的成员则更接近最优决策。这一研究结果揭示了风险偏好在供应链决策中的作用。

Zhang 等(2019):研究了供应链中的战略客户行为对报童决策的影响,发现战略客户的存在会加剧报童的行为偏差,但通过合理的定价策略可以缓解这种影响。这一研究结果为供应链管理提供了新的视角。

1.5.6　行为偏差的多产品研究

多产品报童模型研究发现,当决策者面临多个产品时,行为偏差现象更加复杂,决策者需要在不同产品之间进行权衡。

Choi 等(2012):研究了多产品报童模型中的行为偏差,发现决策者在多产品环境下更容易受到 PTC 效应的影响,且不同产品的订购量之间存在相互影响。这一研究结果揭示了多产品环境下的行为偏差特征。

Choi 等(2014):通过实验研究了多产品报童模型中的风险偏好,发现决策者在多产品环境下表现出更强的风险规避行为,导致订购量普遍低于最优值。这一研究结果进一步支持了风险偏好理论。

Choi 等(2018):提出了多产品报童模型中的联合定价和订购决策问题,通过理论分析和实验验证了决策者在多产品环境下的行为偏差,并提出了相应的干预措施。这一研究结果为多产品决策提供了新的理论框架。

1.5.7 行为偏差的数据驱动研究

总体结论:数据驱动的研究通过分析历史销售数据和市场需求信息,为报童模型中的行为偏差提供了新的解释和干预方法。

Besbes和Muharremoglu(2013):研究了需求审查对报童决策的影响,发现通过分析历史销售数据可以有效减少需求不确定性,从而降低行为偏差。这一研究结果为数据驱动的决策支持系统提供了理论支持。

Perakis和Roels(2008):提出了基于最小化最大后悔的报童模型,通过数据驱动的方法优化决策者的订购策略,减少行为偏差对决策的影响。这一研究结果为数据驱动的决策优化提供了新的方法。

Li等(2015):研究了数据驱动的报童模型中的学习效应,发现通过不断学习和调整,决策者可以逐渐减少行为偏差,提高决策质量。这一研究结果为数据驱动的学习机制提供了实证支持。

报童模型中的行为偏差研究揭示了决策者在实际决策过程中受到多种因素的影响,包括认知偏差、启发式思维、文化背景、供应链环境等。这些研究不仅丰富了报童模型的理论内涵,还为实际应用提供了重要的参考价值。然而,现有研究仍存在一些不足之处。例如,大多数研究集中在实验室环境中,缺乏对真实世界数据的分析;跨文化研究的样本量有限,难以全面反映文化差异对行为偏差的影响;供应链和多产品环境下的行为偏差研究仍处于初步阶段,需要进一步深入探讨。

报童模型中的行为偏差研究为理解决策者在不确定环境下的决策行为提供了新的视角。通过实验研究、理论建模和数据驱动的方法,学者们揭示了多种行为偏差现象,并提出了相应的干预措施。未来的研究应进一步加强跨文化研究、供应链环境下的行为偏差研究,以及数据驱动的决策支持系统开发,以提高报童模型在实际应用中的有效性和适应性。

第2章　RDEU理论基础

2.1　EUT的公理与局限

期望效用理论自 von Neumann 与 Morgenstern(1944) 建立以来，一直是处理不确定性下决策问题的规范性基石。该理论通过一组严谨的公理——完备性、传递性、独立性、连续性与一阶随机占优，奠定了效用函数的存在性基础，并将决策者对随机前景的偏好等同于效用期望值的大小。

完备性(completeness) 要求决策者对任意两种前景 A,B 必能给出明确排序，排除无法比较的“模糊”情况；传递性(transitivity) 确保若 $A \geqslant B$ 且 $B \geqslant C$，则有 $A \geqslant C$，从而避免循环偏好；连续性(continuity) 则指出若 $A \geqslant B \geqslant C$，必可找到混合概率 $\lambda \in (0,1)$，使得 $B \sim \lambda A + (1-\lambda)C$，保证偏好不存在跳跃性中断；独立性(independence) 或称无关替代公理，是 EUT 最具争议的核心：它要求若 $A \geqslant B$，则对任何第三前景 C 及混合比例 λ，都应保持

$$\lambda A + (1-\lambda)C \geqslant \lambda B + (1-\lambda)C$$

此公理赋予效用的概率加权结构以线性形式——决策者仅关注不同结果带来的效用差异，而忽略共同部分。在此基础上，表示定理断言，存在严格递增且凹性的 von Neumann－Morgenstern 效用函数 U，使得对所有前景 L_1, L_2 有

$$L_1 \geqslant L_2 \Leftrightarrow \mathbb{E}[U(X) \mid L_1] \geqslant \mathbb{E}[U(X) \mid L_2]$$

最后，一阶随机占优(first－order stochastic dominance) 公理补充了基本的单调性：若随机变量 X 在任一点 x 上的累积分布函数均不劣于 Y，则对任何凹效用 U，必有 $\mathbb{E}[U(X)] \geqslant \mathbb{E}[U(Y)]$，体现了“更多财富无害乃至有利”的直觉。

尽管 EUT 在金融、保险、博弈论及运筹学中被广泛应用，如资产配置中的

均值效用权衡、保险需求理论中的风险溢价解释、库存控制中的效用最大化策略，其独立性公理却遭遇 Allais 悖论的严峻挑战。

1953 年，Allais 设计的一系列赌局实验发现，大多数个体会在两个结构相同的子问题中做出互斥的选择：

- 方案 A：100% 获得 1 百万；
- 方案 B：10% 获得 5 百万，89% 获得 1 百万，1% 获得 0；
- 方案 C：11% 获得 1 百万，89% 获得 0；
- 方案 D：10% 获得 5 百万，90% 获得 0。

实验结果显示，大多数人会选择 A > B(规避那 1% 的零收益)，却又选择 D > C(偏好那 10% 的高额回报)。按照 EUT 的独立性公理，如果人们在方案 A 中规避了小概率的损失，那么在方案 B 的相同小概率背景下，也应同样厌恶方案 C 而选择方案 D。这一矛盾表明，人们并非对概率简单线性加权，而是对极端小概率事件的主观权重发生了扭曲，既高估了小概率的大损失，也高估了小概率的大收益。

这一发现不仅促使 Quiggin(1982) 提出的等级相关期望效用(RDEU) 和 Kahneman－Tversky(1979) 的前景理论(PT) 等非线性概率加权模型应运而生，也为概率权重函数的形状提供了实证依据。后续研究进一步揭示，真实的主观概率加权往往呈“逆 S”形 —— 在极小概率区间被放大，在中等概率区间被压缩，直至极大概率时才趋于线性。此种对小概率事件的过度放大和对近确定事件的非线性处理，既解释了经典的 Allais 悖论所反映的“确定性偏好”与“小概率博弈”之矛盾，也奠定了 AU、RDEU 等非期望效用理论在风险决策研究中的里程碑地位。

2.2 RDEU 理论基础

2.2.1 发展背景及扩展动因

RDEU 理论最早由 Quiggin(1982) 提出，用以推广经典的期望效用理论

(EUT),以解释EUT无法覆盖的实验现象。实验研究(如Allais悖论)表明,人们的风险选择常常偏离EUT预言:当两个选项的全部结果概率同时变化时,选择偏好会发生系统改变,违背了EUT的独立性公理。为此,行为经济学家提出了包括概率扭曲的广义模型。Kahneman和Tversky(1979)的前景理论(PT)通过扭曲概率加上参照点的方式解释了Allais悖论等偏差;其1992年发展的累积前景理论(CPT)则进一步采用了等级相关的方法对概率进行重新加权。Quiggin的RDEU则直接在EUT框架内放松独立性要求,通过对累积概率分布施加单调变换来生成决策权重。该理论与Yaari(1987)提出的双对偶理论相似,后者假设效用函数线性,只扭曲概率,这在形式上与RDEU是对应的。总体而言,RDEU产生的直接动因是实验证据(尤其是Allais悖论)对EUT独立性公理的违背,以及人们对低概率事件系统性加权的行为偏好(即对小概率事件过度关注、大概率事件相对忽视)。这些发现促使经济学家通过共单调独立等公理条件来重建效用模型,从而在保持期望效用模型大部分结构的同时,引入非线性概率权重来解释上述偏差。

2.2.2　公理化体系与数学形式

RDEU模型的公理化基础与EUT相似,但将经典的独立性公理替换为共单调独立性(comonotonic independence)公理。具体地,若两个前景A和B在所有状态下按结果大小排序一致(即共单调),且对于任意与它们共单调的确定性前景C,当$A > B$时有$\lambda A + (1-\lambda)C > \lambda B + (1-\lambda)C$(对于所有$\lambda \in (0,1)$均成立)。此公理仅要求当混合前景具有相同的排序结构时保持偏好独立性,从而允许概率进行非线性变换。除共单调独立性外,RDEU还保持了完备性、可传递性、连续性等一般偏好公理,并要求一阶随机占优成立:若某赌约在每个状态下的结果都不低于另一个赌约且在至少一个状态严格更优,则前者优于后者。这一要求导致决策权重函数$w(\cdot)$必须是严格单调递增的,以保证概率迁移到更高收益时效用不减。基于这些公理,RDEU模型可证明存在效用函数$u(x)$和概率权重函数$w(p)$,使任何赌约$L = (x_j, p_j), j = 1, \cdots, n$的效用表示为对按结果大小排序$x_1 < \cdots < x_n$对应的概率作累积和

后加权的形式

$$\mathrm{RDEU}(L)=\sum_{j=1}^{n}\left[w\left(\sum_{k=1}^{j}p_k\right)-w\left(\sum_{k=1}^{j-1}p_k\right)\right]u(x_j)$$

这里决策权重 $\pi_j=w(p_1+\cdots+p_j)-w(p_1+\cdots+p_{j-1})$ 将原始概率重新加权，体现了收益排序后累积分布的变换。特别地，有 $w(0)=0$，$w(1)=1$，且 w 严格单调递增，以满足随机占优不被违背。Diecidue 和 Wakker(2001) 的公理化推导清楚地说明了：在共单调独立性和一阶随机占优的假设下，上式必然形成 RDEU 表示。Quiggin(1982) 和 Schmeidler(1989) 等人分别给出了 RDEU 表示的形式证明，其关键在于放宽传统独立性公理，只对结果排序一致的情形保持独立性。因此，RDEU 实际上保留了 EUT 的核心结构，只通过概率权重函数 w 调整了决策权重，使其能容纳真实决策中的概率扭曲行为。

2.2.3 概率权重函数的经典形式

概率权重函数 $w(p)$ 在 RDEU(及相关 CPT) 模型中刻画了主观决策权重相对于客观概率的扭曲。经典文献中提出了多种 $w(p)$ 的函数形式以拟合实验数据。其中较著名的形式包括：Prelec(1998) 提出的两参数指数函数(图 2.1)

$$w(p)=\exp\{-\beta[-\ln p]^{\alpha}\},\alpha>0,\beta>0$$

这一函数在 $w(0)=0$，$w(1)=1$ 条件下具有良好的解析性质。参数 α 控制函数的曲率形状：若 $\alpha<1$，则 $w(p)$ 在小概率区域为凹、在大概率区域为凸，即呈现所谓的“逆 S”形权重小概率；若 $\alpha>1$ 则形状相反。参数 β 控制权重函数的总体“高度”或拐点位置，例如当 $\beta=1$ 时，函数拐点位于 $p=\mathrm{e}^{-1}\approx 0.37$，随着 β 的改变拐点上下移动。Prelec 函数因其参数意义明确且能灵活拟合实证规律而被广泛应用(实证研究表明 Prelec 函数在经验数据拟合中具有较好的表现)。

此外，Tversky 和 Kahneman(1992) 提出了单参数概率权重函数(图 2.2)

$$w(p)=\frac{p^{\gamma}}{(p^{\gamma}+(1-p)^{\gamma})^{1/\gamma}},\gamma>0$$

该函数仅用一个参数 γ 控制曲率，当 $0<\gamma<1$ 时，同样倾向于对小概率

加权更重。实证估计中,γ 通常取约 0.6(表明轻度的逆 S 形状)。Tversky-Kahneman 函数结构简单,只需一参量,但也具有概率升维(下方凸起)的效果。

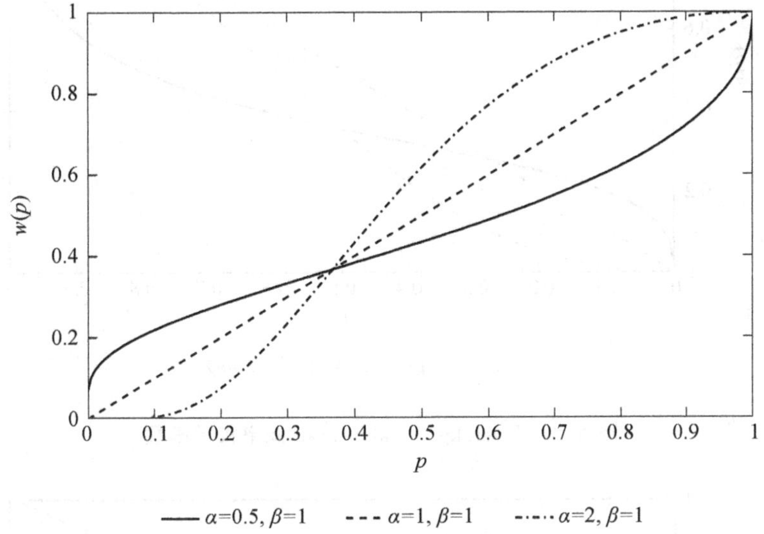

图 2.1　Prelec 概率权重函数

还有研究采用分段线性函数将概率区间划分,对不同区间使用不同斜率来逼近实验数据(图 2.3)。这些函数形式共有的性质是:在概率较低时给予相对更高的权重($w(p) > p$),在概率较高时给予相对较低的权重($w(p) < p$),并在某个固定点处与 45° 线相交(固定点在 0.3 ~ 0.4)。

$$q(p)=\begin{cases}\eta p, & p \leqslant p_0 \\ \eta p_0+\zeta(p-p_0), & p>p_0\end{cases}$$

除上述函数外,有些文献中还提出了其他形式来描述概率加权。例如 Goldstein 和 Einhorn(1987)、Tversky 和 Fox(1995)、Gonzalez 和 Wu(1999)等提出了对数几率线性(linear-in-log-odds)形式,通过对数几率域上的线性映射来刻画概率变换。不同形式的参数用于调整概率扭曲的强度、拐点位置和整体偏移量,以反映实验中观察到的行为特征。

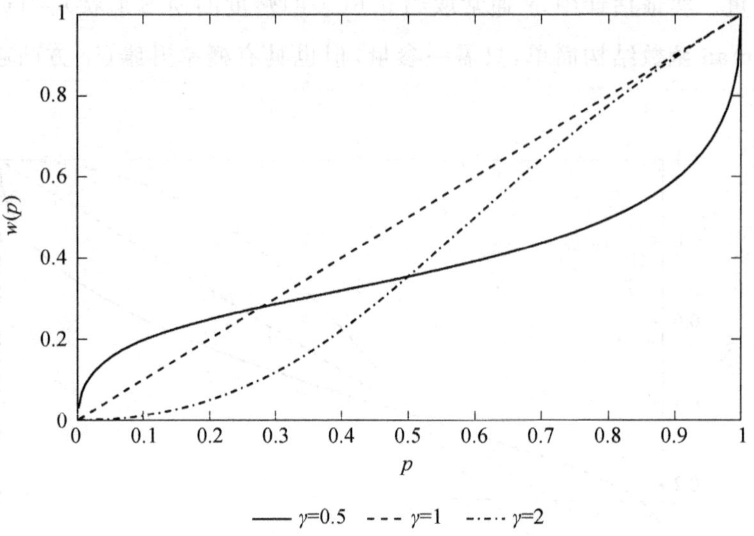

图 2.2　Tversky－Kahneman 概率权重函数

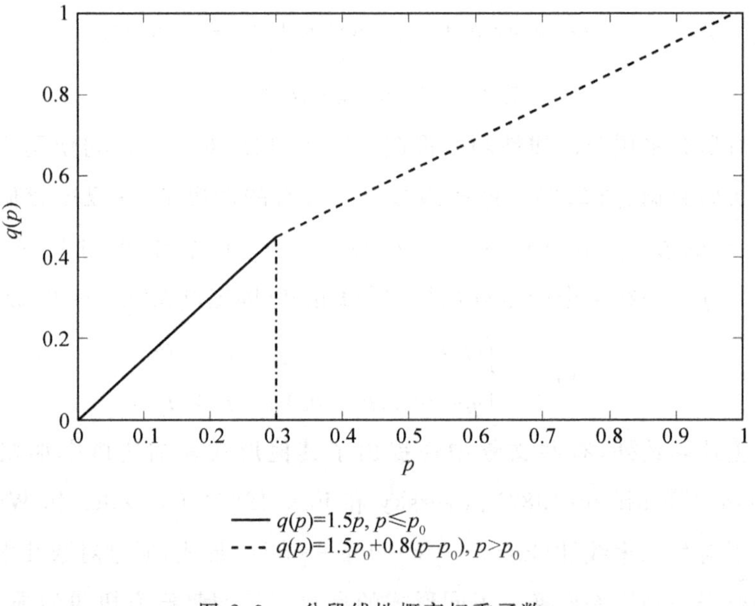

图 2.3　分段线性概率权重函数

2.2.4 与累积前景理论的比较

RDEU 和 CPT 在数学结构上有相似之处，但也存在本质区别。两者均使用加权的累积概率和效用(或价值) 函数，但 CPT 引入了参照点和对收益 / 损失的分段处理。具体而言，RDEU 中仅有单一的效用函数 $u(x)$(适用于所有结果) 和一个权重函数 $w(p)$；而 CPT 同时使用收益与损失两个不同形状的价值函数以及针对正收益和负收益分别定义的概率权重函数(即 w^+ 和 w^-)。

$$V_{\mathrm{CPT}}(X)=\sum_{i=1}^{n} v(x_i)\left[w^+\left(P(X\geqslant x_i)\right)-w^-\left(P(X\geqslant x_i)\right)\right]$$

因此，CPT 能够捕捉损失厌恶(损失相对于同等数额收益具有更大的负效用) 和收益 / 损失不对称的偏好，而 RDEU 不能反映参照效应和损失规避。

在公理性上，RDEU 具有清晰的规范公理基础：其基于共单调独立性、公理化严格保证了决策权重的单调性。相比之下，CPT 最初作为经验模型提出，其结构并未立刻附带等价的传统偏好公理。一些工作(如 Wakker 2001) 后来尝试为 CPT 构建公理刻画，但由于引入了参照点和分段价值，CPT 公理体系比 RDEU 复杂得多，且往往需要额外假设才能保持一致。从实证和适用性角度看，CPT 由于参数更多、灵活性强，通常能更好地拟合涉及收益与损失的实验数据；而 RDEU 模型较为简洁，在纯收益框架下已能解释如 Allais 悖论在内的许多偏差。如 Fennema 和 Wakker(1997) 所述，累积前景理论通过等级相关概率加权吸取了 Quiggin(1982) 的核心思想，但其对价值函数和概率权重的分段处理使得理论形式更加复杂。在应用层面，RDEU 常用于分析风险决策中的概率扭曲效应(例如投资组合选择、保险决策等)，而 CPT 由于能模拟参照依赖的风险规避和寻求行为，被广泛应用于投资者行为研究、健康决策、市场营销等领域。总之，RDEU 的优势在于公理一致性强、模型参数较少、解释清晰，但其局限性在于不能刻画损失领域的行为；CPT 则在捕捉行为偏差上更具灵活性，但参数多且缺少简单的规范公理。

2.2.5 代表性研究成果与应用

RDEU自Quiggin(1982)提出以来经历了渐进式演化:先是在公理层面用概率加权函数替代客观概率,继而在实验与应用中不断吸收“乐观－悲观”情绪维度。Quiggin的预期效用框架让累积分布在加权后仍保持期望可加性,从而既能解释Allais悖论,又避免了前景理论早期版本违反一次随机占优的缺陷。Yaari(1987)的“双对偶理论”进一步用共单调线性公理分离了“财富态度”与“风险态度”,为随后所有概率扭曲模型奠定对偶视角。接着,Prelec(1998)给出对数－指数型,使概率权重可以凭两个参数就捕捉逆S形与尾部敏感度,这一函数也成为后续实验测量的行业标准。与此同时,Hey(1984)把“乐观/悲观”正式嵌入决策模型,区分三类经济人,并指出若允许信念扭曲,Allais型选择即可获得解释。

20世纪末,大量实验工作聚焦精确形状并验证其与情绪偏差的关系。Abdellaoui和Munier(1999)的连续配对实验显示,大多数被试在$p<0.35$区段夸大小概率事件,从而呈现悲观－乐观混合的逆S曲线;Gonzalez与Wu(1999)进一步证明尾部敏感度可以独立于曲率调节,为高低极端概率的不同情绪权重提供了度量手段。与此同时,Anticipated Utility(AU)理论在Quiggin的框架上替换独立性公理,成为刻画概率相关风险态度的另一条路径;其后,Huang与Zhang(2011)通过新独立性公理补完AU的公理体系,并用它直接解释Allais与公共比率效应,凸显AU对悲观－乐观心理的刻画能力。情绪在金融与商品市场中的作用也得到检验:Tuthill和Frechette(2004)利用特定区分“悲观者－强乐观者－弱乐观者”,发现期货或期权头寸的投机/套保角色完全由情绪与风险厌恶共同决定。

进入大数据时代,认知与情绪交互的实验与理论突破相继涌现。Booij、van de Kuilen和Vieider(2021)在3 000名荷兰受试者样本中发现,认知能力每提高一个标准差,在低概率区的曲率就向线性收敛0.07单位,说明教育可削弱悲观/乐观的概率扭曲。Peterson等(2021)结合5万人在线实验与Auto M L,对14种模型进行赛马比较,确认RDEU/CPT在低概率区的预测AUC

领先 EU 约 9 个百分点,但在高概率区需要“双拐点”函数族补充。理论方面,Laeven 和 Stadje(2024) 融入 Variational Preferences,构造出可同时处理风险与歧义的 Rank－Dependent－VP 框架。特殊时退化为 VP,线性时与 MEU 对偶,从而统一了情绪扭曲与鲁棒决策。

情绪－概率扭曲的实际价值在多领域得到印证。供应链中,Singh 与 Mahapatra(2023) 证明的凹度直接抬高最小订货阈值 6% ～ 12%,解释了经典“中心聚集”订购偏差。金融市场里,Coval 和 Thakor(2005) 将乐观企业家与悲观投资者的信念错配视为金融中介内生成立的根源,而 Brunnermeier 与 Parker(2005) 的“Optimal Expectations”模型则说明适度乐观能带来一阶幸福收益,仅付出二阶成本。大样本调查亦发现,适度乐观者更愿意努力工作并展示更合理的投资组合,而极端乐观者则更易犯金融错误(Puri Robinson, 2007)。在资产配置方面,使用沪深 300 报酬率估计的 RDEU 投资组合可较 EU 带来 8.4% 的福利增益,并显著降低尾部风险暴露。保险、储蓄、交通路径选择乃至环境 PPP(政府和社会资本合作,Public-Private Partnership) 监管模型亦纷纷被利用来映射决策者对极端损失的情绪感知,从而改进最优合约与政策设计。

综上所述,RDEU 在 40 余年的演进中已从纯粹的概率加权框架成长为连接情绪、认知与鲁棒决策的综合理论:它既提供了数学上可加且具备对偶结构的预期模型,也从实验与应用层面捕捉了乐观－悲观情绪如何系统地扭曲人类对概率的感知与选择。随着机器学习与大样本数据进一步降低参数识别成本,未来 RDEU－类模型有望在多场景政策模拟与金融监管中发挥更大作用。

2.3　RDEU 报童模型构建

2.3.1　RDEU 报童模型

Quiggin(1982) 提出离散随机变量的预期效用理论,Chew(1987) 将该公式扩展到连续性随机变量,连续性随机变量的预期效用泛函表示如下：

$$\begin{aligned}\max_{Q\geqslant 0}\mathrm{RDEU}(Q)&=E_g[u(Z(\widetilde{X},Q))]=\int_{-\infty}^{+\infty}u(x)\mathrm{d}g(F_{Z(\widetilde{X},Q)}(x))\\&=\int_{-\infty}^{+\infty}u(Z(x,Q))\mathrm{d}g(F_{\widetilde{X}}(x))\end{aligned}\tag{2.1}$$

从上面的表述不难看出,预期效用函数是在扭曲概率分布下的期望效用,因此该模型又称为广义期望效用理论。正如序言部分所讨论的,扭曲的概率反映出决策者对于概率所持有的态度,大量实验证据表明,即使在不确定事件的客观概率已知的情形下,决策者行为也往往是偏离于期望效用的预言,事实上人们在不确定下决策往往是根据自身感受到的概率(Perceived Probability)。每个人感受到的概率究竟是怎样的？这既和决策者的心理特质有关又和决策者所面对的决策问题有关。尽管,就“人类对客观概率是如何进行加工的？”这一问题进行研究并试图得出比较确定的结论是一项非常困难的工作,但可以肯定的是人类的两种心理特质——悲观和乐观,对于决策者的概率扭曲趋势有着确定的答案,悲观者总是高估带给他们最低福利事件的概率而低估产生最高福利的概率;而乐观者恰好相反,这种现象被心理学领域的相关研究所证实。经典的期望效用理论无法刻画这类心理现象,而在预期效用理论里,扭曲函数 $g(x)$ 的性质可以很好地反映悲观者和乐观者对于客观概率的变换趋势。

为了看清这一点,我们考虑如下一个离散随机变量例子：假设 $\widetilde{X}=(x_1,p_1;x_2,p_2;\cdots;x_n,p_n)$,不妨设 $x_1<x_2<\cdots<x_n$,根据上面公式离散形式,有

$$\begin{aligned}\mathrm{RDEU}(\widetilde{X})&=u(x_1)g(p_1)+\sum_{i=2}^{n}u(x_i)\Big[g\Big(\sum_{j=1}^{i}p_j\Big)-g\Big(\sum_{j=1}^{i-1}p_j\Big)\Big]\\&=u(x_n)+\sum_{i=2}^{n}g\Big(\sum_{j=1}^{i-1}p_j\Big)[u(x_i)-u(x_{i-1})]\end{aligned}\tag{2.2}$$

如果概率扭曲函数 $g(t)$ 是光滑的,那么上式的第一个等式可以写成

$$\mathrm{RDEU}(\widetilde{X})=u(x_1)g'(\xi_1)+\sum_{i=2}^{n}u(x_i)g'(\xi_i)p_i\tag{2.3}$$

其中 $\xi_i \in \left[\sum_{j=1}^{i-1} p_j, \sum_{j=1}^{i} p_j\right]$，当 $i \geqslant 2$。

因此，当 $g(t)$ 是凹函数时，$g'(\xi_i)$ 单调递减，从而对于随机变量越低的实现值给予越高的权重而给予较高的实现值越低的权重，这恰好反映了悲观决策者的心理特质；反之，当 $g(t)$ 是凸函数时，结论恰好相反，因此，凸的扭曲函数反映了乐观者乐观态度。由此可见，预期效用理论能够很好地刻画人类心理的悲观和乐观偏差。Quiggin 使用扭曲函数的另外一个性质来定义悲观和乐观：如果一个预期效用决策者，他的扭曲函数 $g(t)$ 满足 $g(t)>t$ 则称为悲观的；反之，当 $g(t)<t$ 时称为乐观者。为了看到这个定义的直觉，我们写出相应的期望效用公式

$$
\begin{aligned}
EU(\widetilde{X}) &= u(x_1)p_1 + \sum_{i=2}^{n} u(x_i)\left[\left(\sum_{j=1}^{i} p_j\right) - \left(\sum_{j=1}^{i-1} p_j\right)\right] \\
&= u(x_n) + \sum_{i=2}^{n}\left(\sum_{j=1}^{i-1} p_j\right)\left[u(x_i) - u(x_{i-1})\right]
\end{aligned}
\tag{2.4}
$$

观察式(2.2)的第二个等式，当决策是一个悲观者，则 $g\left(\sum_{j=1}^{i-1} p_j\right) > \sum_{j=1}^{i-1} p_j$，因此，相对于期望效用决策者，他给予效用差 $u(x_i)-u(x_{i-1})$ 一个更高的权重。显然这个定义的直觉相对于前一个定义并不是很明显，文献中把 Quiggin 定义的悲观称为弱悲观，而把基于 $g(t)$ 的凹性的定义称为强悲观。

从上面的公式可以看出，预期效用具有非常一般的形式，他包含了期望效用理论、Yarri 的对偶理论和期望值决策理论。当扭曲函数 $g(t)$ 是线性函数时，它退化为期望效用理论；当效用函数是线性函数时，它退化为对偶理论；而效用函数和扭曲函数都是线性函数时，它恰好是随机变量的期望值。

$$
\begin{aligned}
\max_{Q\geqslant 0} EU(Q) &= E[u(Z(\widetilde{X},Q))] = \int_{-\infty}^{+\infty} u(x)\,\mathrm{d}F_{Z(\widetilde{X},Q)}(x) \\
&= \int_{-\infty}^{+\infty} u(Z(x,Q))\,\mathrm{d}F_{\widetilde{X}}(x)
\end{aligned}
\tag{2.5}
$$

$$
\begin{aligned}
\max_{Q\geqslant 0} DU(Q) &= E_g[Z(\widetilde{X},Q)] = \int_{-\infty}^{+\infty} x\,\mathrm{d}g(F_{Z(\widetilde{X},Q)}(x)) \\
&= \int_{-\infty}^{+\infty} Z(x,Q)\,\mathrm{d}g(F_{\widetilde{X}}(x))
\end{aligned}
\tag{2.6}
$$

$$\max_{Q\geqslant 0} EP(Q)=E[Z(\widetilde{X},Q)]=\int_{-\infty}^{+\infty} x\mathrm{d}F_{Z(\widetilde{X},Q)}(x)$$
$$=\int_{-\infty}^{+\infty} Z(x,Q)\mathrm{d}F_{\widetilde{X}}(x) \tag{2.7}$$

2.3.2 随机占优

定义 2.1 称随机变量 $\widetilde{X}_1$ 一阶随机占优于 $\widetilde{X}_2$，如果他们对应的概率分布函数满足 $F_{\widetilde{X}_1}(x)\leqslant F_{\widetilde{X}_2}(x)$ 对所有 x，记为 $\widetilde{X}_{1\geqslant \mathrm{FSD}}\widetilde{X}_2$。

定义 2.2 称随机变量 $\widetilde{X}_1$ 二阶随机占优于 $\widetilde{X}_2$，如果他们对应的概率分布函数 $F_{\widetilde{X}_1}(x)$，$F_{\widetilde{X}_2}(x)$ 满足 $\int_{-\infty}^{x}F_{\widetilde{X}_1}(t)\mathrm{d}x\leqslant\int_{-\infty}^{x}F_{\widetilde{X}_1}(t)\mathrm{d}x$ 对所有 x，记为 $\widetilde{X}_{1\geqslant \mathrm{SSD}}\widetilde{X}_2$。

定义 2.3 称随机变量 $\widetilde{X}_1$ 随机占优于 $\widetilde{X}_2$，在单调似然率意义下，如果他们对应的概率分布函数 $F_{\widetilde{X}_1}(x)$，$F_{\widetilde{X}_2}(x)$ 满足下列条件：在$[a,b]$存在一个数 c 和一个非负非增函数 $h(x)$，使得 $F_{\widetilde{X}_1}(x)=0$ 对所有 $x<c$，且 $F_{\widetilde{X}_2}(x)=F_{\widetilde{X}_2}(c)+\int_{c}^{x}h(s)\mathrm{d}F_{\widetilde{X}_1}(s)$ 对所有 $x\geqslant c$，记为 $\widetilde{X}_{1\geqslant \mathrm{MLR}}\widetilde{X}_2$。

2.3.3 超模理论与单调比较静态分析简介

假设 $x=(x_1,\cdots,x_m)$ 和 $y=(y_1,\cdots,y_m)$ 都是欧式空间 R^m 中的点，在 R^m 定义偏序如下：

$x\geqslant y$，　如果 $x_i\geqslant y_i,i=1,\cdots,m$；

$x>y$，　如果 $x_i\geqslant y_i$ 且 $x\neq y$；

$x\gg y$，　如果 $x_i>y_i,i=1,\cdots,m$。

定义 2.4 假设 $x,y\in R^m$，定义两个向量的交与并如下：

$$x\wedge y=(\min\{x_1,y_1\},\cdots,\min\{x_m,y_m\})$$

$$x\vee y=(\max\{x_1,y_1\},\cdots,\max\{x_m,y_m\})$$

定义 2.5 一个子集 $S\subset R^m$ 称为一个子格(sublattice)，如果 S 中任意两个向量的交与并都属于 S。

定义 2.6 假设 S 是 R^m 的一个子格，如果实值函数 $f:S\rightarrow R$ 满足条件：

对所有的 $x, y \in S$，都有

$$f(x)+f(y) \leqslant f(x \wedge y)+f(x \vee y)$$

则称函数 f 为一个超模函数(supermodular)。

Topikis(1978,1998) 给出了一种判断函数是否为超模函数的简便方法。

引理 2.1　假设 S 是 R^m 的一个开的子格，$f(x)$ 是 S 上的二阶连续可微函数，则 $f(x)$ 是超模函数，当且仅当对于任意的 $x \in S$，总有

$$\frac{\partial^2 f}{\partial x_i \partial x_j}(x) \geqslant 0, \text{其中 } i, j=1, \cdots, m, \text{且 } i<j$$

对于离散变量的函数，上述性质对应于函数关于变量的增差性质(increasing difference)。增差性质是超模函数重要的性质，该性质是超模函数能够进行单调比较静态分析的必要基础。超模理论在经济学和博弈论中有着重要的应用，Topikis(1998) 对该理论及其应用做了详细的介绍。由于后文中仅仅涉及一个选择变量对于模型单个参数变化的比较静态分析，因此下面仅仅给出单调比较静态定理一个相对简单的版本。

假设 $S=R \times \Theta \subset R^2$ 是一个开的子格，其中 Θ 表示一个参数空间。

引理 2.2　假设最优化问题 $\max\limits_{x \in R} f(x, \theta)$ 对于每个 $\theta \in \Theta$ 至少有一个解，记为 $x^*(\theta)$，如果 $f(x, \theta)$ 是 (x, θ) 的超模函数，那么最优解 $x^*(\theta)$ 是参数 θ 的单调增函数。

在第 3 章，将使用上述定理来讨论报贩的最优订购量对于模型各个参数变化的单调比较静态分析。

第 3 章　基于悲观和乐观偏差的单期单商品报童模型

3.1　引　言

考虑式(2.1)表示的报童模型，面对随机的需求，报贩的决策变量是订购量。报贩每天的随机支付既依赖于随机需求的实现值又和报贩的订购量密切相关。如果报贩是悲观决策者，则他会高估需求低实现值的概率同时低估需求高实现值的概率，如果他是乐观决策者，则他对概率估计恰恰相反。Chew(1987)已经证明，在预期效用框架下，决策者的风险态度由效用函数和概率扭曲函数的性质共同决定。在EU框架下，传统的弱风险厌恶和强风险厌恶概念无法进行区分，都使用效用函数的凹性来刻画，然而现实里这两种风险厌恶却对决策者行为有着不同的影响，甚至除这两种风险厌恶之外，还能观察到其他形式的风险厌恶行为，例如单调风险厌恶(monotone risk measure)，但是这些不同类型的风险厌恶的区别在EU模型里无法得到体现。RDEU最大的优点在于包含了概率相关的风险态度，从而能够刻画决策者更为广泛的行为模式。当我们使用预期效用来研究报贩的决策问题时，那么一个自然的问题是：报贩对于概率的态度，或者说这种考虑概率相关的风险态度对于报贩的决策会产生怎样的影响？同建立在EU框架下的报童模型相比，结论会有何不同？这些问题是本章研究的主要内容。

本章余下的内容安排如下：3.2节，讨论悲观和乐观偏差对于报贩决策行为的影响，以及模型参数的变化对于新框架下的报贩决策问题的影响。3.3节，研究乐观偏差和中心聚集效应的关系，从运作管理的角度说明，与EU理论无法兼容现象在RDEU框架却能够给予合理的解释。3.4节考虑随机需求风险变化的敏感性分析。3.5节主要讲述数值模拟。3.6节给出结论。

3.2　允许紧急订购的行为报童模型

本节考虑允许紧急订购的报童模型，在该框架下报贩的随机支付由式(2.1) 表示，即

$$Z(\widetilde{X},Q)=\begin{cases}Z_-(\widetilde{X},Q)=p\widetilde{X}-cQ+v(Q-\widetilde{X}),\text{如果 } \widetilde{X}\leqslant Q\\ Z_+(\widetilde{X},Q)=p\widetilde{X}-cQ-b(\widetilde{X}-Q),\text{如果 } \widetilde{X}>Q\end{cases}$$

对于随机变量每个实现值 x，可以看出 $Z(x,Q)$ 是订购量 Q 的逐段线性函数，并且是逐段凹函数，从而关于 x 做凸组合时仍然保持凹性不变，从而 $E[Z(\widetilde{X},Q)]$ 是 Q 的凹函数，从而存在最优解。

为了便于把本书的结论与经典的期望利润最大化和期望效用最大化订购问题进行比较，首先回忆两个经典的结果。

引理 3.1　如果报贩是风险中性决策者，即他的目标是 $\max\limits_{Q\geqslant 0} EP(Q)$，那么最优订购量是 $Q_{\mathrm{E}}^{*}=F_{\widetilde{X}}^{-1}\left(\dfrac{b-c}{b-v}\right)$，其中 $F_{\widetilde{X}}^{-1}(x)$ 是分布函数 $F_{\widetilde{X}}(x)$ 的广义逆。

引理 3.2　如果报贩是风险厌恶的期望效用决策者，即他的目标是 $\max\limits_{Q\geqslant 0}\mathrm{EU}(Q)$，其中 $u(x)$ 是一个凹函数，则他的最优订购量 Q_{U}^{*} 不超过风险中性报童的最优订购量 Q_{E}^{*}，即 $Q_{\mathrm{E}}^{*}\geqslant Q_{\mathrm{U}}^{*}$。

为了讨论预期效用决策者最优订购行为，首先考虑解的存在性和唯一性。

定理 3.1　如果报贩是预期效用决策者，其效用表示式(2.5) 的效用函数是严格凹函数，则订购问题式(2.5) 存在唯一的最优解。

证明　为了获得所希望的结果，研究预期效用泛函的前两阶导数

$$\begin{aligned}\frac{\partial \mathrm{RDEU}(Q)}{\partial Q}=&-(c-v)\int_{0}^{Q}u'(Z_-(x,Q))\,\mathrm{d}g(F(x))+\\&(b-c)\int_{Q}^{T}u'(Z_+(x,Q))\,\mathrm{d}g(F(x))\end{aligned}\tag{3.1}$$

显然

$$\left.\frac{\partial \mathrm{RDEU}(Q)}{\partial Q}\right|_{Q=0}=(b-c)\int_Q^T u'(Z_+(x,Q))\,\mathrm{d}g(F(x))>0$$

同时

$$\left.\frac{\partial \mathrm{RDEU}(Q)}{\partial Q}\right|_{Q=T}=-(c-v)\int_0^Q u'(Z_-(x,Q))\,\mathrm{d}g(F(x))<0$$

因为函数$\frac{\partial \mathrm{RDEU}(Q)}{\partial Q}$是$Q$的连续函数，从而在$[0,T]$上至少存在一个点$Q^*$，使得$\left.\frac{\partial \mathrm{RDEU}(Q)}{\partial Q}\right|_{Q^*}=0$，求二阶导数，有

$$\begin{aligned}\frac{\partial^2 \mathrm{RDEU}(Q)}{\partial Q^2}=&-(b-v)u'(w_0+(p-c)Q)g'(F(Q))F'(Q)+\\&(c-v)^2\int_0^Q u''(Z_-(x,Q))\,\mathrm{d}g(F(x))+\\&(b-c)^2\int_Q^T u''(Z_+(x,Q))\,\mathrm{d}g(F(x))\end{aligned}\tag{3.2}$$

由关于参数的假设和$u(x)$的凹性可知，Q^*是唯一的解。

从上面的证明过程可以看出，基于预期效用的行为报贩订购问题最优解的存在性和唯一性与报贩对于随机需求概率的态度无关。那么一个自然的问题是：报贩对于概率的态度是否会影响最优订购数量的大小？如果答案是肯定的，那么另一个问题是：报贩的概率态度对于他的订购决策会产生怎样的影响？为回答第一个问题，首先考虑一个具有弱悲观偏差的报贩的订购决策问题。

例3.1 假定有两个报贩A和B，A是预期效用决策者而报贩B是期望效用决策者，他们具有相同的凹的效用函数u，假定A是弱悲观决策者，即他的概率扭曲函数满足$g(t)>t$。一个似乎合理的直觉是，报贩A的最优订购量应该不超过报贩B的，然而下面的分析告诉我们，这个似乎合理的直觉并不正确。分别记他们的最优订购量为Q_{A}和Q_{B}，重新写式(3.1)如下：

$$\begin{aligned}\left.\frac{\partial \mathrm{RDEU}(Q)}{\partial Q}\right|_{Q_{\mathrm{B}}}=&-(c-v)\Big\{u'(Z_-(x,Q_{\mathrm{B}}))\,g(F(x))\,\Big|_0^{Q_{\mathrm{B}}}-\\&\int_0^{Q_{\mathrm{B}}}(p-v)u''(Z_-(x,Q_{\mathrm{B}}))\,g(F(x))\,\mathrm{d}x\Big\}+\end{aligned}$$

$$
\begin{aligned}
&(b-c)\left\{u'(Z_{+}(x,Q_{\mathrm{B}}))g(F(x))\,|_{Q_{\mathrm{B}}}^{T}-\right.\\
&\left.\int_{Q_{\mathrm{B}}}^{T}(p-b)u''(Z_{+}(x,Q_{\mathrm{B}}))g(F(x))\mathrm{d}x\right\}\\
&=(b-c)u'(Z_{+}(T,Q_{\mathrm{B}}))-\\
&(b-v)u'(Z_{-}(Q_{\mathrm{B}},Q_{\mathrm{B}}))g(F(Q_{\mathrm{B}}))+\\
&(c-v)(p-v)\int_{0}^{Q_{\mathrm{B}}}u''(Z_{-}(x,Q_{\mathrm{B}}))g(F(x))\mathrm{d}x-\\
&(b-c)(p-b)\int_{Q_{\mathrm{B}}}^{T}u''(Z_{+}(x,Q_{\mathrm{B}}))g(F(x))\mathrm{d}x \qquad (3.3)
\end{aligned}
$$

同理，报贩 B 的一阶条件为

$$
\begin{aligned}
0=\left.\frac{\partial \mathrm{EU}(Q)}{\partial Q}\right|_{Q_{\mathrm{B}}}=&(b-c)u'(Z_{+}(T,Q_{\mathrm{B}}))-(b-v)u'(Z_{-}(Q_{\mathrm{B}},Q_{\mathrm{B}}))F(Q_{\mathrm{B}})+\\
&(c-v)(p-v)\int_{0}^{Q_{\mathrm{B}}}u''(Z_{-}(x,Q_{\mathrm{B}}))F(x)\mathrm{d}x-\\
&(b-c)(p-b)\int_{Q_{\mathrm{B}}}^{T}u''(Z_{+}(x,Q_{\mathrm{B}}))F(x)\mathrm{d}x \qquad (3.4)
\end{aligned}
$$

由于 RDEU(Q) 是 Q 凹函数，所以要使得 $Q_{\mathrm{A}}\leqslant Q_{\mathrm{B}}$，只需要 $\left.\frac{\partial \mathrm{RDEU}(Q)}{\partial Q}\right|_{Q_{\mathrm{B}}}\leqslant 0$ 即可，为此用式(3.3)－式(3.4)得到下面的式子

$$
\begin{aligned}
&\left.\frac{\partial \mathrm{EU}(Q)}{\partial Q}\right|_{Q_{\mathrm{B}}}-\left.\frac{\partial \mathrm{RDEU}(Q)}{\partial Q}\right|_{Q_{\mathrm{B}}}\\
&=(b-v)u'(Z_{-}(Q_{\mathrm{B}},Q_{\mathrm{B}}))[g(F(Q_{\mathrm{B}}))-F(Q_{\mathrm{B}})]+\\
&\quad(c-v)(p-v)\int_{0}^{Q_{\mathrm{B}}}u''(Z_{-}(x,Q_{\mathrm{B}}))[F(x)-g(F(x))]\mathrm{d}x+\\
&\quad(b-c)(p-b)\int_{Q_{\mathrm{B}}}^{T}u''(Z_{+}(x,Q_{\mathrm{B}}))[g(F(x)-F(x)]\mathrm{d}x \qquad (3.5)
\end{aligned}
$$

然而，通过构造一个特定概率扭曲函数满足条件 $g(t)>t$，我们发现相反的结论成立。事实上，我们构造如下逐段线性的扭曲函数

$$
g(t)=\begin{cases}a_1 t, & \text{如果 } 0\leqslant t<F(Q_{\mathrm{B}})\\ a_2 t+(a_1-a_2)F(Q_{\mathrm{B}}), & \text{如果 } F(Q_{\mathrm{B}})\leqslant t<r\\ 1, & \text{如果 } r\leqslant t\leqslant 1\end{cases} \qquad (3.6)
$$

其中 $a_1=1+\delta$，这里 δ 是一个任意小的常数，取 a_2 为一个充分大的正常数从

而保证区间 $[F(Q_B), r]$ 较小，很明显该函数满足 $g(t) > t$。此外，我们不妨取一个二次凹的效用函数 $u(x)$，因此它的二阶导数为一个负的常数，不妨设为 K。代入上式得到

$$
\begin{aligned}
&(b-v)u'(Z_-(Q_B,Q_B))\delta F(Q_B) + K(c-v)(p-v)\int_0^{Q_B} -\delta F(x)\mathrm{d}x + \\
&K(b-c)(p-b)\int_{Q_B}^{F_{\bar{X}}^{-1}(r)} [(a_2-1)F(x) - (a_1-a_2)F(Q_B)]\mathrm{d}x + \\
&K(b-c)(p-b)\int_{F_{\bar{X}}^{-1}(r)}^{T} [1-F(x)]\mathrm{d}x \\
\leqslant\ &(b-v)u'(Z_-(Q_B,Q_B))\delta F(Q_B) - K(c-v)(p-v)\delta F(Q_B) + \\
&K(b-c)(p-b)[2(a_2-1)-\delta]F(Q_B)(F_{\bar{X}}^{-1}(r) - Q_B) + \\
&K(b-c)(p-b)\int_{F_{\bar{X}}^{-1}(r)}^{T} [1-F(x)]\mathrm{d}x \\
\leqslant\ &\delta\{(b-v)u'(Z_-(Q_B,Q_B))F(Q_B) - K(c-v)(p-v)F(Q_B)\} + \\
&K(b-c)(p-b)\int_{F_{\bar{X}}^{-1}(r)}^{T} [1-F(x)]\mathrm{d}x
\end{aligned}
\tag{3.7}
$$

根据我们对相关参数的假设和 K 是负数可知，上面最后一个不等式右端的第一项是正的，大括号里面的项为一个常数，而第二项为负数。因而我们总可以选择充分小的正数 δ，使得两项的和为负，从而有结论 $\left.\frac{\partial \mathrm{RDEU}(Q)}{\partial Q}\right|_{Q_B} > 0$。这表明 $Q_A > Q_B$。

从上面例子看到，对于具有弱悲观偏差的报贩来说，他的最优订购量未必会低于带着相同凹效用函数报贩的最优订购量，这完全是由效用函数的非线性引起的，当效用函数是线性形式时，情况变得略有不同。

定理 3.2 如果报贩依据对偶效用最大化来进行订购决策，假定他的概率扭曲函数为严格增函数，则他的最优订购量为 $Q_D^* = F_{\bar{X}}^{-1}\left(g^{-1}\left(\frac{b-c}{b-v}\right)\right)$，且：

（ⅰ）当他是弱悲观决策者时，即他的概率扭曲函数满足 $g(t) > t$，有 $Q_D^* \leqslant Q_E^*$；

（ⅱ）当他是弱乐观决策者时，即他的概率扭曲函数满足 $g(t) < t$，有 $Q_D^* \geqslant Q_E^*$。

证明　由式(3.1),当效用函数是线性函数时,有

$$\left.\frac{\partial \mathrm{DU}(Q)}{\partial Q}\right|_{Q_{\mathrm{D}}^*}=-(c-v)\int_0^{Q_{\mathrm{D}}^*}\mathrm{d}g(F(x))+(b-c)\int_{Q_{\mathrm{D}}^*}^{T}\mathrm{d}g(F(x)) \quad (3.8)$$

经整理,有 $g(F_{\bar{X}}^{-1}Q_{\mathrm{D}}^*)=\dfrac{b-c}{b-v}$,因为 $g(t)$ 是严格增的函数,所以存在反函数,从而有 $Q_{\mathrm{D}}^*=F_{\bar{X}}^{-1}\left(g^{-1}\left(\dfrac{b-c}{b-v}\right)\right)$。

(ⅰ)若 $g(t)>t$,则 $t>g^{-1}(t)$,从而有 $\dfrac{b-c}{b-v}>g^{-1}\left(\dfrac{b-c}{b-v}\right)$,根据引理3.1有

$$Q_{\mathrm{D}}^*=F^{-1}\left(g^{-1}\left(\frac{b-c}{b-v}\right)\right)\leqslant F_{\bar{X}}^{-1}\left(\frac{b-c}{b-v}\right)=Q_{\mathrm{E}}^*$$

同理可证(ⅱ)也是成立的。

当报贩是强悲观(强乐观)的对偶效用决策者时,他的扭曲函数是凹(凸)的,因此有 $g(t)>t(g(t)<t)$,从而我们有下面的推论。

推论 3.1　如果报贩依据对偶效用最大化来进行订购决策:

(ⅰ)当他是强悲观决策者时,有 $Q_{\mathrm{D}}^*\leqslant Q_{\mathrm{E}}^*$;

(ⅱ)当他是强乐观决策者时,有 $Q_{\mathrm{D}}^*\geqslant Q_{\mathrm{E}}^*$。

由引理 3.2 和定理 3.1,我们容易得到下面重要的推论:

推论 3.2　如果报贩 A 是预期效用决策者且相应的效用函数 $u(x)$ 是凹的,报贩 D 是对偶效用决策者,他们具有相同的概率扭曲函数 $g(t)$。

(ⅰ)报贩 A 的最优订购数量总是小于报贩 D 的,即 $Q_{\mathrm{A}}^*\leqslant Q_{\mathrm{D}}^*$;

(ⅱ)当报贩 A 是弱(强)悲观决策者时,他的最优订购量总是小于风险中性决策者的最优订购量,即 $g(t)>0$,总有 $Q_{\mathrm{A}}^*\leqslant Q_{\mathrm{E}}^*$ 成立;

(ⅲ)当报贩 A 是弱乐观决策者时,无法判断 Q_{A}^* 与 Q_{E}^* 的关系。

上述结论中(ⅰ)和(ⅱ)是显然的,结论(ⅲ)需要给予一些额外的解释。下面给出形式上的分析:事实上,效用函数是增的凹函数,从而递减的边际效用使得最优订购向下偏离于风险中性的订购量,当效用函数越接近于一个线性函数时,所带来的偏离效应也越低;而定理 3.2 告诉我们乐观的扭曲函数趋向于拉高报贩的最优订购量,从而凹的效用函数充分接近于线性函数时,它所

产生的向下效应低于乐观的扭曲函数所产生的向上效应，从而乐观的预期效用报贩的最优订购量可能大于风险中性报贩的最优订购量，当调换上述分析中关于效用函数和扭曲函数的角色时，则产生相反的结论，从而验证了结论（ⅲ）的正确性。

在期望效用框架下，具有凹效用函数的报贩的最优订购量不可能超过风险中性报贩订购量，然而这类现象却可以在预期效用框架下得到合理的解释，再一次佐证了预期效用理论具有更为广泛的应用价值。

例 3.1 给出了一个似乎和直觉并不相符的结果，然而当考虑具有强悲观偏差的报贩订购行为时，则可以得到完全确定并和通常的直觉相一致的结论。

定理 3.3 如果报贩 A 和 U 分别是预期效用和期望效用决策者，且具有相同的凹效用函数 $u(x)$，当报贩 A 具有强悲观偏差时，即相应的扭曲函数为凹函数，则他的最优订购量不超过报贩 U 的，即 $Q_A^* \leqslant Q_U^*$。

证明 由定理 3.1 可知，RDEU(Q) 是 Q 的凹函数，为了得到上述结论，只需证明$\left.\frac{\partial \mathrm{RDEU}(Q)}{\partial Q}\right|_{Q_U^*} \leqslant \left.\frac{\partial \mathrm{EU}(Q)}{\partial Q}\right|_{Q_U^*}=0$ 即可。从而由式(3.1)有

$$\begin{aligned}\left.\frac{\partial \mathrm{RDEU}(Q)}{\partial Q}\right|_{Q_U^*} &= -(c-v)\int_0^{Q_U^*} u'(Z_-(x,Q_U^*))\,g'(F(x))\mathrm{d}F(x)+\\&\quad (b-c)\int_{Q_U^*}^{T} u'(Z_+(x,Q_U^*))\,g'(F(x))\mathrm{d}F(x)-\\&\quad (c-v)g'(F(Q_U^*))\int_0^{Q_U^*} u'(Z_-(x,Q_U^*))\,\mathrm{d}F(x)+\\&\quad (b-c)g'(F(Q_U^*))\int_{Q_U^*}^{T} u'(Z_+(x,Q_U^*))\,\mathrm{d}F(x)\\&= g'(F(Q_U^*))\left.\frac{\partial \mathrm{EU}(Q)}{\partial Q}\right|_{Q_U^*}=0\end{aligned} \tag{3.9}$$

上面的不等式是由于$(c-v)>0$，$(b-c)>0$ 且 $g(t)$ 是凹函数。

定理 3.4 如果报贩 A 和 U 分别是预期效用和期望效用决策者，且具有相同的凹效用函数 $u(x)$，当报贩 A 具有强乐观偏差时，即相应的扭曲函数为凸函数，则他的最优订购量不低于报贩 U 的，即 $Q_A^* \geqslant Q_U^*$。

证明　由定理 3.1 可知，RDEU(Q) 是 Q 的凹函数，为了得到上述结论，只需证明$\left.\frac{\partial \mathrm{RDEU}(Q)}{\partial Q}\right|_{Q_{\mathrm{U}}^*} \geqslant \left.\frac{\partial \mathrm{EU}(Q)}{\partial Q}\right|_{Q_{\mathrm{U}}^*} = 0$ 即可。从而由式(3.1)有

$$\begin{aligned}\left.\frac{\partial \mathrm{RDEU}(Q)}{\partial Q}\right|_{Q_{\mathrm{U}}^*} &= -(c-v)\int_0^{Q_{\mathrm{U}}^*} u'(Z_-(x,Q_{\mathrm{U}}^*))g'(F(x))\mathrm{d}F(x) + \\ &\quad (b-c)\int_{Q_{\mathrm{U}}^*}^{T} u'(Z_+(x,Q_{\mathrm{U}}^*))g'(F(x))\mathrm{d}F(x) \\ &\geqslant -(c-v)g'(F(Q_{\mathrm{U}}^*))\int_0^{Q_{\mathrm{U}}^*} u'(Z_-(x,Q_{\mathrm{U}}^*))\mathrm{d}F(x) + \\ &\quad (b-c)g'(F(Q_{\mathrm{U}}^*))\int_{Q_{\mathrm{U}}^*}^{T} u'(Z_+(x,Q_{\mathrm{U}}^*))\mathrm{d}F(x) \\ &= g'(F(Q_{\mathrm{U}}^*))\left.\frac{\partial \mathrm{EU}(Q)}{\partial Q}\right|_{Q_{\mathrm{U}}^*} = 0 \end{aligned} \tag{3.10}$$

上面的不等式是由于$(c-v)>0$，$(b-c)>0$ 且 $g(t)$ 是凸函数。

根据推论 3.2 可知，对于带着凹效用函数但具有乐观偏差的决策者来说，一般很难确定他的最优订购量和风险中性订购量的关系，但如果它具有强乐观的心理偏差，那我们总可以找到比较规范的条件，使得这两者呈现出比较明确的关系。

定理 3.5　如果报贩 A 是预期效用决策者，具有严格凹的效用函数 $u(x)$ 和严格凸的概率扭曲函数 $g(t)$ 并假定它们具有二阶连续导数，则：

(ⅰ) 当 $-\frac{u''(z(x,Q))}{u'(z(x,Q))} \geqslant \frac{g''(F_{\tilde{X}}(x))}{g'(F_{\tilde{X}}(x))}\frac{f_{\tilde{X}}(x)}{p-b}$，总有 $Q_{\mathrm{A}}^* \leqslant Q_{\mathrm{E}}^*$；

(ⅱ) 当 $-\frac{u''(z(x,Q))}{u'(z(x,Q))} \leqslant \frac{g''(F_{\tilde{X}}(x))}{g'(F_{\tilde{X}}(x))}\frac{f_{\tilde{X}}(x)}{p-v}$，总有 $Q_{\mathrm{A}}^* \geqslant Q_{\mathrm{E}}^*$。

证明　当条件(ⅰ)成立时，通过简单的变形有

$$\begin{aligned} 0 &\geqslant u''(z(x,Q))g'(F_{\tilde{X}}(x))(p-b) + u'(z(x,Q))g''(F_{\tilde{X}}(x))f_{\tilde{X}}(x) \\ &\geqslant u''(z(x,Q))g'(F_{\tilde{X}}(x))(p-v) + u'(z(x,Q))g''(F_{\tilde{X}}(x))f_{\tilde{X}}(x) \end{aligned}$$

第二个不等式是由 $p-v>p-b$ 和效用函数是凹函数而得到的，由上述不等式可以得到：

当 $x \in [0, Q_{\mathrm{E}}^*)$ 时，$0 \geqslant \frac{\mathrm{d}}{\mathrm{d}x}(u'(z_-(x,Q))g'(F_{\tilde{X}}(x)))$；

当 $x \in (Q_E^*, T]$ 时，$0 \geqslant \frac{d}{dx}(u'(z_+(x,Q))g'(F_{\tilde{X}}(x)))$。

由于假定 $u'(z(x,Q))g'(F_{\tilde{X}}(x))$ 在$[0,T]$上连续，从而其在整个$[0,T]$是减函数，由式(3.9)

$$
\begin{aligned}
\left.\frac{\partial \mathrm{RDEU}(Q)}{\partial Q}\right|_{Q_E^*} &= -(c-v)\int_0^{Q_E^*} u'(Z_-(x,Q_E^*))g'(F_{\tilde{X}}(x))\mathrm{d}F_{\tilde{X}}(x) + \\
&\quad (b-c)\int_{Q_E^*}^{T} u'(Z_+(x,Q_E^*))g'(F_{\tilde{X}}(x))\mathrm{d}F_{\tilde{X}}(x) \\
&\leqslant -(c-v)u'(Z_-(Q_E^*,Q_E^*))g'(F_{\tilde{X}}(Q_E^*))\int_0^{Q_E^*}\mathrm{d}F_{\tilde{X}}(x) + \\
&\quad (b-c)u'(Z_-(Q_E^*,Q_E^*))g'(F_{\tilde{X}}(Q_E^*))\int_{Q_E^*}^{T}\mathrm{d}F_{\tilde{X}}(x) \\
&= u'(Z_-(Q_E^*,Q_E^*))g'(F_{\tilde{X}}(Q_E^*))\left.\frac{\partial EP(Q)}{\partial Q}\right|_{Q_E^*} = 0 \qquad (3.11)
\end{aligned}
$$

当条件(ⅱ)成立时，同理可证函数 $u'(z(x,Q))g'(F_{\tilde{X}}(x))$ 是$[0,T]$上连续的增函数，由式(3.10)有

$$
\begin{aligned}
\left.\frac{\partial \mathrm{RDEU}(Q)}{\partial Q}\right|_{Q_E^*} &= -(c-v)\int_0^{Q_E^*} u'(Z_-(x,Q_E^*))g'(F_{\tilde{X}}(x))\mathrm{d}F_{\tilde{X}}(x) + \\
&\quad (b-c)\int_{Q_E^*}^{T} u'(Z_+(x,Q_E^*))g'(F_{\tilde{X}}(x))\mathrm{d}F_{\tilde{X}}(x) \\
&\geqslant -(c-v)u'(Z_-(Q_E^*,Q_E^*))g'(F_{\tilde{X}}(Q_E^*))\int_0^{Q_E^*}\mathrm{d}F_{\tilde{X}}(x) + \\
&\quad (b-c)u'(Z_-(Q_E^*,Q_E^*))g'(F_{\tilde{X}}(Q_E^*))\int_{Q_E^*}^{T}\mathrm{d}F_{\tilde{X}}(x) \\
&= u'(Z_-(Q_E^*,Q_E^*))g'(F_{\tilde{X}}(Q_E^*))\left.\frac{\partial EP(Q)}{\partial Q}\right|_{Q_E^*} = 0 \qquad (3.12)
\end{aligned}
$$

由函数 RDEU(Q) 的凹性可知命题成立。

上述条件从形式上看类似于在期望效用理论里，通过 Arrow－Pratt 绝对风险厌恶系数来进行人际风险厌恶程度的比较，而这里是在效用函数和扭曲函数间进行比较。本质上函数二阶导与一阶导之比反映了曲线在每点的弯曲程度。从上述条件可以看到，当效用曲线每点的弯曲程度总被扭曲函数在对应点的弯曲程度乘上密度函数的一个线性函数从下进行控制时，递减函数

$u'(z(x,Q))$ 在函数 $u'(z(x,Q))g'(F_{\tilde{X}}(x))$ 中发挥着主导作用,使得整个函数呈递减的趋势;反之,当效用曲线每点的弯曲程度总被扭曲函数在对应点的弯曲程度乘上密度函数的一个线性函数从上进行控制时,递增函数 $g'(F_{\tilde{X}}(x))$ 在函数 $u'(z(x,Q))g'(F_{\tilde{X}}(x))$ 中发挥着主导作用,使得整个函数呈递增的趋势。特别的,当随机需求是均匀分布时,上述条件非常直观,退化为仅仅比较效用曲线和扭曲函数在每点的弯曲程度。类似于 Ross(1981) 给出的更强风险厌恶比较的定义,下面给出一个更强的条件。

推论 3.3　如果报贩 A 是预期效用决策者,具有严格凹的效用函数 $u(x)$ 和严格凸的概率扭曲函数 $g(t)$,并假定它们具有二阶连续导数,记 $M=\max\limits_{x\in[0,T]} f_{\tilde{X}}(x)$,$m=\min\limits_{x\in[0,T]} f_{\tilde{X}}(x)$,为了使条件有意义,假定 $m>0$,则:

(1) 当 $\inf\limits_{x\in[0,T]}\left\{-\dfrac{u''(z(x,Q))}{u'(z(x,Q))}\right\}\sup\limits_{x\in[0,T]}\left\{\dfrac{g''(z(x,Q))}{g'(z(x,Q))}\right\}\dfrac{M}{p-b}$,总有 $Q_A^*\leqslant Q_E^*$;

(2) 当 $\sup\limits_{x\in[0,T]}\left\{-\dfrac{u''(z(x,Q))}{u'(z(x,Q))}\right\}\inf\limits_{x\in[0,T]}\left\{\dfrac{g''(z(x,Q))}{g'(z(x,Q))}\right\}\dfrac{m}{p-v}$,总有 $Q_A^*\geqslant Q_E^*$。

文献 Eeckhoudt,Gollier 和 Schlesinger(1995) 考虑了报贩风险厌恶程度对于最优订购量,得到下面和直觉相符的结论。

引理 3.3　假定报贩 U_1 和 U_2 是两个理性的风险厌恶决策者,如果 U_1 比 U_2 更加风险厌恶,即 $-\dfrac{u''_1(x)}{u'_1(x)}\geqslant-\dfrac{u''_2(x)}{u'_2(x)}$,则报贩 U_1 的最优订购量不超过报贩 U_2 的,即 $Q_{U_1}^*\leqslant Q_{U_2}^*$。

那么悲观程度和乐观程度对于最优订购量是否也具有同样的效应呢?答案是确定的,我们首先给出比较悲观和乐观定义,然后给出类似于引理 3.3 结论。

定义 3.1　假设 A_1 和 A_2 是两个预期效用决策者,$g_1(t)$ 和 $g_2(t)$ 是对应的概率扭曲函数,如果存在一个凹的扭曲函数 $\phi(\cdot)$ 使得 $g_1(t)=\phi(g_2(t))$,则称 A_1 比 A_2 更悲观;如果存在凸的扭曲函数 $\psi(\cdot)$ 使得 $g_1(t)=\psi(g_2(t))$,则称 A_1 比 A_2 更乐观。

上述定义符合通常对于乐观和悲观解释,因为更加悲观的决策者对于不利事件的概率赋予更高的权重,同时对于有利事件的概率给予更低的权重,而更加乐观的决策者有恰好相反的心理偏差。

定理 3.6 假定报贩 A_1 和 A_2 是两个预期效用最大化的行为决策者，且具有相同的效用函数 $u(x)$，概率扭曲函数分别为 $g_1(t)$ 和 $g_2(t)$。

（ⅰ）如果他们都是（弱或强）悲观决策者，且 A_1 比 A_2 更悲观，则 $Q^*_{A_1} \leqslant Q^*_{A_2}$；

（ⅱ）如果他们都是（弱或强）乐观决策者，且 A_1 比 A_2 更乐观，则 $Q^*_{A_1} \geqslant Q^*_{A_2}$。

证明 当 A_1 和 A_2 都具有悲观偏差时，相应的扭曲函数满足 $g_i(t)>t$，$i=1,2$。因为 A_1 比 A_2 更悲观，由比较悲观的定义可知，存在凹函数 $\phi(t)$ 使得 $g_1(t)=\phi(g_2(t))$，为了讨论方便，不妨设 $\phi(t)$ 为可导函数，这并未损失结论的一般性。关于 t 求导，从而有 $g'_1(t)=\phi'(g_2(t))\,g'_2(t)$，将其代入一阶条件

$$
\begin{aligned}
\left.\frac{\partial RD\mathrm{EU}_1(Q)}{\partial Q}\right|_{Q^*_{A_2}} &= -(c-v)\int_0^{Q^*_{A_2}} u'(Z_-(x,Q^*_{A_2}))g'_1(F_{\tilde{X}}(x))\mathrm{d}F_{\tilde{X}}(x)+ \\
&\quad (b-c)\int_{Q^*_{A_2}}^{T} u'(Z_+(x,Q^*_{A_2}))g'_1(F_{\tilde{X}}(x))\mathrm{d}F_{\tilde{X}}(x) \\
&= -(c-v)\int_0^{Q^*_{A_2}} u'(Z_-(x,Q^*_{A_2}))\phi'(g_2(F_{\tilde{X}}(x))) \\
&\quad g'_2(F_{\tilde{X}}(x))\mathrm{d}F_{\tilde{X}}(x)+(b-c)\int_{Q^*_{A_2}}^{T} u'(Z_+(x,Q^*_{A_2})) \\
&\quad \phi'(g_2(F_{\tilde{X}}(x)))g'_2(F_{\tilde{X}}(x))\mathrm{d}F_{\tilde{X}}(x) \\
&\leqslant -(c-v)\phi'(g_2(F_{\tilde{X}}(Q^*_{A_2}))) \\
&\quad \int_0^{Q^*_{A_2}} u'(Z_-(x,Q^*_{A_2}))g'_1(F_{\tilde{X}}(x))\mathrm{d}F_{\tilde{X}}(x)+ \\
&\quad (b-c)\phi'(g_2(F_{\tilde{X}}(Q^*_{A_2}))) \\
&\quad \int_{Q^*_{A_2}}^{T} u'(Z_+(x,Q^*_{A_2}))g'_1(F_{\tilde{X}}(x))\mathrm{d}F_{\tilde{X}}(x) \\
&= \phi'(g_2(F_{\tilde{X}}(Q^*_{A_2})))\left.\frac{\partial RD\mathrm{EU}_2(Q)}{\partial Q}\right|_{Q^*_{A_2}} = 0 \qquad (3.13)
\end{aligned}
$$

以上的不等式是由于 $\phi'(g_2(F_{\tilde{X}}(x)))$ 是减函数而得到的。

当 A_1 和 A_2 都具有乐观偏差时，相应的扭曲函数满足 $g_i(t)<t$，$i=1,2$。因为 A_1 比 A_2 更乐观，由比较乐观的定义可知，存在凹函数 $\phi(t)$ 使得 $g_1(t)=\phi(g_2((t)))$，采用同样方法即可获得所需结论。

下面将着重考虑模型中的参数变化是否对乐观或悲观报贩最优订购量产生比较明确的影响，以及考察什么条件下可以获得比较明确的比较静态结果。首先考虑订购价格的变化对最优订购量的影响。

定理 3.7　假定报贩是预期效用决策者，最优订购量为 Q_A^*，无论他是悲观还是乐观决策者，当商品的订购价格 c 上升时，如果他的效用函数是绝对风险厌恶递减（DARA）或不变（CARA），且满足 $\frac{1}{(b-c)Q_A^*} \geqslant -\frac{u''((p-c)Q_A^*)}{u'((p-c)Q_A^*)}$，则相应的最优订购量将减少。

证明　将 RDEU(Q) 关于 Q 的一阶导数看作是 Q 和 c 的一个二元函数，记为 $H(Q,c)$，显然 $H(Q_A^*,c)=0$。

$$\frac{\partial H(Q_A^*,c)}{\partial Q_A^*} = -(b-v)u'((p-c)Q_A^*)\,g'(F_{\tilde{X}}(Q_A^*))\,f_{\tilde{X}}(Q_A^*) + (c-v)^2\int_0^{Q_A^*} u''((p-v)x-(c-v)Q_A^*)\,\mathrm{d}g(F_{\tilde{X}}(x)) \tag{3.14}$$

$$\frac{\partial H(Q_A^*,c)}{\partial Q_A^*} = -(b-v)u'((p-c)Q_A^*)\,g'(F_{\tilde{X}}(Q_A^*))\,f_{\tilde{X}}(Q_A^*) + (c-v)^2\int_0^{Q_A^*} u''((p-v)x-(c-v)Q_A^*)\,\mathrm{d}g(F_{\tilde{X}}(x)) + (b-c)^2\int_{Q_A^*}^{T} u''((p-b)x+(b-c)Q_A^*)\,\mathrm{d}g(F_{\tilde{X}}(x)) \tag{3.15}$$

由于 $u(x)$ 是增的凹函数，从而 $\frac{\partial H(Q_A^*,c)}{\partial Q_A^*} \leqslant 0$。求 $H(Q,c)$ 关于 c 的偏导有

$$\frac{\partial H(Q_A^*,c)}{\partial c} = -\int_0^{Q_A^*} u'((p-v)x-(c-v)Q_A^*)\,\mathrm{d}g(F_{\tilde{X}}(x)) + (c-v)Q_A^*\int_0^{Q_A^*} u''((p-v)\widetilde{X}-(c-v)Q_A^*)\,\mathrm{d}g(F_{\tilde{X}}(x)) - \int_{Q_A^*}^{T} u'((p-b)x+(b-c)Q_A^*)\,\mathrm{d}g(F_{\tilde{X}}(x)) -$$

$$(b-c)Q_A^*\int_{Q_A^*}^{T}u''((p-b)x+(b-c)Q_A^*)\,\mathrm{d}g(F_{\tilde{X}}(x)) \tag{3.16}$$

由题设效用函数满足 DARA 和 CARA 条件，有下面不等式成立

$$\begin{aligned}
\frac{\partial H(Q_A^*,c)}{\partial c}=&-\int_0^{Q_A^*}u'(Z_-(x,Q_A^*))\,\mathrm{d}g(F_{\tilde{X}}(x))-\\
&\int_{Q_A^*}^{T}u'(Z_+(x,Q_A^*))\,\mathrm{d}g(F_{\tilde{X}}(x))+\\
&(c-v)Q_A^*\int_0^{Q_A^*}-\frac{u''(Z_-(x,Q_A^*))}{u'(Z_-(x,Q_A^*))}\\
&(-u'(Z_-(x,Q_A^*)))\,\mathrm{d}g(F_{\tilde{X}}(x))-\\
&(b-c)Q_A^*\int_{Q_A^*}^{T}-\frac{u''(Z_+(x,Q_A^*))}{u'(Z_+(x,Q_A^*))}\\
&(-u'(Z_+(x,Q_A^*)))\,\mathrm{d}g(F_{\tilde{X}}(x))\\
\leqslant&-\int_0^{Q_A^*}u'(Z_-(x,Q_A^*))\,\mathrm{d}g(F_{\tilde{X}}(x))-\\
&\int_{Q_A^*}^{T}u'(Z_+(x,Q_A^*))\,\mathrm{d}g(F_{\tilde{X}}(x))+\\
&(c-v)Q_A^*\left(-\frac{u''(Z_-(Q_A^*,Q_A^*))}{u'(Z_-(Q_A^*,Q_A^*))}\right)\\
&\int_0^{Q_A^*}(-u'(Z_-(x,Q_A^*)))\,\mathrm{d}g(F_{\tilde{X}}(x))-\\
&(b-c)Q_A^*\left(-\frac{u''(Z_+(Q_A^*,Q_A^*))}{u'(Z_+(Q_A^*,Q_A^*))}\right)\int_{Q_A^*}^{T}\\
&(-u'(Z_+(x,Q_A^*)))\,\mathrm{d}g(F_{\tilde{X}}(x))\\
=&[1+(c-v)Q_A^*K]\int_0^{Q_A^*}(-u'(Z_-(x,Q_A^*))\,\mathrm{d}g(F_{\tilde{X}}(x))+\\
&[1-(b-c)Q_A^*K]\int_{Q_A^*}^{T}(-u'(Z_+(x,Q_A^*)))\,\mathrm{d}g(F_{\tilde{X}}(x))\leqslant 0
\end{aligned} \tag{3.17}$$

上式中记号 $K>0$ 表示 $-\dfrac{u''((p-c)Q_A^*)}{u'((p-c)Q_A^*)}$，这是因为 $u(x)$ 是增的凹函数，从而二阶导数非正，一阶导数非负，且 $Z_-(Q_A^*,Q_A^*)=Z_+(Q_A^*,Q_A^*)=(p-c)Q_A^*$。由参数的假设可知，最后一个式子的第一项非正，第二项由于题设条件可知

$$[1-(b-c)Q_A^*K]\geqslant 0$$

从而第二项也非正，所以最后的不等式成立。因此，由隐函数定理可知

$$\frac{\mathrm{d}Q_A^*}{\mathrm{d}c}=-\frac{H'_c(Q_A^*,c)}{H_{Q_A^*}^*(Q_A^*,c)}$$

由第一部分的证明已知

$$H'_{Q_A^*}(Q_A^*,c)\leqslant 0$$

从而

$$\operatorname{sign}\left(\frac{\mathrm{d}Q_A^*}{\mathrm{d}c}\right)=\operatorname{sign}(H'_c(Q_A^*,c))\leqslant 0$$

DARA 和 CARA 效用函数是经济和金融文献中广泛使用的两类效用函数，因此作为单调比较静态结果的一个条件并不是过于严格，条件

$$\frac{1}{(b-c)Q_A^*}\geqslant-\frac{u''((p-c)Q_A^*)}{u'((p-c)Q_A^*)}$$

则要求效用函数在点 $(p-c)Q_A^*$ 的弯曲程度受到常数 $\dfrac{1}{(b-c)Q_A^*}$ 的控制，其中点 $(p-c)Q_A^*$ 表示当确定性的需求量是 Q_A^* 时，报贩的总利润。当初始订购价和二次订购价充分接近时，不等式左边的项趋向于无穷大，因此，对于效用函数的弯曲程度几乎没有限制，只需要 DARA 和 CARA 条件就足以保证初始订购量增加引起最优订购量向下调整。该结论说明无论是悲观、乐观的行为决策者还是风险厌恶的理性决策者，只要他们对于财富的态度满足一定条件时，当价格提高时，他们的财富会随之降低从而使得他们会采取订购更少策略。

对于风险中性决策者和悲观或乐观的对偶效用决策者，当供应商提高订购价时，他们总会相应地减少订购量。

定理 3.8　当订购价格提高时，风险中性决策者 E 和对偶效用决策者 D 都会减少他们的订购量。

证明 由于 $Q_{\mathrm{E}}^* = F_{\widetilde{X}}^{-1}\left(\frac{b-c}{b-v}\right)$ 和 $Q_{\mathrm{D}}^* = F_{\widetilde{X}}^{-1}\left(g^{-1}\left(\frac{b-c}{b-v}\right)\right)$，很明显当 c 增加时，临界率 $\frac{b-c}{b-v}$ 将递减，从而 Q_{E}^* 和 Q_{D}^* 将递减。

定理 3.9 假定报贩是预期效用决策者，最优订购量为 Q_{A}^*，无论他是悲观还是乐观决策者，当商品的残值 v 上升时，则相应的最优订购量将增加。

证明 使用超模理论中的相关结论来证明命题，为此将 RDEU(Q) 看作是订购量和残值的二元函数，记为 RDEU(Q,v)，求它的混合偏导数如下：

$$\frac{\partial \mathrm{RDEU}(Q,v)}{\partial Q} = -(c-v)\int_0^Q u'(px - cQ + v(Q-\widetilde{X}))\mathrm{d}g(F_{\widetilde{X}}(x)) + (b-c)\int_Q^T u'(px - cQ - b(\widetilde{X}-Q))\mathrm{d}g(F_{\widetilde{X}}(x)) \tag{3.18}$$

$$\frac{\partial^2 \mathrm{RDEU}(Q,v)}{\partial v \partial Q} = \int_0^Q u'(px - cQ + v(Q-x))\mathrm{d}g(F_{\widetilde{X}}(x)) - (c-v)\int_0^Q u''(px - cQ + v(Q-x))(Q-x)\mathrm{d}g(F_{\widetilde{X}}(x)) \geqslant 0 \tag{3.19}$$

上面的不等式是由于 $u(x)$ 是增的凹函数。由引理 2.1 可知，函数 RDEU(Q,v) 关于变量 Q 和 v 是超模函数，由引理 2.2 可知，当 v 增加时，最优订购量 Q_{A}^* 也随之增加。

上述结果符合日常直觉的解释。当残值增加时，由于过多订购给决策者造成的平均损失会减少，从而过多订购产生的成本在报贩的决策过程中所占的权重也随之降低，从而鼓励决策者采取更大胆的订购决策。无论是悲观、乐观的行为决策者，还是理性风险厌恶决策者，残值的变化对他们产生同样效应。

定理 3.10 当残值 v 提高时，风险中性决策者 E 和对偶效用决策者 D 都会增加他们的订购量。

证明 由于 $Q_{\mathrm{E}}^* = F_{\widetilde{X}}^{-1}\left(\frac{b-c}{b-v}\right)$ 和 $Q_{\mathrm{D}}^* = F_{\widetilde{X}}^{-1}\left(g^{-1}\left(\frac{b-c}{b-v}\right)\right)$，很明显，当 v 增加时，临界率 $\frac{b-c}{b-v}$ 将增加，从而 Q_{E}^* 和 Q_{D}^* 将增加。

当应急订购价格 b 上升时，将促使报贩提高他们的初始订购量。有下面的结论。

定理 3.11　假定报贩是预期效用决策者，最优订购量为 Q_A^*，无论他是悲观决策者还是乐观决策者，当商品的应急订购价格 b 上升时，则相应的最优订购量将增加。

证明　将 RDEU(Q) 看作是订购量和应急订购价格的二元函数，记为 RDEU(Q,b)，求它的混合偏导数如下

$$\frac{\partial \mathrm{RDEU}(Q,c)}{\partial Q}=-(c-v)\int_0^Q u'(px-cQ+v(Q-x))\mathrm{d}g(F_{\tilde{X}}(x))+ \\ (b-c)\int_Q^T u'(px-cQ-b(x-Q))\mathrm{d}g(F_{\tilde{X}}(x)) \tag{3.20}$$

$$\frac{\partial^2 \mathrm{RDEU}(Q,b)}{\partial b\partial Q}=(b-c)\int_Q^T u'(px-cQ-b(x-Q))\mathrm{d}g(F_{\tilde{X}}(x))- \\ (b-c)\int_Q^T u''(px-cQ-b(x-Q))(x-Q)\mathrm{d}g(F_{\tilde{X}}(x)) \\ \geqslant 0 \tag{3.21}$$

上面的不等式是由于 $u(x)$ 是增的凹函数。由引理 2.1 可知，函数 RDEU(Q,b) 关于变量 Q 和 b 是超模函数，由引理 2.2 可知，当 b 增加时，最优订购量 Q_A^* 也随之增加。

尽管残值和应急订购价格上升都促使报贩采用更积极的订购政策，但二者引起订购量增加的机理是不同的。残值的增加，是减少了报贩对于过多订购的担心，从而鼓励他们订购更多；而应急订购价格的上涨则是增加了报贩过低订购的平均成本，从而增加他对过低订购的担心，这种担心同样引起他提高初始订购量。同样，上面的结论无论是对于行为决策者还是理性决策者，都产生同样的效应。

定理 3.12　当应急订购价格 b 提高时，风险中性决策者 E 和对偶效用决策者 D 都会增加他们的订购量。

证明 由于$Q_{\mathrm{E}}^{*}=F_{\tilde{X}}^{-1}\left(\frac{b-c}{b-v}\right)$和$Q_{\mathrm{D}}^{*}=F_{\tilde{X}}^{-1}\left(g^{-1}\left(\frac{b-c}{b-v}\right)\right)$，很明显，当$b$增加时，临界率$\frac{b-c}{b-v}=1-\frac{c-v}{b-v}$将增加，从而$Q_{\mathrm{E}}^{*}$和$Q_{\mathrm{D}}^{*}$将增加。

从风险中性和对偶效用决策者最优订购量的表达，看到一个令人惊讶的结果，就是当商品零售价是外生给定的，零售价的高低并不影响报贩的最优订购量，这违反了我们通常的直觉，那么这个结论是否对于悲观和乐观的预期效用决策者也成立呢？

定理 3.13 假定报贩是预期效用决策者，最优订购量为Q_{A}^{*}，无论他是悲观还是乐观决策者，当商品的零售价格p上升时。

（ⅰ）当报贩效用函数具有 IARA 和 CARA 性质时，相应的最优订购量Q_{A}^{*}将减少；

（ⅱ）当报贩效用函数具有 IRRA 性质时，相应的最优订购量Q_{A}^{*}减少；

（ⅲ）当报贩效用函数具有 CRRA 性质时，相应的最优订购量Q_{A}^{*}不变；

（ⅳ）当报贩效用函数具有 DRRA 性质时，相应的最优订购量Q_{A}^{*}增加。

证明 将 RDEU(Q) 看作是订购量和零售价的二元函数，记为 RDEU(Q,p)，求 RDEU(Q,p) 关于Q和p的混合偏导数有

$$\begin{aligned}\frac{\partial^{2}\mathrm{RDEU}(Q,p)}{\partial p\partial Q}=&-(c-v)\int_{0}^{Q}u''(px-cQ+v(Q-x))x\mathrm{d}g(F_{\tilde{X}}(x))+\\&(b-c)\int_{Q}^{T}u''(px-cQ-b(x-Q))x\mathrm{d}g(F_{\tilde{X}}(x))\end{aligned}\tag{3.22}$$

（ⅰ）当$u(x)$具有 IARA 和 CARA 性质时，即$-\frac{u''(x)}{u'(x)}$为常数或单调递增，根据上式有

$$\begin{aligned}\left.\frac{\partial^{2}\mathrm{RDEU}(Q,p)}{\partial p\partial Q}\right|_{Q_{\mathrm{A}}^{*}}=&-(c-v)\int_{0}^{Q_{\mathrm{A}}^{*}}-\frac{u''(Z_{-}(x,Q_{\mathrm{A}}^{*}))}{u'(Z_{-}(x,Q_{\mathrm{A}}^{*}))}\\&(-u'(Z_{-}(x,Q_{\mathrm{A}}^{*})))x\mathrm{d}g(F_{\tilde{X}}(x))+\\&(b-c)\int_{Q_{\mathrm{A}}^{*}}^{T}-\frac{u''(Z_{+}(x,Q_{\mathrm{A}}^{*}))}{u'(Z_{+}(x,Q_{\mathrm{A}}^{*}))}\end{aligned}$$

$$(-u'(Z_+(x,Q_A^*)))x\mathrm{d}g(F_{\tilde{X}}(x))$$

$$\leqslant (c-v)\frac{u''((p-c)Q_A^*)}{u'((p-c)Q_A^*)}\int_0^{Q_A^*}(-u'(Z_-(x,Q_A^*)))x\mathrm{d}g(F_{\tilde{X}}(x))-(b-c)\frac{u''((p-c)Q_A^*)}{u'((p-c)Q_A^*)}\int_{Q_A^*}^{T}(-u'(Z_+(x,Q_A^*)))x\mathrm{d}g(F_{\tilde{X}}(x))$$

要使$\left.\frac{\partial^2 \mathrm{RDEU}(Q,p)}{\partial p\partial Q}\right|_{Q_A^*}\leqslant 0$，只需上面不等式右端的项小于零即可。即

$$(c-v)\int_0^{Q_A^*}u'(Z_-(x,Q_A^*))x\mathrm{d}g(F_{\tilde{X}}(x))-(b-c)\int_{Q_A^*}^{T}u'(Z_+(x,Q_A^*))x\mathrm{d}g(F_{\tilde{X}}(x))\leqslant 0 \tag{3.23}$$

由一阶条件和积分中值定理可知

$$\frac{\int_0^{Q_A^*}u'(Z_-(x,Q_A^*))x\mathrm{d}g(F_{\tilde{X}}(x))}{\int_{Q_A^*}^{T}u'(Z_+(x,Q_A^*))x\mathrm{d}g(F_{\tilde{X}}(x))}=\frac{\bar{X}_1\int_0^{Q_A^*}u'(Z_-(x,Q_A^*))\mathrm{d}g(F_{\tilde{X}}(x))}{\bar{X}_2\int_{Q_A^*}^{T}u'(Z_+(x,Q_A^*))\mathrm{d}g(F_{\tilde{X}}(x))}$$

$$\leqslant\frac{\int_0^{Q_A^*}u'(Z_-(x,Q_A^*))\mathrm{d}g(F_{\tilde{X}}(x))}{\int_{Q_A^*}^{T}u'(Z_+(x,Q_A^*))\mathrm{d}g(F_{\tilde{X}}(x))}=\frac{c-v}{b-c} \tag{3.24}$$

从而式(3.23)成立。

(ⅱ)当$u(x)$具有IARA性质时，即$-\frac{u''(x)}{u'(x)}x$为递增函数，根据上式有

$$\left.\frac{\partial^2 \mathrm{RDEU}(Q,p)}{\partial p\partial Q}\right|_{Q_A^*}\leqslant (c-v)\frac{u''((p-c)Q_A^*)}{u'((p-c)Q_A^*)}Q_A^*\int_0^{Q_A^*}(-u'(Z_-(x,Q_A^*)))\mathrm{d}g(F_{\tilde{X}}(x))-$$

$$
\begin{aligned}
&(b-c)\frac{u''((p-c)Q_A^*)}{u'((p-c)Q_A^*)}Q_A^* \\
&\int_{Q_A^*}^{T}(-u'(Z_+(x,Q_A^*)))\,\mathrm{d}g(F_{\tilde{X}}(x)) \\
=&\frac{u''((p-c)Q_A^*)}{u'((p-c)Q_A^*)}Q_A^*\Big\{(c-v) \\
&\int_0^{Q_A^*}(-u'(Z_-(x,Q_A^*)))\,\mathrm{d}g(F_{\tilde{X}}(x))- \\
&(b-c)\int_{Q_A^*}^{T}(-u'(Z_+(x,Q_A^*)))\,\mathrm{d}g(F_{\tilde{X}}(x))\Big\} \\
=&0
\end{aligned}
$$

最后的等式是由于RDEU(Q,p)关于Q的一阶条件得到的。类似的当效用函数分别满足CRRA和DRRA条件时，上述不等式变为等号和方向相反，从而可类似地证明（ⅲ）和（ⅳ）。

上述条件在期望效用框架下直觉的分析可以参阅文献Eeckhoudt, Gollier和Schlesinger(1995)，不同于这些作者的直观分析，本书采用严格的数学证明，并将一些条件进行了推广。在这里本书证明了这些条件无论是对于悲观的还是乐观的决策者，他们的决策行为对于模型参数的变化具有同理性决策者一样的反应模式。

3.3 乐观偏差与中心聚集效应

Schweitzer和Cachon(2000)在传统的报童模型框架下，通过实验的方法来研究报童在现实中的订购决策。然而，他们发现一个令人迷惑的现象：对于高利润的商品，实验者最优选择通常少于风险中性的订购量，而对于低利润的商品，实验者的最优订购量高于风险中性模型下的最优解。并且他们发现，这类现象无法用风险厌恶、风险追逐、损失厌恶、浪费厌恶、缺货厌恶以及前景理论来解释。同时，他们提出两种新的决策模型来解释上述现象。一类模型是决策者倾向于减少库存误差；另一类模型中决策者具有锚定效应和不充分调整偏差。他们发现这两个模型能够很好地解释观察到的现象。

本节试图在预期效用框架下通过乐观偏差和“中庸”决策者对上述现象进行解释。首先，回顾 Schweitzer 和 Cachon(2000) 的报童模型，它和本章上一节的模型有所不同，然后给出本书的解释。

假设模型不允许报贩有应急订购的机会，那么报贩的随机利润为

$$Z(\widetilde{X},Q)=\begin{cases}Z_-(\widetilde{X},Q)=p\widetilde{X}-cQ+v(Q-\widetilde{X}), & \text{如果 } \widetilde{X}\leqslant Q\\ Z_+(\widetilde{X},Q)=pQ-cQ, & \text{如果 } \widetilde{X}>Q\end{cases}\tag{3.25}$$

风险中性报贩的最优订购量满足 $F_{\widetilde{X}}(Q_{\mathrm{E}}^*)=\dfrac{p-c}{p-v}$，这是需求不超过 Q_{E}^* 的概率，也称为临界率。假定随机需求的期望为 μ，Schweitzer 和 Cachon(2000) 通过临界率对商品分类如下：

定义 3.2　如果 $\dfrac{1}{2}\leqslant\dfrac{p-c}{p-v}$，则称商品为高利润商品，否则称为低利润商品。

在实验中他们主要讨论了对称分布。从而上述商品的划分也可以基于随机需求的均值 $\mu\leqslant Q_{\mathrm{E}}^*$，称为高利润商品。首先观察下面特殊的预期效用的例子。

例 3.2　假设报贩 A 是一个预期效用决策者，具有下列形式的逐段线性的凹效用函数和逐段线性的凸扭曲函数：

$$g(F_{\widetilde{X}}(x))=\begin{cases}g_1(F_{\widetilde{X}}(x))=k_2F_{\widetilde{X}}(x), & \text{如果 } x\leqslant\mu\\ g_2(F_{\widetilde{X}}(x))=k_1F_{\widetilde{X}}(x)+d, & \text{如果 } x>\mu\end{cases}\tag{3.26}$$

选取适当的 k_1,k_2 和 d 使得函数在 μ 连续，且满足 $g(F_{\widetilde{X}}(T))=1$ 和 $k_1>1,k_2<1$，显然这样构造的函数是逐段凸函数；构造效用函数如下

$$u(z(x,Q))=\begin{cases}u_1(z(x,Q))=k_1z(x,Q), & \text{如果 } x\leqslant\mu\\ u_2(z(x,Q))=k_2z(x,Q)+c, & \text{如果 } x>\mu\end{cases}\tag{3.27}$$

选取适当的 c 使得函数在 $z(\mu,Q)$ 连续，显然这样构造的函数是逐段凹函数。如果 $\mu\leqslant Q_{\mathrm{E}}^*$，则由预期效用的一阶条件有

$$\begin{aligned}\left.\frac{\partial \mathrm{RDEU}(Q)}{\partial Q}\right|_{Q_{\mathrm{E}}^*}=&-(c-v)\int_0^{Q_{\mathrm{E}}^*}u'(px-cQ_{\mathrm{E}}^*+v(Q_{\mathrm{E}}^*-\widetilde{X}))\\&g'(F_{\widetilde{X}}(x))\mathrm{d}F_{\widetilde{X}}(x)+\\&(p-c)u'((p-c)Q_{\mathrm{E}}^*)\int_{Q_{\mathrm{E}}^*}^{T}g'(F_{\widetilde{X}}(x))\mathrm{d}F_{\widetilde{X}}(x)\end{aligned}$$

$$
\begin{aligned}
&= -(c-v)\int_0^{\mu} u'(px - cQ_E^* + v(Q_E^* - \widetilde{X}))\\
&\quad g'(F_{\widetilde{X}}(x))\mathrm{d}F_{\widetilde{X}}(x) -\\
&\quad (c-v)\int_{\mu}^{Q_E^*} u'(px - cQ_E^* + v(Q_E^* - \widetilde{X}))\\
&\quad g'(F_{\widetilde{X}}(x))\mathrm{d}F_{\widetilde{X}}(x) +\\
&\quad (p-c)u'((p-c)Q_E^*)\int_{Q_E^*}^{T} g'(F_{\widetilde{X}}(x))\mathrm{d}F_{\widetilde{X}}(x)\\
&= -(c-v)\int_0^{\mu} k_1k_2\mathrm{d}F_{\widetilde{X}}(x) - (c-v)\int_{\mu}^{Q_E^*} k_2k_1\mathrm{d}F_{\widetilde{X}}(x) +\\
&\quad (p-c)k_2\int_{Q_E^*}^{T} k_1\mathrm{d}F_{\widetilde{X}}(x)\\
&= k_1k_2\{-(c-v)\int_0^{Q_E^*} \mathrm{d}F_{\widetilde{X}}(x) + (p-c)\int_{Q_E^*}^{T} \mathrm{d}F_{\widetilde{X}}(x)\}\\
&= k_1k_2 \left.\frac{\partial EP(Q)}{\partial Q}\right|_{Q_E^*} = 0
\end{aligned}
\tag{3.28}
$$

使用和上节中同样的方法可证,在本节模型中的预期效用仍然是 Q 的凹函数,从而最优解是唯一的。当 $\mu \geqslant Q_E^*$ 时,同理可证 $\left.\frac{\partial \mathrm{RDEU}(Q)}{\partial Q}\right|_{Q_E^*}=0$。该结果表明,当报贩具有上述所构造的效用函数和扭曲函数时,无论商品是高利润还是低利润商品,这个乐观决策者总是和风险中性的订购量一致。

在此基础上,将构造一个代表弱乐观偏差的扭曲函数,使得具有上述效用函数和该扭曲函数的报贩的行为总和与 Schweitzer 和 Cachon(2000) 实验中的"中心聚拢效应"相一致。

在 $[0,\mu]$ 任取一个连续函数 $\widetilde{g}_1(F_{\widetilde{X}}(x))$ 满足下列条件:$\widetilde{g}_1(F_{\widetilde{X}}(\mu)) = g_1(F_{\widetilde{X}}(\mu))$,$\widetilde{g}_1(F_{\widetilde{X}}(0))=0$,且 $0<\widetilde{g}_1(F_{\widetilde{X}}(\mu))<g_1(F_{\widetilde{X}}(x))$,$x\in(0,\mu)$。

在 $[\mu,T]$ 任取一个连续函数 $\widetilde{g}_2(F_{\widetilde{X}}(x))$ 满足下列条件:$\widetilde{g}_2(F_{\widetilde{X}}(\mu)) = g_2(F_{\widetilde{X}}(\mu))$,$\widetilde{g}_2(F_{\widetilde{X}}(1))=1$,且 $F_{\widetilde{X}}(x)>\widetilde{g}_2(F_{\widetilde{X}}(\mu))>g_2(F_{\widetilde{X}}(x))$,$x\in(\mu,T)$。

构造一个新的扭曲函数如下:

$$
\widetilde{g}(F_{\widetilde{X}}(x)) = \begin{cases} \widetilde{g}_1(F_{\widetilde{X}}(x)), & \text{如果 } x \leqslant \mu \\ \widetilde{g}_2(F_{\widetilde{X}}(x)), & \text{如果 } x > \mu \end{cases}
\tag{3.29}
$$

用符号 $\mathrm{R\tilde{D}EU}(Q)$ 表示带有式(3.29) 形式扭曲函数的预期效用泛函。下面，为了能够解释“中心聚集效应”，只需证明：

(ⅰ) $\mu \geqslant Q_E^*$，$\left.\dfrac{\partial \mathrm{R\tilde{D}EU}(Q)}{\partial Q}\right|_{Q_E^*} > 0$，从而 $Q_{\tilde{A}}^* > Q_E^*$；

(ⅱ) $\mu < Q_E^*$，$\left.\dfrac{\partial \mathrm{R\tilde{D}EU}(Q)}{\partial Q}\right|_{Q_E^*} < 0$，从而 $Q_{\tilde{A}}^* < Q_E^*$。

首先证明(ⅰ)，为此重新写出式(3.28) 如下：

$$\begin{aligned}\left.\frac{\partial \mathrm{RDEU}(Q)}{\partial Q}\right|_{Q_E^*} = & -(c-v)\int_0^{Q_E^*} k_1 \mathrm{d}g_1(F_{\tilde{X}}(x)) + \\ & (p-c)\int_{Q_E^*}^{\mu} k_1 \mathrm{d}g_1(F_{\tilde{X}}(x)) + \\ & (p-c)\int_{\mu}^{T} k_2 \mathrm{d}g_2(F_{\tilde{X}}(x)) = 0\end{aligned} \tag{3.30}$$

$$\begin{aligned}\left.\frac{\partial \mathrm{R\tilde{D}EU}(Q)}{\partial Q}\right|_{Q_E^*} = & -(c-v)\int_0^{Q_E^*} k_1 \mathrm{d}\tilde{g}_1(F_{\tilde{X}}(x)) + \\ & (p-c)\int_{Q_E^*}^{\mu} k_1 \mathrm{d}\tilde{g}_1(F_{\tilde{X}}(x)) + \\ & (p-c)\int_{\mu}^{T} k_2 \mathrm{d}\tilde{g}_2(F_{\tilde{X}}(x))\end{aligned} \tag{3.31}$$

用式(3.31)－式(3.30)，有下列式子

$$\begin{aligned}&\left.\frac{\partial \mathrm{R\tilde{D}EU}(Q)}{\partial Q}\right|_{Q_E^*} - \left.\frac{\partial \mathrm{RDEU}(Q)}{\partial Q}\right|_{Q_E^*} \\ &= -(c-v)\int_0^{Q_E^*} k_1 \mathrm{d}[\tilde{g}_1(F_{\tilde{X}}(x)) - g_1(F_{\tilde{X}}(x))] + \\ &\quad (p-c)\int_{Q_E^*}^{\mu} k_1 \mathrm{d}[\tilde{g}_1(F_{\tilde{X}}(x)) - g_1(F_{\tilde{X}}(x))] + \\ &\quad (p-c)\int_{\mu}^{T} k_2 \mathrm{d}[\tilde{g}_2(F_{\tilde{X}}(x)) - g_2(F_{\tilde{X}}(x))] \\ &= -(c-v)k_1[\tilde{g}_1(F_{\tilde{X}}(Q_E^*)) - g_1(F_{\tilde{X}}(Q_E^*))] - \\ &\quad (p-c)k_1[\tilde{g}_1(F_{\tilde{X}}(Q_E^*)) - g_1(F_{\tilde{X}}(Q_E^*))] \\ &> 0\end{aligned} \tag{3.32}$$

最后的不等式是由于 $\tilde{g}_1(F_{\tilde{X}}(x)) < g_1(F_{\tilde{X}}(x))$，当 $x \in (0,\mu)$ 时，在情形(ⅰ)下有 $Q_E^* \in (0,\mu)$。

其次证明(ⅱ)，为此重新写出式(3.28)如下：

$$\left.\frac{\partial \mathrm{RDEU}(Q)}{\partial Q}\right|_{Q_E^*} = -(c-v)\int_0^{\mu} k_1 \mathrm{d}g_1(F_{\tilde{X}}(x)) - (c-v)\int_{\mu}^{Q_E^*} k_2 \mathrm{d}g_2(F_{\tilde{X}}(x)) + (p-c)\int_{Q_E^*}^{T} k_2 \mathrm{d}g_2(F_{\tilde{X}}(x)) = 0 \tag{3.33}$$

$$\left.\frac{\partial \mathrm{RDEU}(Q)}{\partial Q}\right|_{Q_E^*} = -(c-v)\int_0^{\mu} k_1 \mathrm{d}\tilde{g}_1(F_{\tilde{X}}(x)) - (c-v)\int_{\mu}^{Q_E^*} k_2 \mathrm{d}\tilde{g}_2(F_{\tilde{X}}(x)) + (p-c)\int_{Q_E^*}^{T} k_2 \mathrm{d}\tilde{g}_2(F_{\tilde{X}}(x)) \tag{3.34}$$

用式(3.33)－式(3.34)，有下列式子

$$\begin{aligned}
&\left.\frac{\partial \mathrm{R\tilde{D}EU}(Q)}{\partial Q}\right|_{Q_E^*} - \left.\frac{\partial \mathrm{RDEU}(Q)}{\partial Q}\right|_{Q_E^*} \\
&= -(c-v)\int_0^{\mu} k_1 \mathrm{d}[\tilde{g}_1(F_{\tilde{X}}(x)) - g_1(F_{\tilde{X}}(x))] - \\
&\quad (c-v)\int_{\mu}^{Q_E^*} k_2 \mathrm{d}[\tilde{g}_2(F_{\tilde{X}}(x)) - g_2(F_{\tilde{X}}(x))] + \\
&\quad (p-c)\int_{Q_E^*}^{T} k_2 \mathrm{d}[\tilde{g}_2(F_{\tilde{X}}(x)) - g_2(F_{\tilde{X}}(x))] \\
&= -(c-v)k_2[\tilde{g}_2(F_{\tilde{X}}(Q_E^*)) - g_2(F_{\tilde{X}}(Q_E^*))] - \\
&\quad (p-c)k_2[\tilde{g}_2(F_{\tilde{X}}(Q_E^*)) - g_2(F_{\tilde{X}}(Q_E^*))] < 0
\end{aligned} \tag{3.35}$$

最后的不等式是由于 $\tilde{g}_2(F_{\tilde{X}}(x)) > g_2(F_{\tilde{X}}(x))$，当 $x \in (\mu,T)$ 时，在情形(ⅱ)下有 $Q_E^* \in (\mu,T)$。

从上面的例子看到，具有乐观偏差报贩的订购行为有可能和实验观察到的现象相一致。根据 Schweitzer 和 Cachon(2000) 的论述，这一现象并不能在期望效用和经典的前景理论框架下得到合理的解释，再一次从管理科学的研

究中论证了预期效用理论比期望效用和旧的前景理论有更广泛的适用性。最近，在不同的实验环境中，Bolton 和 Katok(2008)，Benzion(2007)，Bostian(2008)，Feng、Keller 和 Zheng(2011) 对这种"中心聚集效应"进行了深入研究，发现这一现象在报童问题里是普遍存在的。Su(2008) 使用有限理性来解释这一现象，Ren(2010) 使用过度自信的框架进行讨论。下面在预期效用框架下，对这一问题进一步深入讨论，并同 Ren(2010) 的结果做出比较。

本质上(弱或强) 悲观决策者"感受到" 平均需求总是小于"客观" 平均需求，而(弱或强) 乐观决策者则恰恰相反。事实上，当 $g(t) > t$(悲观)，总有 $g(F_{\tilde{X}}(x)) > F_{\tilde{X}}(x)$，由随机占优理论可知，$F_{\tilde{X}}(x) \geqslant_{\mathrm{FSD}} g(F_{\tilde{X}}(x))$；当 $g(t) < t$(乐观)，总有 $g(F_{\tilde{X}}(x)) < F_{\tilde{X}}(x)$，从而 $g(F_{\tilde{X}}(x)) \geqslant_{\mathrm{FSD}} F_{\tilde{X}}(x)$。这说明对悲观者来说，由于感受到的平均需求低于客观的平均需求，那么相应订购更少似乎是一种理性的行为方式；对乐观者来说，尽管递减的财富效应会使报贩的订购量少于基于期望利润最大化的订购量，但是如果这种效应并不具有很强的作用，也就是说效用曲线并不是那么凹，而此时报贩感受到平均需求却比实际的平均需求大很多，那么有理由相信他的最优订购量会大于风险中性的订购量。从这里看到，随机需求的一阶矩效应在悲观和乐观报贩的决策中起着决定性的作用，令人惊奇的是他们似乎并不考虑所"感受到" 的随机需求的变异性。Hey(1984) 通过具体的数值例子证明了，随着悲观和乐观程度的增加，扭曲分布的方差并不呈现确定的规律性，尽管相应的均值在一致递减和递增，而方差却时增时减，当悲观和乐观程度接近于极限时，方差则同时趋近于零。

行为经济学和行为金融学领域对于过度自信偏差的研究已经具有一定的历史，并通过这类偏差来解释经济和金融理论一些异象，对于这个概念，并不做过度讨论，我们推荐参阅最近的综述文献 Moore 和 Healy(2008)。Ren(2010) 首次使用过度自信来研究经典的报童模型，并通过这类心理偏差给出"中心聚集效应" 一个合理的解释。Ren(2010) 定义一个过度自信者为：他总是认为自己对于信息有更准确的估计，具体来说就是面对一个随机变量，大部分人都能够比较准确地估计分布的均值，而过度自信者心理所感受到的方差通常比客观的方差要小。并且，通过实验的方法验证了他的理论的合理性。下面将会看到,这类偏差可以很好地包含在本书的预期效用理论框架下,但同时也产生一个更令人迷惑的问题,这个问题与经济和金融文献中关于扭曲函数形状研究密切相关。

在经济学和金融学文献里,大量的研究结果和实验分析更倾向于支持逆S形的概率扭曲函数(先凹后凸),这类扭曲函数表明大部分决策者并不是全局悲观和全局乐观的,决策者既高估最好结果的概率,同时也高估最差结果的概率,这类扭曲函数表明极端坏和极端好的事件对于决策者行为有着更重要的影响,而相对来说中间结果的影响更少,因此这类扭曲函数不仅反映了悲观和乐观偏差,同时也刻画对中间结果不敏感的心理偏差。尽管,其他领域的很多工作使用具有逆S形扭曲函数的预期效用来解释一些经济和金融现象,然而,当使用它来解释 Schweitzer 和 Cachon(2000) 实验之谜时,无论从直觉上还是从分析上都将产生不合乎逻辑的矛盾。从下面的结论,我们将看到这一点。

定理 3.14 假设报贩是对偶效用决策者,具有逆S形的概率扭曲函数,从而在 $(0,1)$ 上存在一点 t_0 使得 $g(t_0)=t_0$,且在 $[0,t_0)$ 上 $g(t)>t$,在 $(t_0,1]$ 上 $g(t)<t$。则有下列结论成立:

(ⅰ)如果临界率满足 $F_{\tilde{X}}(Q_E^*)=\dfrac{p-c}{p-v}<t_0$,则 $Q_E^*>Q_D^*$;

(ⅱ)如果临界率满足 $F_{\tilde{X}}(Q_E^*)=\dfrac{p-c}{p-v}>t_0$,则 $Q_E^*<Q_D^*$;

(ⅲ)如果临界率满足 $F_{\tilde{X}}(Q_E^*)=\dfrac{p-c}{p-v}=t_0$,则 $Q_E^*=Q_D^*$。

证明 使用本章上一节同样的方法可以证明 $Q_D^*=F_{\tilde{X}}^{-1}\left(g^{-1}\left(\dfrac{p-c}{p-v}\right)\right)$。当 $F_{\tilde{X}}(Q_E^*)=\dfrac{p-c}{p-v}<(>,=)t_0$ 时,$g(F_{\tilde{X}}(Q_E^*))>(<,=)F_{\tilde{X}}(Q_E^*)=\dfrac{p-c}{p-v}$,由于总假定 $g(t)$ 是严格增的从而存在反函数,所以 $Q_E^*>(<,=)F_{\tilde{X}}^{-1}\left(g^{-1}\left(\dfrac{p-c}{p-v}\right)\right)=Q_D^*$。命题得证。

如果随机需求是对称分布,并且扭曲函数和对角线的交点在均值的位置,

即 $g(\mu)=\mu$，那么上述结果表示的订购行为和"中心聚集效应"的结果完全相反。为了解释它直观意义，不妨假设 $g(t)$ 在 μ 的左右两侧是对称的，那么扭曲后的平均需求和客观的平均需求是相同的，即 $E_g[\widetilde{X}]=E[\widetilde{X}]$，那么 $g(F_{\widetilde{X}}(x))$ 和 $F_{\widetilde{X}}(x)$ 满足单交点性质(single crossing properties)，从而 $F_{\widetilde{X}}(x)\geqslant_{\mathrm{SSD}}g(F_{\widetilde{X}}(x))$，由随机占优理论的结果可知，报贩"感受到"的随机需求的方差大于"客观"需求的方差。那么上述结论的意义就是：由于某些原因使得报贩觉得随机需求变得更加有风险时，对于高利润的商品，他的最优订购量超过风险中性订购量，而对于低利润的商品，他的订购量则低于风险中性的订购量。这似乎隐含了风险追逐的含义在里面，但却和实验观察到的结果完全不相符。那么如果把效用函数考虑进去，结果是否会有所不同？在一般的预期效用框架带着凹的效用函数，尽管对于高利润的商品，由于递减的边际效用会使得商品的订购量有所下降，但一般无法确定最优量是否会低于风险中性订购量，这取决于递减的边际效应和这部分递增的乐观偏差作用的大小。对于低利润商品，递减的边际效应使得订购量更加低于风险中性订购量。这和"中心聚集效应"并不一致。

下面考虑另外一种类型的扭曲函数——S形扭曲函数。首先看下面的结论：

定理 3.15　假设报贩是对偶效用决策者，具有 S 形的概率扭曲函数，从而在(0,1)上存在一点 t_0 使得 $g(t_0)=t_0$，且在 $[0,t_0)$ 上 $g(t)<t$，在 $(t_0,1]$ 上 $g(t)>t_0$。则有下列结论成立：

(ⅰ) 如果临界率满足 $F_{\widetilde{X}}(Q_E^*)=\dfrac{p-c}{p-v}<t_0$，则 $Q_E^*<Q_D^*$；

(ⅱ) 如果临界率满足 $F_{\widetilde{X}}(Q_E^*)=\dfrac{p-c}{p-v}>t_0$，则 $Q_E^*>Q_D^*$；

(ⅲ) 如果临界率满足 $F_{\widetilde{X}}(Q_E^*)=\dfrac{p-c}{p-v}=t_0$，则 $Q_E^*=Q_D^*$。

如果随机需求是对称分布，并且扭曲函数和对角线的交点在均值的位置，即 $g(\mu)=\mu$，那么上述结果表示的订购行为和"中心聚集效应"的结果完全一致。同样考虑一种特殊情形，不妨假设 $g(t)$ 在 μ 的左右两侧是对称的，那么扭曲后的平均需求和客观的平均需求是相同的，即 $E_g[\widetilde{X}]=E[\widetilde{X}]$，那么 $g(F_{\widetilde{X}}(x))$ 和 $F_{\widetilde{X}}(x)$ 满足单交点性质，但是由上述主观扭曲概率和客观已知分布的关系可知，在此情形下 $g(F_{\widetilde{X}}(x))\geqslant_{\mathrm{SSD}}F_{\widetilde{X}}(x)$，从而报贩主观"感受到"的随机需求的风险更小，那么对于高利润的商品他的最优订购量少于客观概率下的风险中性订购量，而对于低利润的商品，他倾向于订购更多的数量。这反映出他的决策行为遵循"中心聚集原则"，呈现出一点的锚定偏差，反映出这类报贩在进行决策时更稳健的作风。另一方面，上述结果恰好和 Ren(2010) 定义的过度自信的决策者的行为相一致：过低估计随机需求的方差。从而，她的模型可以包含在预期效用理论的框架下。下面我们考虑包含效用函数在里面对结果可能产生的影响。对于低利润的商品，扭曲函数的效应对订购量产生向上的作用，而效用函数是产生降低订购量的效应，如果效用函数在低利润部分不是那么明显，那么扭曲函数的作用仍然可以使得最优订购量超过风险中性订购量；而对于高利润的商品，效用函数和扭曲函数对订购量的作用是一致的，他们共同的作用使得高利润商品的订购量低于风险中性订购量。

从上面的分析可以看出，具逆S形和S形扭曲函数的决策者更加关心的是主观感受到概率的方差，从而二阶矩在他们的决策中发挥着更主要的作用，这恰好和全局悲观和乐观决策者仅仅关心一阶矩相反。这类现象迄今为止还没有有关文献中被注意到。

尽管在经济、金融和相关领域没有相关证据支持这种类型的扭曲函数，但这种形式的扭曲函数却能很好地解释 Schweitzer 和 Cachon(2000) 实验中的现象，并且和 Ren(2010) 提出的过度自信行为相一致。就个人观点而言，这类扭曲函数也是存在的，在现实中很多人表现出既不对可能很糟结果过于担心，也不对可能很好的结果表示出过度的期望，他们很少采取极端的决策，我们不妨把这类决策者称为"中庸"决策者。同时应该强调的是在这里出现了悖论："在金融和经济等相关领域获得肯定并得到广泛应用的扭曲函数形式，并不能有效解释在 Schweitzer 和 Cachon(2000) 的著名实验的结论，而并没有相关研究支持的扭曲函数类型，却完全吻合实验的结果并和过度自信有关文献相一致。"那么，问题症结在哪里？是决策模型的问题吗？是实验对象的问题吗？是实验设计的问题吗？还是实验结果的问题？这或许需要我们结合两个领域的研究来寻找正确的答案。

上面的结果给予我们一些启示：无论是效用函数还是概率扭曲函数，他们所产生的影响事实上是形成了一个新的概率扭曲函数对客观概率分布进行了变换，如果这种联合起来扭曲变换呈现出S形的形式，那么完全有可能用它来解释“中性聚集效应”。为了看清这一点，重新写出预期效用函数的一阶条件。

$$\left.\frac{\partial \mathrm{RDEU}(Q)}{\partial Q}\right|_{Q_{\mathrm{A}}^{*}}=-(c-v)\int_{0}^{Q_{\mathrm{A}}^{*}} u'(z_{-}(x,Q_{\mathrm{A}}^{*}))\,g'(F_{\tilde{X}}(x))\mathrm{d}F_{\tilde{X}}(x)+(p-c)\int_{Q_{\mathrm{A}}^{*}}^{T} u'(z_{+}(x,Q_{\mathrm{A}}^{*}))\,g'(F_{\tilde{X}}(x))\mathrm{d}F_{\tilde{X}}(x)=0 \tag{3.36}$$

$$\frac{p-c}{c-v}=\frac{\int_{0}^{Q_{\mathrm{A}}^{*}} u'(z_{-}(x,Q_{\mathrm{A}}^{*}))\,g'(F_{\tilde{X}}(x))\mathrm{d}F_{\tilde{X}}(x)}{\int_{Q_{\mathrm{A}}^{*}}^{T} u'(z_{+}(x,Q_{\mathrm{A}}^{*}))\,g'(F_{\tilde{X}}(x))\mathrm{d}F_{\tilde{X}}(x)} \tag{3.37}$$

构造一个函数如下

$$\phi'(F_{\tilde{X}}(x))=\frac{u'(z(x,Q_{\mathrm{A}}^{*}))\,g'(F_{\tilde{X}}(x))}{\int_{0}^{T} u'(z(x,Q_{\mathrm{A}}^{*}))\,g'(F_{\tilde{X}}(x))\mathrm{d}F_{\tilde{X}}(x)} \tag{3.38}$$

令 $F_{\tilde{X}}(x)=t$，由本书的假定 $F_{\tilde{X}}^{-1}(t)=x$

$$\phi'(t)=\frac{u'(z(F_{\tilde{X}}^{-1}(t),Q_{\mathrm{A}}^{*}))\,g'(t)}{\int_{0}^{1} u'(z(F_{\tilde{X}}^{-1}(t),Q_{\mathrm{A}}^{*}))\,g'(t)\mathrm{d}t} \tag{3.39}$$

$$\phi(t)=\int_{0}^{t}\frac{u'(z(F_{\tilde{X}}^{-1}(s),Q_{\mathrm{A}}^{*}))\,g'(s)}{\int_{0}^{1} u'(z(F_{\tilde{X}}^{-1}(s),Q_{\mathrm{A}}^{*}))\,g'(s)\mathrm{d}s}\mathrm{d}s \tag{3.40}$$

显然这样构造的函数 $\phi(t)$ 是一个概率扭曲函数，由此，式(3.37)可重新写成

$$\frac{p-c}{c-v}=\frac{\int_{0}^{Q_{\mathrm{A}}^{*}} \phi'(F_{\tilde{X}}(x))\mathrm{d}F_{\tilde{X}}(x)}{\int_{Q_{\mathrm{A}}^{*}}^{T} \phi'(F_{\tilde{X}}(x))\mathrm{d}F_{\tilde{X}}(x)}=\frac{\phi(F_{\tilde{X}}(Q_{\mathrm{A}}^{*}))}{1-\phi(F_{\tilde{X}}(Q_{\mathrm{A}}^{*}))} \tag{3.41}$$

预期效用下的最优解形式上可以写成 $Q_A^* = F_{\widetilde{X}}^{-1}\left(\phi^{-1}\left(\frac{p-c}{c-v}\right)\right)$。但找到具体 $\phi(t)$ 表达式和求解最初的方程一样困难，然而我们可以通过研究构成 $\phi(t)$ 的基本元素 $u'(x)$ 和 $g'(t)$ 的性质来获得 $\phi(t)$ 的一些性质，诸如凹性凸性。讨论 $u'(x)$ 和 $g'(t)$ 的何种性质可以使得 $\phi(t)$ 是S形或者是逆S形函数，等等。根据上面的结论，如果 $\phi(t)$ 是 S 形的效用函数，则 Schweitzer 和 Cachon(2000) 的"中心聚集效应"是完全可以解释的。并且我们本节最初的例子看到，具有这样性质的 $\phi(t)$ 是存在的。

3.4 随机需求风险变化的敏感性分析

在市场上，每种商品的需求并不是一成不变的，往往受到众多因素的影响，例如厂商或零售商市场营销策略、经济环境的改变、替代商品的出现，等等，这些因素通常会影响消费者对于某种商品的需求，具体来说就是商品的随机需求的分布会发生变化，那么这些随机需求的变化对于决策者或报贩的订购决策会有什么影响，这是一个值得讨论的问题。尽管这一问题已经被 Eeckhoudt，Gollier 和 Schlesinger(1995) 在其开创性的论文中进行了讨论，但论文主要是基于期望效用的框架，然而当考虑使用包含悲观和乐观偏差的预期效用理论时，相应的结论一般不再成立，例如当随机需求发生单调似然率变化时，在期望效用框架下总会得到比较明确的结果，但在本书的框架下，这个结论不再成立。

在本节我们考虑预期效用框架下，随机需求分布变化对于报贩最优订购量的影响。首先提供一个例子来说明期望效用框架下成立的比较静态结果并不能适用于更广泛的预期效用框架。在第 2 章，定义了两个随机变量的单调似然率占优，为了方便讨论下面的例子，不妨假设两个随机需求 $\widetilde{X}$，$\widetilde{Y}$ 具有共同的支持，并且假设在支持上，随机需求的概率密度函数 $f_{\widetilde{X}}(x)$，$f_{\widetilde{Y}}(x)$ 严格为正，那么 $\widetilde{X} \geqslant_{\mathrm{MLR}} \widetilde{Y}$ 当且仅当 $f_{\widetilde{Y}}(x) = f_{\widetilde{X}}(x)h(x)$，其中 $h(x)$ 是一个正的递减函数。在本章 3.1 节的报童模型里，我们有下面的定理。

定理 3.16 如果报贩是期望效用决策者，在初始随机需求 $\widetilde{X}$ 下，最优订

购量为 $Q_{\tilde{X}}^*$，假设当需求由 $\tilde{X}$ 变化到 $\tilde{Y}$ 时，相应的最优订购量为 $Q_{\tilde{Y}}^*$，当 $\tilde{X} \geqslant_{\mathrm{MLR}} \tilde{Y}$ 时，有 $Q_{\tilde{X}}^* \geqslant Q_{\tilde{Y}}^*$。

证明　用符号 $\mathrm{EU}(Q,F_{\tilde{X}})$ 表示报贩在随机需求 $\tilde{X}$ 下的预期效用。为了使命题成立，只需证 $\left.\dfrac{\partial \mathrm{EU}(Q,F_{\tilde{Y}})}{\partial Q}\right|_{Q_{\tilde{X}}^*} \leqslant 0$ 即可。

$$\begin{aligned}\left.\frac{\partial \mathrm{EU}(Q,F_{\tilde{Y}})}{\partial Q}\right|_{Q_{\tilde{X}}^*} &= -(c-v)\int_0^{Q_{\tilde{X}}^*} u'(Z_-(x,Q))f_{\tilde{Y}}(x)\mathrm{d}x + \\ &\quad (b-c)\int_{Q_{\tilde{X}}^*}^T u'(Z_+(x,Q))f_{\tilde{Y}}(x)\mathrm{d}x \\ &= -(c-v)\int_0^{Q_{\tilde{X}}^*} u'(Z_-(x,Q))f_{\tilde{X}}(x)h(x)\mathrm{d}x + \\ &\quad (b-c)\int_{Q_{\tilde{X}}^*}^T u'(Z_+(x,Q))f_{\tilde{X}}(x)h(x)\mathrm{d}x \\ &\leqslant -(c-v)h(Q_{\tilde{X}}^*)\int_0^{Q_{\tilde{X}}^*} u'(Z_-(x,Q))f_{\tilde{X}}(x)\mathrm{d}x + \\ &\quad (b-c)h(Q_{\tilde{X}}^*)\int_{Q_{\tilde{X}}^*}^T u'(Z_+(x,Q))f_{\tilde{X}}(x)\mathrm{d}x \\ &= h(Q_{\tilde{X}}^*)\left.\frac{\partial \mathrm{EU}(Q,F_{\tilde{X}})}{\partial Q}\right|_{Q_{\tilde{X}}^*} = 0 \end{aligned} \tag{3.42}$$

从而报贩在随机需求 $\tilde{X}$ 下的最优订购量超过在需求 $\tilde{Y}$ 下的。

随机变量的单调似然占优是一种特殊的一阶随机占优，本质上它对随机变量间的变化提出比一阶随机占优更高的要求，然而在预期效用框架下，即使随机需求发生这类更高要求改变，如果没有更多的条件被提供，那么也很难得到类似于上述定理一样的比较确定的结论。这是因为非线性的扭曲函数并不保持单调似然占优关系：如果 $g(F_{\tilde{X}}(x)) \geqslant_{\mathrm{MLR}} F_{\tilde{Y}}(x)$，那么这两个分布函数对应的密度函数的商是一个正的单调函数，然而，从下面分析我们看到这并不是真的，不妨设扭曲函数 $g(t)$ 是一个凹函数。

$$\frac{(g(F_{\tilde{Y}}(x)))'}{(g(F_{\tilde{X}}(x)))'} = \frac{g'(F_{\tilde{Y}}(x))f_{\tilde{Y}}(x)}{g'(F_{\tilde{X}}(x))f_{\tilde{X}}(x)} = \frac{g'(F_{\tilde{Y}}(x))}{g'(F_{\tilde{X}}(x))}h(x) \tag{3.43}$$

尽管式(3.43)中 $h(x)$ 是递减函数但是整体却未必是递减函数。因此，我们仅仅能得出 $g(F_{\tilde{X}}(x)) \geqslant_{\mathrm{FSD}} F_{\tilde{Y}}(x)$，由本章 3.1 节的例 3.1 可知，仅仅是

一阶随机占优不能保证在本书框架下的报童模型有比较明确的比较静态结论。因而,本节在包含报贩悲观、乐观偏差的预期效用框架下来寻找合适的条件从而可以获得明确的比较静态结果。

首先考虑一类特殊随机需求变换,在这类变换下可以考虑新的随机变量的期望和方差对于最优订购量的影响。假定初始随机需求为 $\widetilde{X}$,期望为 μ,改变以后的随机需求为 $\widetilde{Y}$ 对应的分布函数和密度函数,分别为 $F_{\widetilde{Y}}(x)$ 和 $f_{\widetilde{Y}}(x)$,两个随机变量的关系表示如下:$\widetilde{Y}=\alpha\widetilde{X}+(1-\alpha)\theta$,其中 θ 为一个正常数,α 为一个正常数。显然,当 $\theta<(=,>)\mu$ 时,$E[\widetilde{X}]>(=,<)E[\widetilde{Y}]$;当 $\alpha<(=,>)1$ 时,$D[\widetilde{X}]<(=,>)D[\widetilde{Y}]$,这里符号 $D[\widetilde{X}]$ 表示随机变量的方差。

定理 3.17 假设报贩是对偶效用决策者,具有扭曲函数 $g(t)$,他在随机需求 $\widetilde{X}$ 下的最优订购量是 $Q^*_{D\widetilde{X}}$,在随机需求 $\widetilde{Y}$ 下的最优订购量是 $Q^*_{D\widetilde{Y}}$,则:

(ⅰ)$Q^*_{D\widetilde{Y}}=\alpha Q^*_{D\widetilde{X}}+(1-\alpha)\theta$;$|Q^*_{D\widetilde{Y}}-Q^*_{D\widetilde{X}}|=|1-\alpha|\cdot|Q^*_{D\widetilde{X}}-\theta|$;

(ⅱ)当 $\alpha<1$ 时,$Q^*_{D\widetilde{Y}}(Q^*_{D\widetilde{X}},\theta)$ 是 $Q^*_{D\widetilde{X}}$ 和 θ 的增函数;$Q^*_{D\widetilde{X}}>(=,<)\theta$ 时,有 $Q^*_{D\widetilde{Y}}<(=,>)Q^*_{D\widetilde{X}}$;

(ⅲ)当 $\alpha>1$ 时,$Q^*_{D\widetilde{Y}}(Q^*_{D\widetilde{X}},\theta)$ 是 $Q^*_{D\widetilde{X}}$ 的增函数,是 θ 的减函数;$Q^*_{D\widetilde{X}}>(=,<)\theta$ 时,有 $Q^*_{D\widetilde{Y}}>(=,<)Q^*_{D\widetilde{X}}$;

(ⅳ)当 $Q^*_{D\widetilde{X}}>(<)\theta$ 时,$Q^*_{D\widetilde{Y}}(\alpha)$ 是 α 的增(减)函数。

证明 (ⅰ)由 3.1 节结论可知,$g(F_{\widetilde{X}}(Q^*_{D\widetilde{X}}))=\dfrac{b-c}{b-v}$,$g(F_{\widetilde{Y}}(Q^*_{D\widetilde{Y}}))=\dfrac{b-c}{b-v}$。从而有 $F_{\widetilde{X}}(Q^*_{D\widetilde{X}})=F_{\widetilde{Y}}(Q^*_{D\widetilde{Y}})$,然而由 $\widetilde{X}$ 和 $\widetilde{Y}$ 的关系可知,有下式成立

$$\begin{aligned}F_{\widetilde{Y}}(Q^*_{D\widetilde{Y}})&=P(\widetilde{Y}\leqslant Q^*_{D\widetilde{Y}})=P(\alpha\widetilde{X}+(1-\alpha)\theta\leqslant Q^*_{D\widetilde{Y}})\\&=F_{\widetilde{X}}\left(\frac{Q^*_{D\widetilde{Y}}-(1-\alpha)}{\alpha}\right)\end{aligned}\tag{3.44}$$

因此有 $\dfrac{Q^*_{D\widetilde{Y}}-(1-\alpha)}{\alpha}=Q^*_{D\widetilde{X}}$,变形以后恰好是命题(ⅰ)结论。

(ⅱ)当 $\alpha<1$ 时,$Q^*_{D\widetilde{Y}}(Q^*_{D\widetilde{X}},\theta)$ 关于 $Q^*_{D\widetilde{X}}$ 和 θ 的单调性是显然的。第二部分由于 $Q^*_{D\widetilde{Y}}(Q^*_{D\widetilde{X}},\theta)$ 是关于 θ 单调增的。

(ⅲ)当 $\alpha<1$ 时,$Q^*_{D\widetilde{Y}}(Q^*_{D\widetilde{X}},\theta)$ 关于 $Q^*_{D\widetilde{X}}$ 和 θ 的单调性是显然的。第二部

分由于 $Q^*_{D\widetilde{Y}}(Q^*_{D\widetilde{X}},\theta)$ 是关于 θ 单调减的。

(ⅳ) 证明是显然的。

结论(ⅰ)说明当两个随机需求如果具有线性关系，那么在两种需求分布下的最优订购量也具有同样的线性关系。此外在两种需求环境下，最优订购量的绝对差和两种需求的方差的绝对差的大小有密切关系，当 $|Q^*_{D\widetilde{X}}-\theta|$ 固定时，初始需求和最终需求之间的方差的距离越远，则相应的订购量的变化也越大，这是因为 $D[\widetilde{Y}]=\alpha^2 D[\widetilde{X}]$，他们的绝对差是 $|D[\widetilde{Y}]-D[\widetilde{X}]|=|1-\alpha^2|D[\widetilde{X}]$，当两个方差之间的距离越大，则 α 与 1 的绝对距离越大，从而两种情形下订购量的绝对差也越大。此外当 $|1-\alpha|$ 固定时，订购量绝对差也和初始分布下的订购量与一个固定参数 θ 之间的绝对差成正比关系。当取 $\theta=\mu$ 时，初始订购量越远离于客观均值，则最优订购量的差异也比较大。

结论(ⅱ)的解释同上一节中的"中心聚集效应"密切相关。当 $\alpha<1$ 时，新的随机需求的方差小于最初的随机需求的方差。为了不必要的误解，首先必须定义一些符号，初始客观随机需求 $\widetilde{X}$ 下的均值和方差记为 μ 和 σ^2，而对偶效用决策者"感受到"的随机需求下，均值和方差记为 μ_g 和 σ_g^2。当初始参数 $\theta=\mu_g$，如果初始订购量 $Q^*_{D\widetilde{X}}>\mu_g$，则对偶效用决策者主观认为该商品是高利润商品，由上述结论可知，在新的随机需求 $\widetilde{Y}$ 下，他的最优订购量 $Q^*_{D\widetilde{Y}}$ 小于 $Q^*_{D\widetilde{X}}$；如果初始订购量 $Q^*_{D\widetilde{X}}<\mu_g$ 对偶效用决策者主观认为该商品是低利润商品，在新的随机需求 $\widetilde{Y}$ 下，他的最优订购量 $Q^*_{D\widetilde{Y}}$ 大于 $Q^*_{D\widetilde{X}}$，恰恰是"中心聚集效应"另一个版本。这个结果和 Ren(2010) 的结果是一致的，不过这里解释和其有所不同，在这里随机需求 $\widetilde{Y}$ 被解释为外生因素所引起的客观随机需求的变化，而在 Ren(2010) 的工作中，$\widetilde{Y}$ 被解释为过度自信者主观的加工概率，而 $\widetilde{X}$ 是客观存在的概率。

结论(ⅲ)的解释和(ⅱ)刚好相反。当 $\alpha>1$ 时，新的随机需求的方差小于最初的随机需求的方差。因而需求的风险更大，但是对偶决策者未必一定会减少他的最优订购量，这取决于他在初始随机需求下最优订购量和一个固定参数的关系。当初始参数 $\theta=\mu_g$，如果初始订购量 $Q^*_{D\widetilde{X}}>\mu_g$，则对偶效用认为该商品是高利润商品，由上述结论可知，在新的随机需求 $\widetilde{Y}$ 下，他的最优订

购量 $Q^*_{D\tilde{Y}}$ 大于 $Q^*_{D\tilde{X}}$；初始订购量 $Q^*_{D\tilde{X}} < \mu_g$ 对偶效用决策者主观认为该商品是低利润商品，在新的随机需求 $\tilde{Y}$ 下，他的最优订购量 $Q^*_{D\tilde{Y}}$ 小于 $Q^*_{D\tilde{X}}$。恰好和“中心聚集效应”相反。或许可以被解释为过低自信。

取 $\theta = Q^*_{E\tilde{X}}$，表示在初始随机需求下的风险中性订购量。对于悲观的对偶效用决策者，由前面的结论可知，总有 $Q^*_{D\tilde{X}} \leqslant Q^*_{E\tilde{X}}$，从而当 $\alpha < 1$ 时，在随机需求 $\tilde{Y}$ 下总是订购更多的数量；当 $\alpha > 1$ 时，在随机需求 $\tilde{Y}$ 下总是订购更少的数量。对于乐观的决策者，总有 $Q^*_{D\tilde{X}} \geqslant Q^*_{E\tilde{X}}$，从而当 $\alpha < 1$ 时，在随机需求 $\tilde{Y}$ 下总是订购更少的数量；当 $\alpha > 1$ 在随机需求 $\tilde{Y}$ 下总是订购更多的数量。从这里看到，乐观决策者的行为方式似乎和通常的直觉并不相符，当随机需求的风险变得更大时，他反而订购得越多。

使用上面同样的随机需求变化条件，我们在一般的预期效用框架下来讨论订购量的敏感性分析。为此首先定义几个记号，$Q^*_{A\tilde{X}}$ 和 $Q^*_{A\tilde{Y}}$ 分别表示两个随机需求分布下预期效用决策者的最优订购量。

定理 3.18 假设报贩是预期效用决策者，具有扭曲函数 $g(t)$，在随机需求 $\tilde{X}$ 下的最优订购量是 $Q^*_{A\tilde{X}}$，在随机需求 $\tilde{Y}$ 下的最优订购量是 $Q^*_{A\tilde{Y}}$，则：

（ⅰ）当 $\alpha < 1$ 时，如果 $\theta = Q^*_{A\tilde{X}}$，则 $Q^*_{A\tilde{Y}} \geqslant Q^*_{A\tilde{X}}$；

（ⅱ）当 $\alpha < 1$ 时，如果效用函数 $u(x)$ 具有 DARA 性质，则 $Q^*_{A\tilde{Y}}$ 是 θ 的增函数；如果效用函数 $u(x)$ 具有 CARA 性质，则 $Q^*_{A\tilde{Y}}$ 是 θ 的常函数；如果效用函数 $u(x)$ 具有 IARA 性质，则 $Q^*_{A\tilde{Y}}$ 是 θ 的减函数；

（ⅲ）当 $\alpha > 1$ 时，如果 $\theta = Q^*_{A\tilde{X}}$，则 $Q^*_{A\tilde{Y}} \leqslant Q^*_{A\tilde{X}}$；

（ⅳ）当 $\alpha > 1$ 时，如果效用函数 $u(x)$ 具有 DARA 性质，则 $Q^*_{A\tilde{Y}}$ 是 θ 的减函数；如果效用函数 $u(x)$ 具有 CARA 性质，则 $Q^*_{A\tilde{Y}}$ 是 θ 的常函数；如果效用函数 $u(x)$ 具有 IARA 性质，则 $Q^*_{A\tilde{Y}}$ 是 θ 的增函数；

（ⅴ）当 $\theta = \eta^*$ 时，$Q^*_{A\tilde{Y}}$ 是 α 的减函数。

证明 符号 $\mathrm{RDEU}(Q, F_{\tilde{Y}})$ 表示在需求 $\tilde{Y}$ 下的预期效用，$m = (1-\alpha)\theta$ 和 $M = \alpha T + (1+\alpha)\theta$ 表示随机需求 $\tilde{Y}$ 最小和最大的实现值。

$$\mathrm{RDEU}(Q, F_{\tilde{Y}}) = \int_m^Q u((p-v)y - (c-v)Q)\mathrm{d}g(F_{\tilde{Y}}(y)) +$$

$$\int_Q^M u((p-b)y+(b-c)Q)\mathrm{d}g(F_{\tilde{Y}}(y))$$

$$=\int_m^Q u((p-v)y-(c-v)Q)\mathrm{d}g\left(F_{\tilde{X}}\left(\frac{y-(1-\alpha)\theta}{\alpha}\right)\right)+$$

$$\int_Q^M u((p-b)y+(b-c)Q)\mathrm{d}g\left(F_{\tilde{X}}\left(\frac{y-(1-\alpha)\theta}{\alpha}\right)\right)$$

$$=\int_0^{\frac{Q-(1-\alpha)\theta}{\alpha}} u((p-v)(\alpha x+(1-\alpha)\theta)-(c-v)Q)\mathrm{d}g(F_{\tilde{X}}(x))+$$

$$\int_{\frac{Q-(1-\alpha)\theta}{\alpha}}^T u((p-b)(\alpha x+(1-\alpha)\theta)+(b-c)Q)\mathrm{d}g(F_{\tilde{X}}(x))$$

$$=\int_0^\eta u((p-v)(\alpha x+(1-\alpha)\theta)-(c-v)(\alpha\eta+(1+\alpha)\theta))\mathrm{d}g(F_{\tilde{X}}(x))+$$

$$\int_\eta^T u((p-b)(\alpha x+(1-\alpha)\theta)+(b-c)(\alpha\eta+(1+\alpha)\theta))\mathrm{d}g(F_{\tilde{X}}(x))$$

$$=\int_0^\eta u\{\alpha((p-v)x-(c-v)\eta)+(1-\alpha)(p-c)\theta\}\mathrm{d}g(F_{\tilde{X}}(x))+$$

$$\int_\eta^T u\{\alpha((p-b)x+(b-c)\eta)+(1-\alpha)(p-c)\theta\}\mathrm{d}g(F_{\tilde{X}}(x)) \quad (3.45)$$

上面第三个等式使用了变量代换 $\alpha x+(1-\alpha)\theta=y$，第四个等式使用了变量代换 $\alpha\eta+(1-\alpha)\theta=Q$。因此，求出最优值 η^* 则可以找到报贩在随机需求 $\tilde{Y}$ 下的最优值 $Q_{A\tilde{Y}^*}$，将 $\mathrm{RDEU}(Q,F_{\tilde{Y}})$ 表示成 η 的函数 $\mathrm{RDEU}(\eta,F_{\tilde{Y}})$，并且有下面的一阶条件。

$$\left.\frac{\partial \mathrm{RDEU}(\eta,F_{\tilde{Y}})}{\partial\eta}\right|_{\eta^*}=-\alpha(c-v)\int_0^{\eta^*} u'\{\alpha((p-v)x-(c-v)\eta^*)+(1-\alpha)(p-c)\theta\}\mathrm{d}g(F_{\tilde{X}}(x))+\alpha(b-c)\int_{\eta^*}^T u'\{\alpha((p-b)x+(b-c)\eta^*)+(1-\alpha)(p-c)\theta\}\mathrm{d}g(F_{\tilde{X}}(x))=0 \quad (3.46)$$

$$\frac{\partial^2 \mathrm{RDEU}(\eta,F_{\tilde{Y}})}{\partial\eta^2}=\alpha^2(c-v)^2\int_0^\eta u''\{\alpha((p-v)x-(c-v)\eta)+(1-\alpha)(p-c)\theta\}\mathrm{d}g(F_{\tilde{X}}(x))+\alpha^2(b-c)^2\int_\eta^T u''\{\alpha((p-b)x+(b-c)\eta)+$$

$$(1-\alpha)(p-c)\theta\}\mathrm{d}g(F_{\tilde{X}}(x))$$
$$\leqslant 0 \tag{3.47}$$

上面的不等式是由于 $u(x)$ 是凹函数，所以 $\mathrm{RDEU}(\eta,F_{\tilde{Y}})$ 是 η 的凹函数。

（i）当 $\alpha<1$ 且 $\theta=Q_{\mathrm{A}\tilde{X}}^{*}$ 时。有下列不等式成立：

$$\begin{aligned}&\alpha[(p-v)x-(c-v)Q_{\mathrm{A}\tilde{X}}^{*}]+(1-\alpha)(p-c)\theta\\ \geqslant&[(p-v)x-(c-v)Q_{\mathrm{A}\tilde{X}}^{*}],x\in[0,Q_{\mathrm{A}\tilde{X}}^{*}]\end{aligned} \tag{3.48}$$

$$\begin{aligned}&\alpha[(p-b)x+(b-c)Q_{\mathrm{A}\tilde{X}}^{*}]+(1-\alpha)(p-c)\theta\\ \leqslant&[(p-v)x-(c-v)Q_{\mathrm{A}\tilde{X}}^{*}],x\in[Q_{\mathrm{A}\tilde{X}}^{*},T]\end{aligned} \tag{3.49}$$

当 $x\in[0,Q_{\mathrm{A}\tilde{X}}^{*}]$ 和 $x\in[Q_{\mathrm{A}\tilde{X}}^{*},T]$ 时分别有

$$\begin{aligned}&\alpha[(p-v)x-(c-v)Q_{\mathrm{A}\tilde{X}}^{*}]+(1-\alpha)(p-c)Q_{\mathrm{A}\tilde{X}}^{*}-\\&[(p-v)x-(c-v)Q_{\mathrm{A}\tilde{X}}^{*}]\\ =&(1-\alpha)(p-v)(Q_{\mathrm{A}\tilde{X}}^{*}-x)\geqslant 0\end{aligned} \tag{3.50}$$

$$\begin{aligned}&\alpha[(p-b)x+(b-c)Q_{\mathrm{A}\tilde{X}}^{*}]+(1-\alpha)(p-c)Q_{\mathrm{A}\tilde{X}}^{*}-\\&[(p-b)x+(b-c)Q_{\mathrm{A}\tilde{X}}^{*}]\\ =&(1-\alpha)(p-b)(Q_{\mathrm{A}\tilde{X}}^{*}-x)\leqslant 0\end{aligned} \tag{3.51}$$

由式(3.46)和式(3.48)，式(3.49)以及 $u'(x)$ 是减函数。

$$\begin{aligned}\left.\frac{\partial\mathrm{RDEU}(\eta,F_{\tilde{Y}})}{\partial\eta}\right|_{Q_{\mathrm{A}\tilde{X}}^{*}}=&-(c-v)\alpha\int_{0}^{Q_{\mathrm{A}\tilde{X}}^{*}}u'\{\alpha[(p-v)x-(c-v)Q_{\mathrm{A}\tilde{X}}^{*}]+\\&(1-\alpha)(p-c)\theta\}\mathrm{d}g(F_{\tilde{X}}(x))+\\&(b-c)\alpha\int_{Q_{\mathrm{A}\tilde{X}}^{*}}^{T}u'\{\alpha[(p-b)x+(b-c)Q_{\mathrm{A}\tilde{X}}^{*}]+\\&(1-\alpha)(p-c)\theta\}\mathrm{d}g(F_{\tilde{X}}(x))\\ \geqslant&-(c-v)\alpha\int_{0}^{Q_{\mathrm{A}\tilde{X}}^{*}}u'[(p-v)x-\\&(c-v)Q_{\mathrm{A}\tilde{X}}^{*}]\mathrm{d}g(F_{\tilde{X}}(x))+\\&(b-c)\alpha\int_{Q_{\mathrm{A}\tilde{X}}^{*}}^{T}u'[(p-b)x+(b-c)Q_{\mathrm{A}\tilde{X}}^{*}]\mathrm{d}g(F_{\tilde{X}}(x))\\ =&\alpha\left.\frac{\partial\mathrm{RDEU}(Q,F_{\tilde{X}})}{\partial Q}\right|_{Q_{\mathrm{A}\tilde{X}}^{*}}=0\end{aligned} \tag{3.52}$$

由于 RDEU$(\eta, F_{\tilde{Y}})$ 是 η 的凹函数，从而由一阶条件式(3.4)可知 $\eta^* \geqslant Q^*_{A\tilde{X}}$，从而有

$$Q^*_{A\tilde{Y}} = \alpha\eta^* + (1-\alpha)Q^*_{A\tilde{X}} \geqslant \alpha Q^*_{A\tilde{X}} + (1-\alpha)Q^*_{A\tilde{X}} = Q^*_{A\tilde{X}}$$

（ⅱ）当 $\alpha < 1$ 且效用函数 $u(x)$ 具有 DARA 性质时。为了简化表达，记

$$\alpha[(p-v)x-(c-v)Q^*_{A\tilde{X}}]+(1-\alpha)(p-c)\theta = z_-(x,\eta,\alpha,\theta)$$

$$\alpha[(p-b)x+(b-c)Q^*_{A\tilde{X}}]+(1-\alpha)(p-c)\theta = z_+(x,\eta,\alpha,\theta)$$

则对式(3.46)关于 θ 求偏导有

$$\begin{aligned}
\left.\frac{\partial^2 \mathrm{RDEU}(\eta,F_{\tilde{Y}})}{\partial\theta\partial\eta}\right|_{\eta^*} &= -\alpha(1-\alpha)(c-v)(p-c) \\
&\quad \int_0^{\eta^*} u''(z_-(x,\eta,\alpha,\theta))\,\mathrm{d}g(F_{\tilde{X}}(x)) + \\
&\quad \alpha(1-\alpha)(b-c)(p-c) \\
&\quad \int_{\eta^*}^{T} u''(z_-(x,\eta,\alpha,\theta))\,\mathrm{d}g(F_{\tilde{X}}(x)) \\
&= -\alpha(1-\alpha)(c-v)(p-c) \\
&\quad \int_0^{\eta^*} -\frac{u''(z_-)}{u'(z_-)}(-u'(z_-))\,\mathrm{d}g(F_{\tilde{X}}(x)) + \\
&\quad \alpha(1-\alpha)(b-c)(p-c) \\
&\quad \int_{\eta^*}^{T} -\frac{u''(z_+)}{u'(z_+)}(-u'(z_+))\,\mathrm{d}g(F_{\tilde{X}}(x)) \\
&\geqslant \alpha(1-\alpha)(c-v)(p-c)\left(-\frac{u''((p-c)\eta^*)}{u'((p-c)\eta^*)}\right) \\
&\quad \int_0^{\eta^*} u'(z_-)\,\mathrm{d}g(F_{\tilde{X}}(x)) \\
&= \alpha(1-\alpha)(b-c)(p-c) \\
&\quad \left(-\frac{u''((p-c)\eta^*)}{u'((p-c)\eta^*)}\right)\int_{\eta^*}^{T} u'(z_+)\,\mathrm{d}g(F_{\tilde{X}}(x)) \\
&= \alpha(1-\alpha)(p-c) \\
&\quad \left(-\frac{u''((p-c)\eta^*)}{u'((p-c)\eta^*)}\right)\left(-\left.\frac{\partial \mathrm{RDEU}(\eta,F_{\tilde{Y}})}{\partial\eta}\right|_{\eta^*}\right) = 0
\end{aligned} \tag{3.53}$$

由 Topkis 定理(1998) 可知,在 η^* 附近函数 $\mathrm{RDEU}(\eta, F_{\tilde{Y}})$ 是变量 η 和 θ 的超模函数,从而当 θ 增加时,随机需求 $\tilde{Y}$ 下的最优订购量也将增加。当效用函数具有 CARA 性质时,上述不等式成为等式,因此恒为 0;当效用函数具有 IARA 性质时,上述不等式反向,从而 $\left.\frac{\partial^2 \mathrm{RDEU}(\eta, F_{\tilde{Y}})}{\partial\theta\partial\eta}\right|_{\eta^*} \leqslant 0$,所以在 η^* 附近函数 $\mathrm{RDEU}(\eta, F_{\tilde{Y}})$ 是变量 η 和 θ 的次模函数从而当 θ 增加时,随机需求 $\tilde{Y}$ 下的最优订购量将减少。

(ⅲ) 当 $\alpha > 1$ 且 $\theta = Q^*_{\mathrm{A}\tilde{X}}$ 时,不等式(3.50) 和(3.51) 反向,即 $x \in [0, Q^*_{\mathrm{A}\tilde{X}}]$ 和 $x \in [Q^*_{\mathrm{A}\tilde{X}}, T]$ 时分别有

$$\begin{aligned} &\alpha[(p-v)x-(c-v)Q^*_{\mathrm{A}\tilde{X}}]+(1-\alpha)(p-c)Q^*_{\mathrm{A}\tilde{X}}- \\ &[(p-v)x-(c-v)Q^*_{\mathrm{A}\tilde{X}}] \\ =&(1-\alpha)(p-v)(Q^*_{\mathrm{A}\tilde{X}}-x)\leqslant 0 \end{aligned} \tag{3.54}$$

$$\begin{aligned} &\alpha[(p-b)x+(b-c)Q^*_{\mathrm{A}\tilde{X}}]+(1-\alpha)(p-c)Q^*_{\mathrm{A}\tilde{X}}- \\ &[(p-b)x+(b-c)Q^*_{\mathrm{A}\tilde{X}}] \\ =&(1-\alpha)(p-b)(Q^*_{\mathrm{A}\tilde{X}}-x)\geqslant 0 \end{aligned} \tag{3.55}$$

从而不等式(3.52) 反向,因此有 $\left.\frac{\partial \mathrm{RDEU}(\eta, F_{\tilde{Y}})}{\partial\eta}\right|_{Q^*_{\mathrm{A}\tilde{X}}} \leqslant 0$,由此可推出 $\eta^* \leqslant Q^*_{\mathrm{A}\tilde{X}}$,所以有下面不等式成立

$$Q^*_{\mathrm{A}\tilde{Y}} = \alpha\eta^* + (1-\alpha)Q^*_{\mathrm{A}\tilde{X}} \leqslant \alpha Q^*_{\mathrm{A}\tilde{X}} + (1-\alpha)Q^*_{\mathrm{A}\tilde{X}} = Q^*_{\mathrm{A}\tilde{X}}$$

(ⅳ) 当 $\alpha < 1$ 且效用函数 $u(x)$ 具有 DARA 性质。此时 $1-\alpha < 0$,从而不等式(3.53) 恰好反向。由 Topkis 定理(1998) 可知,在 η^* 附近函数 $\mathrm{RDEU}(\eta, F_{\tilde{Y}})$ 是变量 η 和 θ 的次模函数,从而当 θ 增加时,随机需求 $\tilde{Y}$ 下的最优订购量也将下降。同理当效用函数具有 CARA 性质时,以上不等式成为等式,因此恒为 0;当效用函数具有 IARA 性质时,上述不等式反向,从而 $\left.\frac{\partial^2 \mathrm{RDEU}(\eta, F_{\tilde{Y}})}{\partial\theta\partial\eta}\right|_{\eta^*} \geqslant 0$,所以在 η^* 附近函数 $\mathrm{RDEU}(\eta, F_{\tilde{Y}})$ 是变量 η 和 θ 的次模函数,从而当 θ 增加时,随机需求 $\tilde{Y}$ 下的最优订购量将增加。

(ⅴ) 当 $\theta = \eta^*$ 时,对于式(3.46) 关于 α 求偏导,为了表述简单使用(ⅱ)中记号。

$$\left.\frac{\partial^2 \mathrm{RDEU}(\eta,F_{\tilde{Y}})}{\partial\alpha\partial\eta}\right|_{\eta^*}=-\alpha(c-v)\int_0^{\eta^*}u''(z_-(x,\eta,\alpha,\eta^*))$$
$$[(p-v)(x-\eta^*)]\mathrm{d}g(F_{\tilde{X}}(x))+$$
$$\alpha(b-c)\int_{\eta^*}^{T}u''(z_+(x,\eta,\alpha,\eta^*))[(p-b)(x-\eta^*)]\mathrm{d}g(F_{\tilde{X}}(x))$$
$$\leqslant 0 \tag{3.56}$$

最后的不等式是由于参数的假设以及 $u(x)$ 是凹函数，由 Topkis 定理(1998) 可知，在 η^* 附近函数 $\mathrm{RDEU}(\eta,F_{\tilde{Y}})$ 是变量 η 和 θ 的次模函数，从而当 α 增加时，随机需求 $\tilde{Y}$ 下的最优订购量也将减少。

结论(ⅰ)说明，当变化后的随机需求 $\tilde{Y}$ 的风险小于初始随机需求 $(\alpha<1)$，并且均值大于等于 $\alpha\mu+(1-\alpha)Q_{A\tilde{X}}$ 时(当 $\theta=Q_{A\tilde{X}}$，$E[\tilde{Y}]=\alpha\mu+(1-\alpha)Q_{A\tilde{X}}$)，相应的最优订购量将比初始分布下最优订购量高。值得注意的是，此时初始分布下的平均需求可能会大于 $\alpha\mu+(1-\alpha)Q_{A\tilde{X}}$，说明变化后的平均需求或许小于初始状况下的平均需求，这种情况下变化需求的风险在报贩的决策中发挥更大的作用。这种情形可能会发生，因为如果商品是低利润商品，那么风险中性订购量将小于均值，当报贩是风险厌恶且具有悲观偏差时，他的初始订购量将小于风险中性订购量从而小于平均需求。然而如果商品是高利润商品，并且报贩是乐观决策者时，即使变化后的平均需求大于初始分布下的平均需求，这也不能保证报贩的最优订购量会超过初始分布下的最优订购量。

结论(ⅱ)说明，当变化后的随机需求 $\tilde{Y}$ 的风险小于初始随机需求 $(\alpha<1)$ 时，绝对风险厌恶递减的报贩总是随着平均需求的增多而增加他的订购量，绝对风险厌恶不变报贩的订购量并不随着平均需求的增加而增加他的最优订购量，而对于绝对风险递增的报贩来说，随着平均需求的增加他的最优订购量反而会减少。

结论(ⅲ)说明，当变化后的随机需求 $\tilde{Y}$ 的风险大于初始随机需求 $(\alpha>1)$ 时，并且均值小于等于 $\alpha\mu+(1-\alpha)Q_{A\tilde{X}}$ 时，相应的最优订购量将比初始分布下最优订购量低。尽管变化后平均需求可能会大于初始分布下的平均需求，但决策者仍然会降低他的最优订购量，同样说明了风险的感受程度对于他的订购决策起了主导的作用。

结论(ⅳ)说明，当变化后的随机需求$\tilde{Y}$的风险大于初始随机需求($\alpha>1$)时，绝对风险厌恶递减的报贩总是随着平均需求的增多而增加他的订购量，绝对风险厌恶不变报贩的订购量并不随着平均需求的增加而增加他的最优订购量，而对于绝对风险递增的报贩来说，随着平均需求的增加他的最优订购量反而会减少。

结论(ⅴ)说明，对于一个固定θ值η^*，变化后的需求风险越大，报贩的最优订购量越小。但是对于θ的其他值，这种符合直觉的关系未必会成立。

上述关系无论是对于基于期望效用的理性决策者，还是对具有悲观、乐观甚至具有逆S和S形概率扭曲偏差的行为决策者都成立。所以上面的结论具有一般性，但理性决策者和行为决策者之间对于随机需求变化的敏感性还是有所区别的。这种差异在于，决定他们在需求变化后向上和向下调整他们最优订购量的阙值(平均需求)是不同的。例如，对于低利润的商品，当变化后随机需求的风险更小时，对于悲观决策者来说，要求他们向上调整最优订购量的阙值是$\alpha\mu+(1-\alpha)\theta_1$，其中$\theta_1=\dfrac{Q_{A\tilde{X}^*}-\alpha\mu}{1-\alpha}$，而对风险厌恶的理性决策者来说阙值是$\alpha\mu+(1-\alpha)\theta_2$，其中$\theta_2=\dfrac{Q_{U\tilde{X}^*}-\alpha\mu}{1-\alpha}$，对于悲观的报贩来说有$Q_{U\tilde{X}^*}\geqslant Q_{A\tilde{X}^*}$，显然理性决策者的阙值高于悲观的行为决策者。

3.5 数值模拟

在本节中，通过一个数值例子逐部分验证我们的结论。例子中，假设报童的效用函数为对数型或幂型

$$u_1(x)=\ln x\text{ 或 }u_2(x)=\frac{x^{1-r}}{1-r},0\leqslant r<1 \tag{3.57}$$

这两种形式在经济与金融文献中应用最为广泛；概率扭曲函数取凹型

$$g(x)=x^{\alpha},0<\alpha\leqslant 1 \tag{3.58}$$

方程(3.58)具有以下性质：

(1) 当 $\alpha=1$ 时，扭曲函数退化为恒等映射，RDEU 泛函方程(2.6)便退化为期望效用；

(2) 随着参数 α 的减小，曲线 $g(x)$ 越发向下弯曲，表明报童对极端不利结果的权重被放大，变得更加“悲观”，故称 α 为“悲观因子”。

图 3.1 分别给出了幂效用函数 $u_2(x)$ 和扭曲函数 $g(x)$ 的形象绘图。显然，较小的 r 值表示基于 EU 理论的较低风险厌恶度，而较小的 α 值则表示基于 RDEU 理论的更强“概率依赖风险厌恶”倾向。

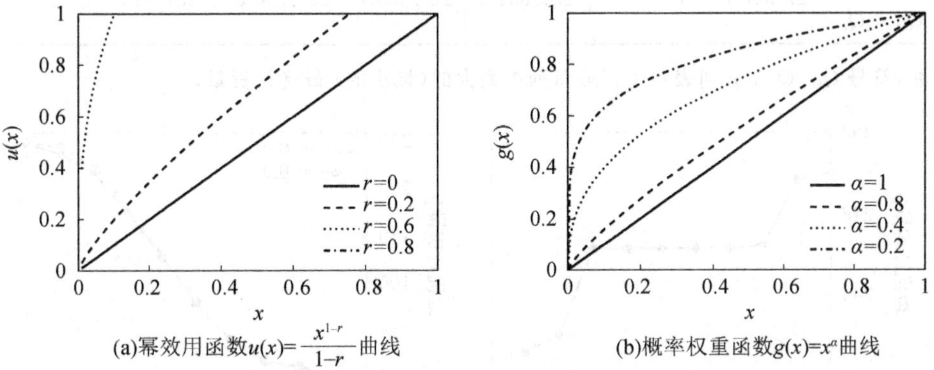

图 3.1　幂效用函数与概率权重函数曲线

在本例中，在不失一般性的前提下将模型参数设为：$w_0=40\ 000$、$v=35$、$c=40$、$b=45$、$p=50$。此外，假设随机需求 $\widetilde{X}$ 服从区间 $[0,500]$ 上的连续均匀分布。为便于说明，采用两种效用函数 $u_1(x)$ 与 $u_2(x)$ 进行仿真分析。

仿真结果汇总于表 3.1。从表中可以看出：当 $\alpha=1$ 且 $1-r=1$ 时，对于效用函数 $u_2(x)$，最优订货量 Q 为 249.999 8，恰为风险中性决策者(EP 报童)的最优订货量 Q_{RN}^0；当 $\alpha=1$ 且 $1-r\neq 1$ 时，所对应的订货量即为风险厌恶的 EU 报童最优订货量 Q_{RA}^0。例如，令 $1-r=0.8$，则 $Q_{RA}^0=246.738\ 3$，低于 Q_{RN}^0。随着风险厌恶度 $1-r$ 的增加，最优订货量 Q_{RA}^0 单调下降，此趋势如图 3.2 所示。

表 3.1　带扭曲函数 $g(x)=x^{\alpha}$ 的 AU 报童最优订货量

悲观程度 α	$u_1(x)=\ln x$	风险厌恶度 $1-r(u_2(x)=x^{1-r}/(1-r))$ 0.2	0.4	0.6	0.8	1.0	极差 Q_M-Q_m
0.2	13.912 64	15.476 79	17.082 12	17.329 22	17.498 35	18.383 81	4.471 17
0.4	86.090 47	86.522 82	87.893 24	89.014 53	89.097 67	89.149 15	3.058 68
0.6	152.327 6	152.327 7	152.327 7	153.378 5	154.060 7	158.159 9	5.832 3
0.8	205.899 5	205.899 5	205.899 5	205.899 5	208.996 5	211.637 6	5.738 1
1.0	241.269 7	241.269 7	246.738 3	246.738 3	246.738 3	249.999 8	8.730 1
极差 $=Q_M-Q_m$	227.357 1	225.792 9	229.656 2	229.409 1	229.240 0	231.616	

注：符号 $Q_M(Q_m)$ 分别表示每行或每列中最大的(最小的)最优订货量。

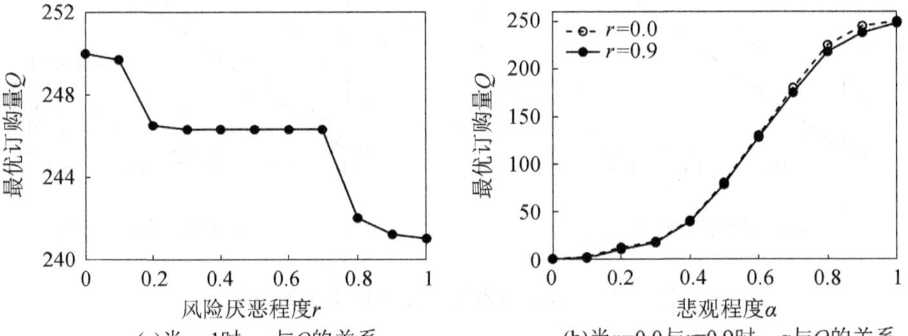

(a)当α=1时，r与Q的关系　(b)当r=0.0与r=0.9时，α与Q的关系

图 3.2　风险厌恶和悲观程度对报童最优订货量的影响

以上观察均与 Eeckhoudt, Gollier 和 Schlesinger(1995) 的经典结论相符。

当 $\alpha\neq1$ 且 $1-r=1$ 时，表 3.1 第 7 列所示值即为不同"悲观程度"的风险中性 DU 报童的最优订货量 Q_{RN}。例如，当 $\alpha=0.8$ 时，$Q_{RN}=211.637\ 6$，低于 Q_{RN}^0，这部分验证了定理 3.5 的结论。此外，随着表示另一种形式风险厌恶的参数 α 减小，订货量迅速下降，这一点在图 3.2 中得到了直观展示。

考虑参数为 $\alpha=0.8$ 和 $1-r=0.8$ 的一般 AU 报童，可知其订货量 $Q_{RA}=208.996\ 5$，对应 $Q_{RN}=211.637\ 6$ 与 $Q_{RA}^0=246.738\ 3$，由此可见定理 3.4 和定理 3.5 中的断言均成立，即

$$Q_{RA} \leqslant Q_{RN} \leqslant Q_{RN}^0 \text{ 且 } Q_{RA} \leqslant Q_{RA}^0 \leqslant Q_{RN}^0$$

最后，令两个 AU 报童的参数分别为 $\alpha_1 = 0.6, 1 - r_1 = 0.6$ 与 $\alpha_2 = 0.8$，$1 - r_2 = 0.8$，分别称为 AU_1 与 AU_2，根据定义 AU_1 比 AU_2 更厌恶风险。由表 3.1 可知，它们的订货量 Q_{RA}^1 与 Q_{RA}^2 分别为 153.378 5 和208.996 5，因此

$$Q_{RA}^1 \leqslant Q_{RA}^2$$

当我们考虑其他效用函数和需求分布时，同样可以得出上述结论。在图 3.3 中，绘制了对数效用 $u_1(x)$ 情形下最优订货量 Q 与风险厌恶度（或悲观度）α 的关系曲线；在图 3.3(b) 中，我们采用参数为 0.02 的指数分布对随机需求建模，并与上述均匀分布在参数 $1-r=0.9$ 的幂效用函数下进行了比较。两种情形均表明，基于概率的风险态度对报童决策行为具有显著影响。

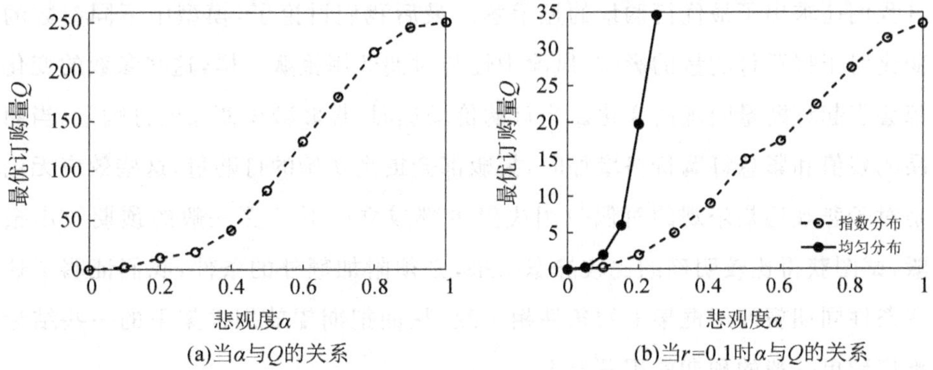

图 3.3　对数效用函数和不同分布对最优订货量的影响

值得注意的是，一般情况下我们无法精确比较“与概率无关”的风险态度和“依赖概率”的风险态度对报童模型最优订货量的相对影响。然而，从表 3.1、图 3.1 和图 3.2 可见，相较于不考虑概率敏感性的风险态度，决策者对概率的态度对其选择行为具有更显著的影响。

3.6　结　论

本章在单期单商品报童模型框架下，讨论了报贩的悲观偏差和乐观偏差对报贩订购行为的影响。为此使用了预期效用作为工具来描述决策者的行

为，预期效用既刻画了决策者对财富的态度同时也刻画了对概率的态度。从而预期效用是更一般的决策模型，包含期望效用、对偶效用和期望值最大化决策模型。本章使用预期效用研究了单期报童模型三个相关问题。

3.2 节的结论表明悲观的预期效用报贩订购量少于相应的具有同样效用函数的期望效用报贩，从而小于风险中性报贩的订购量；而乐观的预期效用报贩的最优订购量大于相应的期望效用报贩，订购量有可能大于也有可能小于风险中性报贩的订购量，这取决于刻画概率态度的扭曲函数和刻画对于财富态度的效用函数的相互作用。此外，预期效用报贩的订购量总是小于对应的具有同样扭曲函数的对偶效用报贩。对于特殊的对偶效用报贩，我们不仅证明了悲观决策者的订购量总是小于风险中性报贩，而乐观决策者恰好相反，而且我们还求出了最优订购量的显示解。最后我们讨论了，模型中不同参数的变化对于报贩订购量的影响，风险中性与对偶效用报贩一样，这些参数的变化都会引起订购量明确的变化。当订购价增加时，报贩减少商品的订购量，当商品的残值和紧急订购价格增加时，报贩都会提高初始的订购量，这些效应无论是对于悲观还是乐观的对偶效用决策者都成立。对于更一般的预期效用报贩，试图获得比较明确的比较静态结果，必须附加额外的条件，我们证明了这些条件同期望效用框架下的条件相一致，从而把期望效用框架下的一些结论推广到更一般的预期效用框架下。

3.3 节，通过构造例子说明著名的 Schweitzer 和 Cachon(2000) 的实验之谜可以在预期效用框架下得到合理的解释，只要乐观报贩的扭曲函数和效用函数满足一定的条件。而这一实验现象尽管普遍存在，但无法由期望效用、前景理论、损失厌恶、风险厌恶甚至风险爱好等模型给予解释。我们证明对偶效用报贩如果他的扭曲函数具有 S 形状，则 Schweitzer 和 Cachon(2000) 的实验之谜可以给予完全的解释，尽管这种形式的扭曲函数在有关扭曲函数的研究中并未给予证实，但是这类行为恰好和一类过度自信行为相一致，而这类行为已经被一些实验证据所支持。此外，我们对于一般的预期效用函数提出了报贩订购量的显示公式，该公式形式上类似于经典的风险中性报贩最优订购量临界值公式，尽管该公式通常无法解出最优解，但是它为我们分析 Schweitzer

和 Cachon(2000) 的实验现象提供了一个工具。通过该公式,我们可以验证何种效用函数和扭曲函数的组合能够解释上述实验现象。

3.4 节,讨论了随机需求变化的比较静态分析。众所周知,随机变量一阶或二阶随机占优变化并不能得到比较明确的比较静态结果,因此大多数文献都在一阶随机占优和二阶随机占优的子集上来进行比较静态分析。不同于这些文献。我们选取一种特殊类型的随机变量的线性变换,直接考察随机需求均值和方差变化对于报贩订购量的影响。这类变换的特点是不仅能够得到订购量的变化方向(增加或减少),而且能够考察变化的程度。

第4章　定价环境下基于乐观和悲观偏差的报童模型

4.1 引　言

前一章我们重点讨论了在单期单商品环境里悲观和乐观偏差对于报贩订购决策的影响，在该环境下商品的零售价被假定为外生给定的，报贩没有自己定价的权力或者该报贩处于完全垄断的地位。而在现实里存在多个竞争报贩的情形下，为了卖出更多的商品获得更大的竞争优势，或者占有更大的市场份额，这些报贩可以通过不同的促销手段来达到这样的目标，在这些促销策略中，价格无疑是一种强有力的竞争手段，也就是说报贩可以通过制定适当的价格策略来扩大自己商品的影响从而增加商品的需求。因此，联合订购定价问题是报童模型框架的另一个重要的研究领域。

传统定价环境下的报童模型大多考虑风险中性订购定价问题，然而正如前言部分所述，风险中性在实践中不能很好地刻画报贩的决策行为，因此，近年来一些学者试图把决策者心理偏差包含在联合订购定价问题中来，Agrawal 和 Seshadri(2000) 在一般的期望效用框架下研究联合定价订购决策问题，Chen，Xu 和 Zhang(2009) 在最近比较流行的 CVaR 风险测度的框架对该问题进行了研究，上述这些学者的工作主要考虑风险厌恶偏差对于决策者行为的影响，本章将在他们工作的基础上，通过把悲观和乐观考虑进去研究决策者的这两类心理偏差对他的联合决策行为有什么影响。本章的所有工作都假定报贩具有强悲观和强乐观的心理偏差，即相应的概率扭曲函数分别是凹函数和凸函数。

在定价订购联合决策模型里，报贩的决策变量是商品的零售价格和订购数量，并且订购价格对于商品的随机需求产生一定的影响。本章在第2章

(2.1) 或(2.2) 的报童模型下来考虑联合订购定价问题。假设价格相关的随机需求为 $\widetilde{D}(p)=d(p,\widetilde{X})$，具有支撑$[m,M]$，其中 $\widetilde{X}$ 是一个随机变量，函数 $d(p,x)$ 是价格 p 和随机变量 $\widetilde{X}$ 实现值 x 的二元函数，并且是 p 的减函数，是 x 的严格增函数，从而关于 x 有反函数记为 $x=d^{-1}(p,y)$，符号 $F_{\widetilde{D}}(y)$ 表示价格相关随机需求 $\widetilde{D}(p)$ 的分布函数，而随机因素 $\widetilde{X}$ 的分布函数为 $F_{\widetilde{X}}(x)$，二者的关系如下：

$$F_{\widetilde{D}}(y)=p(d(p,\widetilde{X})\leqslant y)=p(\widetilde{X}\leqslant d^{-1}(p,y))=F_{\widetilde{X}}(d^{-1}(p,y))$$

假设平均需求为 $\alpha(p)$，通常假定为 p 的非增凹函数，此外为了方便讨论还假定它具有连续的二阶导数。在式(2.1) 的模型里，参数 v,c 和 b(满足 $v\leqslant c\leqslant b$) 是外生给定的，可以理解为供应商为了激励报贩而事先与其签订的一份合约。而订购量和零售价是报贩的决策变量，在本章我们假定 $p\in[c,k]$，当 $p\geqslant k$ 时假设 $\alpha(p)=0$，在本章的模型里允许零售价格低于应急订购价格 b，因为更低的价格将会给报贩带来更大的需求，从而增加他的利润。报贩的随机支付具有下列形式：

$$Z(\widetilde{D}(p),Q,p)=\begin{cases}Z_-(\widetilde{D}(p),Q,p)=p\widetilde{D}(p)-cQ+v(Q-\widetilde{D}(p)),\\ \qquad\qquad \widetilde{D}(p)\leqslant Q\\ Z_+(\widetilde{D}(p),Q,p)=p\widetilde{D}(p)-cQ-b(\widetilde{D}(p)-Q),\\ \qquad\qquad \widetilde{D}(p)>Q\end{cases}\tag{4.1}$$

如果报贩具有悲观、乐观偏差，则他的决策目标是

$$\begin{aligned}\max_{Q\geqslant 0,p}\mathrm{RDEU}(Q,p)&=E_g[u(Z(\widetilde{D}(p),Q,p))]=\int_{-\infty}^{+\infty}u(x)\mathrm{d}g(F_{Z(\widetilde{D}(p))}(x))\\&=\int_{-\infty}^{+\infty}u(Z(x,Q,p))\mathrm{d}g(F_{\widetilde{D}(p)}(x))\end{aligned}\tag{4.2}$$

对于一般形式的函数 $d(p,\widetilde{X})$，由于两个决策变量使得问题的分析变得更复杂，往往难以得到比较明确的结果，因此在文献中通常有两种形式的函数被使用，一类称为乘法模型，一类称为加法模型，具体表示如下：

$$D(p,\widetilde{X})=d(p,\widetilde{X})=\alpha(p)\widetilde{X}\tag{4.3}$$

$$D(p,\widetilde{X})=d(p,\widetilde{X})=\widetilde{X}+\alpha(p) \tag{4.4}$$

对于随机因素 $\widetilde{X}$ 在不同的模型下有不同的假设，在后文中我们再给出具体的假设。本章将在上述两种需求模型下考虑悲观和乐观报贩的联合定价和订购决策，以及讨论相应的比较静态分析。首先定义一些本章后面将要使用的符号，见表4.1。

表4.1　模型所使用的符号

符号	预期效用	期望效用	对偶效用	风险中性
p 下的最优订购量	$Q_A^*(p)$	$Q_U^*(p)$	$Q_D^*(p)$	$Q_E^*(p)$
最优订购量	Q_A^{**}	Q_E^{**}	Q_D^{**}	Q_E^{**}
最优零售价格	p_A^*	p_U^*	p_D^*	p_E^*

本章安排如下，4.2节讨论乘需求模型下行为报贩的定价订购决策，以及和理性与风险中性报贩决策行为的比较，最后讨论相关参数变化对决策行为的影响；在4.3节，主要讨论加需求模型下悲观乐观报贩的联合决策行为；4.4节给出结论以及与相关文献结果的比较；4.5节为附录。

4.2　乘需求模型下的报贩定价订购问题

考虑式(4.3)形式的价格相关需求模型：$D(p,\widetilde{X})=d(p,\widetilde{X})=\alpha(p)\widetilde{X}$，在本节假定 $\widetilde{X}$ 的取值范围为$[0,T]$，$E[\widetilde{X}]=1$，从而价格相关随机需求的取值范围为$[0,\alpha(p)T]$。将乘需求模型代入式(4.2)。

$$\begin{aligned}
\mathrm{RDEU}(Q,p)&=E_g[u(Z(\widetilde{D}(p),Q(p),p))]=\int_{-\infty}^{+\infty}u(x)\mathrm{d}g(F_{Z(\widetilde{D}(p))}(x))\\
&=\int_0^{Q(p)}u[py-cQ(p)+v(Q(p)-y)]\mathrm{d}F_{\widetilde{D}(p)}(y)+\\
&\quad\int_{Q(p)}^{\alpha(p)T}u[py-cQ(p)-b(y-Q(p))]\mathrm{d}F_{\widetilde{D}(p)}(y)\\
&=\int_0^{Q(p)/\alpha(p)}u[p\alpha(p)x-cQ(p)+v(Q(p)-\alpha(p)x)]\mathrm{d}F_{\widetilde{X}}(x)+\\
&\quad\int_{Q(p)/\alpha(p)}^{T}u[p\alpha(p)x-cQ(p)-b(\alpha(p)x-Q(p))]\mathrm{d}F_{\widetilde{X}}(x)
\end{aligned}$$

$$
\begin{aligned}
&= \int_0^{\eta_A(p)} u\{\alpha(p)[px - c\eta_A(p) + v(\eta_A(p) - x)]\}\, dF_{\tilde{X}}(x) + \\
&\quad \int_{\eta_A(p)}^{T} u\{\alpha(p)[px - c\eta_A(p) - b(x - \eta_A(p))]\}\, dF_{\tilde{X}}(x) \\
&\triangleq \mathrm{RDEU}(\eta_A(p), p)
\end{aligned}
\tag{4.5}
$$

其中 $Q(p)=\alpha(p)\eta_A(p)$，在这里使用符号 $Q(p)$ 并不表示它们是价格 p 的函数，仅仅表示报贩在给定价格 p 下可能订购量，对于 $\eta_A(p)$ 也有同样的解释，为了方便 $\eta_A(p)$ 通常也写作 η_A。因此报贩的定价订购问题 $\max\limits_{Q,p} \mathrm{RDEU}(Q,p)$ 等价于 $\max\limits_{\eta_A(p),p} \mathrm{RDEU}(\eta_A(p),p)$，仍然是一个二元优化问题，然而下面我们将会看到利用预期效用的性质、模型和平均需求函数的性质，可以将上述问题转化为单变量的决策问题。

定理 4.1　如果预期效用报贩的效用函数 $u(x)$ 是严格凹函数，对于任意给定的价格 p，则预期效用式(4.5)是 $\eta_A(p)$ 的严格凹函数。

证明　对于式(4.5)关于 $\eta_A(p)$ 求二阶导数

$$
\begin{aligned}
\frac{\partial \mathrm{RDEU}(\eta_A(p),p)}{\partial \eta_A(p)} &= -\alpha(p)(c-v)\int_0^{\eta_A(p)} u'(Z_-)\mathrm{d}g(F_{\tilde{X}}(x)) \\
&\quad \alpha(p)(b-c)^2\int_{\eta_A(p)}^{T} u'(Z_+)\mathrm{d}g(F_{\tilde{X}}(x))
\end{aligned}
\tag{4.6}
$$

$$
\begin{aligned}
\frac{\partial^2 \mathrm{RDEU}(\eta_A(p),p)}{\partial \eta_A(p)^2} &= \alpha^2(p)(c-v)^2\int_0^{\eta_A(p)} u''(Z_-)\mathrm{d}g(F_{\tilde{X}}(x)) + \\
&\quad \alpha(p)^2(b-c)^2\int_{\eta_A(p)}^{T} u''(Z_+)\mathrm{d}g(F_{\tilde{X}}(x)) - \\
&\quad (b-v)u'((p-c)\eta_A(p))\, g'(F_{\tilde{X}}(\eta_A(p)))\, f_{\tilde{X}}(\eta_A(p)) \\
&\leqslant 0
\end{aligned}
$$

排除 $v=c=b$ 以及极度悲观和乐观的平凡情形，上面的不等式事实上是严格成立的。命题得证。

由之前的条件可知，$\dfrac{\partial \mathrm{RDEU}(\eta_A(p),p)}{\partial \eta_A(p)}$ 关于 $\eta_A(p)$ 连续，并且 $\left.\dfrac{\partial \mathrm{RDEU}(\eta_A(p),p)}{\partial \eta_A(p)}\right|_{\eta_A(p)=0}>0$ 和 $\left.\dfrac{\partial \mathrm{RDEU}(\eta_A(p),p)}{\partial \eta_A(p)}\right|_{\eta_A(p)=T}<0$，由定理4.1

可知对于给定的价格 p 下列方程有唯一解。

$$\frac{\partial \mathrm{RDEU}(\eta_{\mathrm{A}}(p),p)}{\partial \eta_{\mathrm{A}}(p)}=0$$

记方程的唯一解为 $\eta_{\mathrm{A}}^{*}(p)$，显然由此定义了价格 p 一个函数。将其代入式(4.5)则得到价格 p 的一元函数。因此二元决策问题转化为一个一元决策问题。

$$\max_{Q,p} \mathrm{RDEU}(Q,p) \Leftrightarrow \max_{p} \mathrm{RDEU}(\eta_{\mathrm{A}}^{*}(p),p)$$

如果右端最优化问题有唯一解，记该唯一解为 p_{A}^{*}，则报贩最优的订购量可以写成 $Q_{\mathrm{A}}^{**}=\eta_{\mathrm{A}}^{*}(p_{\mathrm{A}}^{*})$。由于$[c,k]$是紧集，所以上述问题一定存在最优定价，但是最优价格可能并不唯一，从而最优订购量也不唯一。

下面首先讨论预期效用的两种特殊情形——风险中性与对偶效用。在本节将使用下面的符号：$\eta_{\mathrm{E}}^{*} \triangleq F_{\widetilde{X}}^{-1}\left(\frac{b-c}{b-v}\right)$，$\eta_{\mathrm{D}}^{*} \triangleq F_{\widetilde{X}}^{-1}\left(g^{-1}\left(\frac{b-c}{b-v}\right)\right)$，这些符号在本节相关问题的研究中起到了关键作用。在式(4.5)中，如果效用函数是线性函数，概率扭曲函数是恒同函数，那么预期效用退化为报贩随机支付的期望值。

$$\begin{aligned}
E[Z(\widetilde{D}(p),Q,p)] &= \int_{0}^{\eta_{\mathrm{E}}(p)} \alpha(p)[px-c\eta_{\mathrm{E}}(p)+v(\eta_{\mathrm{E}}(p)-x)]\mathrm{d}F_{\widetilde{X}}(x)+ \\
&\quad \int_{\eta_{\mathrm{E}}(p)}^{T} \alpha(p)[px-c\eta_{\mathrm{E}}(p)-b(x-\eta_{\mathrm{E}}(p))]\mathrm{d}F_{\widetilde{X}}(x) \\
&= \left(p-\int_{0}^{T}[c\eta_{\mathrm{E}}-v(\eta_{\mathrm{E}}-x)^{+}+\right. \\
&\quad \left. b(x-\eta_{\mathrm{E}})^{+}]\mathrm{d}F_{\widetilde{X}}(x)\right)\alpha(p) \\
&\triangleq E[Z(\widetilde{X},\eta_{\mathrm{E}}(p),p)]
\end{aligned} \tag{4.7}$$

其中 $Q(p)=\alpha(p)\eta_{\mathrm{E}}(p)$。通过对上式关于 $\eta_{\mathrm{E}}(p)$ 求导并由一阶条件可得 $\eta_{\mathrm{E}}^{*}(p)=F_{\widetilde{X}}^{-1}\left(\frac{b-c}{b-v}\right)$，由此可见，该值与价格 p 无关，恰好是上面定义的 η_{E}^{*}。Agrawal 和 Seshadri(2000) 引入以下记号，使得上式表示更为简单。

$$E[C(\widetilde{X},\eta_{\mathrm{E}}(p),p)] \triangleq \alpha(p)\int_{0}^{T}[c\eta_{\mathrm{E}}-v(\eta_{\mathrm{E}}-x)^{+}+b(x-\eta_{\mathrm{E}})^{+}]\mathrm{d}F_{\widetilde{X}}(x) \tag{4.8}$$

称为给定价格 p 下的期望总成本，而相应的平均成本定义为

$$C_a(\widetilde{X},\eta_E(p),p)=\frac{E[C(\widetilde{X},\eta_E(p),p)]}{\alpha(p)} \tag{4.9}$$

由上面的定义可以看出，平均成本独立于价格 p，从而可以简写为 $C_a(\widetilde{X},\eta_E)$，则式(4.5) 可以简单地表示为

$$E[Z(\widetilde{X},\eta_E,p)]=(p-C_a(\widetilde{X},\eta_E))\alpha(p) \tag{4.10}$$

引理 4.1　(Agrawal 和 Seshadri(2000)) 在随机需求 $\widetilde{D}(p)$ 和给定价格 p 下，风险中性报贩的最优订购量是 $Q_E^*(p)=\alpha(p)\eta_E^*$。

给定价格 p，最优订购量下对应的平均成本为

$$C_a^*(\widetilde{X},\eta_E^*)=\int_0^T[c\eta_E^*-v(\eta_E^*-x)^+ + b(x-\eta_E^*)^+]\mathrm{d}F_{\widetilde{X}}(x)$$

现在考虑一个具有概率扭曲函数 $g(t)$ 的对偶效用报贩。报贩的悲观和乐观偏差导致他所"感受到"的平均需求不再是 $\alpha(p)$ 而是 $\alpha(p)E_g[\widetilde{X}]$，这里 $E_g[\widetilde{X}]$ 不再等于 1，如果报贩是悲观者则他所感受的平均需求将小于 $\alpha(p)$，而乐观报贩则恰恰相反。根据上面相同的步骤可得

$$\begin{aligned}E_g[Z(\widetilde{D}(p),Q,p)]&=\Big(pE_g[\widetilde{X}]-\int_0^T[c\eta_D-v(\eta_D-x)^+ + \\ &\qquad b(x-\eta_D)^+]\mathrm{d}g(F_{\widetilde{X}}(x))\Big)\alpha(p) \\ &\triangleq E_g[Z(\widetilde{X},\eta_D(p),p)]\end{aligned} \tag{4.11}$$

给定价格 p 下相应的期望总成本为

$$\begin{aligned}E[C(\widetilde{X},\eta_D(p),p)]\triangleq\alpha(p)\int_0^T[c\eta_D-v(\eta_D-x)^+ + \\ b(x-\eta_D)^+]\mathrm{d}g(F_{\widetilde{X}}(x))\end{aligned} \tag{4.12}$$

对应的平均成本为

$$C_{ag}(\widetilde{X},\eta_D,p)=\frac{E[C(\widetilde{X},\eta_D(p),p)]}{\alpha(p)E_g[\widetilde{X}]} \tag{4.13}$$

同样平均成本是独立于价格 p 的，从而上面的符号简写为 $C_{ag}(\widetilde{X},\eta_D)$，由式(4.9) 可以简单地写成

$$E_g[Z(\widetilde{D}(p),Q,p)]=(p-C_{ag}(\widetilde{X},\eta_D,p))\alpha(p)E_g[\widetilde{X}] \tag{4.14}$$

对式(4.9)关于 η_{D} 求偏导,可得最优解为 $\eta_{\mathrm{D}}^{*}=F_{\widetilde{X}}^{-1}\left(g^{-1}\left(\frac{b-c}{b-v}\right)\right)$。显然该最优解和价格 p 无关。由 η_{D} 的构造可知,对于对偶效用报贩,有类似于引理4.1的结论成立。

定理4.2 在随机需求 $\widetilde{D}(p)$ 和给定价格 p 下,对偶效用报贩的最优订购量是 $Q_{\mathrm{D}}^{*}(p)=\alpha(p)\eta_{\mathrm{D}}^{*}$。

给定价格 p 下,对偶效用报贩所"感受到"的平均成本是

$$C_{ag}^{*}(\widetilde{X},\eta_{\mathrm{D}}^{*})=\frac{\int_{0}^{T}[c\eta_{\mathrm{D}}^{*}-v(\eta_{\mathrm{D}}^{*}-x)^{+}+b(x-\eta_{\mathrm{D}}^{*})^{+}]\mathrm{d}g(F_{\widetilde{X}}(x))}{E_{g}[\widetilde{X}]}$$

对每个给定的价格,无论是风险中性还是具有悲观、乐观偏差的对偶效用报贩,总能够求出相应的最优订购量,从上面的引理4.1和定理4.1看到最优订购量是价格 p 的函数,从而将他们代入式(4.8)和式(4.12)可以得到价格 p 的一元函数,从而联合订购定价二元问题退化为一元决策问题

$$\max_{p\in[c,k]}E[Z(\widetilde{X},p)]=(p-C_{a}^{*}(\widetilde{X},\eta_{\mathrm{E}}^{*}))\alpha(p) \tag{4.15}$$

$$\max_{p\in[c,k]}E_{g}[Z(\widetilde{X},p)]=(p-C_{ag}^{*}(\widetilde{X},\eta_{\mathrm{D}}^{*}))\alpha(p)E_{g}[\widetilde{X}] \tag{4.16}$$

假定没有随机因素时,报贩确定性的需求为 $\alpha(p)$,此时报贩的订购量也为 $\alpha(p)$,从而不必要担心过多或过低订购量的问题,他只需要确定最优价格,退化为一个单变量决策问题。因此,可以选择的价格区间变为 $[c,k]$。这种情形下,报贩的利润为

$$\max_{p\in[c,k]}Z(p)=(p-c)\alpha(p) \tag{4.17}$$

下面考虑上述三个单变量函数的基本性质,从而确定最优价格的存在性和唯一性。

定理4.3 函数 $E[Z(\widetilde{X},p)]$,$E_{g}[Z(\widetilde{X},p)]$ 和 $Z(p)$ 分别在下列区间 $[C_{a}^{*},k]$,$[C_{ag}^{*},k]$ 和 $[c,k]$ 是价格 p 的凹函数。

证明 由于 $E_{g}[\widetilde{X}]$ 是和价格无关的常数,从而在统一的框架下进行讨论,首先定义如下二元函数:$L(p,t)=K(p-t)\alpha(p)$,其中 K 是和 p 无关的正的常数。

$$\frac{\partial L(p,t)}{\partial p}=K(\alpha(p)+(p-t)\alpha'(p)) \tag{4.18}$$

$$\frac{\partial^2 L(p,t)}{\partial p^2}=K(2\alpha'(p)+(p-t)\alpha''(p)) \tag{4.19}$$

当 t 分别取 $C_a^*(\widetilde{X},\eta_{\mathrm{E}}^*)$,$C_{ag}^*(\widetilde{X},\eta_{\mathrm{D}}^*)$ 和 c,则式(4.17) 分别对应 $E[Z(\widetilde{X},p)]$,$E_g[Z(\widetilde{X},p)]$ 和 $Z(p)$ 关于 p 的二阶导数,不同之处仅仅在于前面多了一个正的系数 K 但它并不影响式(4.17) 符号的判断。由 $\alpha(p)$ 是递减的凹函数的假设,有

$$\left.\frac{\partial^2 L(p,t)}{\partial p^2}\right|_{t=C_a^*(\widetilde{X},\eta_{\mathrm{E}}^*)}=K(2\alpha'(p)+(p-C_a^*(\widetilde{X},\eta_{\mathrm{E}}^*))\alpha''(p))\leqslant 0,$$
$$p\in[C_a^*,k]$$

$$\left.\frac{\partial^2 L(p,t)}{\partial p^2}\right|_{t=C_{ag}^*(\widetilde{X},\eta_{\mathrm{E}}^*)}=K(2\alpha'(p)+(p-C_{ag}^*(\widetilde{X},\eta_{\mathrm{D}}^*))\alpha''(p))\leqslant 0,$$
$$p\in[C_{ag}^*,k]$$

$$\left.\frac{\partial^2 L(p,t)}{\partial p^2}\right|_{t=c}=K(2\alpha'(p)+(p-c)\alpha''(p))\leqslant 0,p\in[c,k]$$

从而命题得证。

定理 4.4　在假设 $\alpha(p)$ 是递减的凹函数下,最优决策问题式(4.15)—式(4.17) 有唯一的最优解。

证明　先使用后面引理 4.2 和定理 4.6 的结论:

$$c\leqslant\min\{C_a^*(\widetilde{X},\eta_{\mathrm{E}}^*),C_{ag}^*(\widetilde{X},\eta_{\mathrm{E}}^*)\}$$

对于上述定理中定义的函数 $L(p,t)$,由式(4.18) 可知

$$\begin{cases}\lim\limits_{p\to C_a^{*+}}\left.\dfrac{\partial L(p,t)}{\partial p}\right|_{t=C_a^*(\widetilde{X},\eta_{\mathrm{E}}^*)}=K\alpha(p)\geqslant 0\\[2ex]\lim\limits_{p\to k^-}\left.\dfrac{\partial L(p,t)}{\partial p}\right|_{t=C_a^*(\widetilde{X},\eta_{\mathrm{E}}^*)}=K(k-C_a^*(\widetilde{X},\eta_{\mathrm{E}}^*)\alpha'(p))\leqslant 0\end{cases} \tag{4.20}$$

因为函数 $\left.\dfrac{\partial L(p,t)}{\partial p}\right|_{t=C_a^*(\widetilde{X},\eta_{\mathrm{E}}^*)}$ 在区间$[C_a^*,k]$ 连续,从而由零值定理可知在区间$[C_a^*,k]$ 上 $\left.\dfrac{\partial L(p,t)}{\partial p}\right|_{t=C_a^*(\widetilde{X},\eta_{\mathrm{E}}^*)}=0$ 至少有一个解,由定理 4.3 可知,在$[C_a^*,k]$ 上解是唯一的,由条件 $c\leqslant\min\{C_a^*(\widetilde{X},\eta_{\mathrm{E}}^*),C_{ag}^*(\widetilde{X},\eta_{\mathrm{E}}^*)\}$ 可知

$$\max_{p\in[c,k]}E[Z(\widetilde{X},p)]=\max_{p\in[C_a^*,k]}E[Z(\widetilde{X},p)] \tag{4.21}$$

从而最优决策问题式(4.15)有唯一的最优解。同理可证最优决策问题式(4.16)和式(4.17)有唯一的最优解。

定理 4.5　假设函数 $L(p,t)=K(p-t)\alpha(p)$ 是乘积集 $[c,k]\times[c,k]$ 上的二元函数,则 $L(p,t)$ 是变量 p 和 t 的超模函数。

证明　由 Topiks 定理可知,只需证 $L(p,t)$ 关于两个变量的混合偏导数为正即可。对于式(4.16)关于变量 t 求偏导

$$\frac{\partial^2 L(p,t)}{\partial t\partial p}=-K\alpha'(p)\geqslant 0 \tag{4.22}$$

上式是由于 $\alpha(p)$ 是 p 的减函数,命题得证。

引理 4.2　(Agrawal 和 Seshadri(2000))对于风险中性报贩总有下面不等式成立:(1) $c\leqslant C_a^*(\widetilde{X},\eta_E^*)$;(2) $p_d^*\leqslant p_E^*$。其中 p_d^* 表示报贩在确定情形下的最优价格。

定理 4.6　对于对偶效用报贩,无论他是悲观还是乐观决策者,总有下面不等式成立:(1) $c\leqslant C_{ag}^*(\widetilde{X},\eta_D^*)$;(2) $p_d^*\leqslant p_D^*$。其中 p_d^* 表示报贩在确定情形下的最优价格。

证明　为了证明(1),将他们作差

$$\begin{aligned}
&C_{ag}^*(\widetilde{X},\eta_D^*)-c\\
&=\frac{\int_0^T[c\eta_D^*-v(\eta_D^*-x)^++b(x-\eta_D^*)^+]\mathrm{d}g(F_{\widetilde{X}}(x))-cE_g[\widetilde{X}]}{E_g[\widetilde{X}]}\\
&=\frac{\int_0^{\eta_D^*}(\eta_D^*-x)(c-v)\mathrm{d}g(F_{\widetilde{X}}(x))+\int_{\eta_D^*}^T(x-\eta_D^*)(b-c)\mathrm{d}g(F_{\widetilde{X}}(x))]}{E_g[\widetilde{X}]}\\
&\geqslant 0
\end{aligned}$$

(2) 由定理 4.4 可知,函数 $L(p,t)$ 在 $[c,k)\times[c,k)$ 上是 p 和 t 的超模函数,由结论(1)可知 $c\leqslant\min\{b,C_{ag}^*(\widetilde{X},\eta_D^*)\}$,

$$\max_{p\in[C_{ag}^*,k)}E_g[Z(\widetilde{X},p)]=\max_{p\in[c,k)}E_g[Z(\widetilde{X},p)] \tag{4.23}$$

从而根据引理 2.2 可知,$p_d^*\leqslant p_D^*$。

下面来讨论风险中性报贩和对偶效用报贩最优定价以及最优订购量的关系，为此首先证明如下重要的定理。

定理 4.7　（ⅰ）如果 $\dfrac{E[\widetilde{X}\mid\widetilde{X}\leqslant x]}{E[\widetilde{X}\mid\widetilde{X}>x]}$ 是 x 的增函数，(a) 如果对偶效用报贩具有悲观偏差且扭曲函数在 $(\eta_{\mathrm{D}}^{*},T]$ 部分是线性函数，则 $C_{a}^{*}(\widetilde{X},\eta_{\mathrm{E}}^{*})\leqslant C_{ag}^{*}(\widetilde{X},\eta_{\mathrm{D}}^{*})$；(b) 如果对偶效用报贩具有乐观偏差且扭曲函数在 $(\eta_{\mathrm{D}}^{*},T]$ 部分是线性函数，则 $C_{a}^{*}(\widetilde{X},\eta_{\mathrm{E}}^{*})\geqslant C_{ag}^{*}(\widetilde{X},\eta_{\mathrm{D}}^{*})$；

（ⅱ）如果对偶效用决策者具有悲观偏差且扭曲函数在 $(\eta_{\mathrm{D}}^{*},T]$ 部分是线性函数，那么当 $\dfrac{E[\widetilde{X}\mid\widetilde{X}\leqslant\eta_{\mathrm{D}}^{*}]}{E[\widetilde{X}\mid\widetilde{X}>\eta_{\mathrm{D}}^{*}]}\geqslant\dfrac{E[\widetilde{X}\mid\widetilde{X}\leqslant\eta_{\mathrm{E}}^{*}]}{E[\widetilde{X}\mid\widetilde{X}>\eta_{\mathrm{E}}^{*}]}$ 时，有 $C_{a}^{*}(\widetilde{X},\eta_{\mathrm{E}}^{*})\leqslant C_{ag}^{*}(\widetilde{X},\eta_{\mathrm{D}}^{*})$ 成立；

（ⅲ）如果对偶效用决策者具有乐观偏差且扭曲函数在 $(\eta_{\mathrm{D}}^{*},T]$ 部分是线性函数，那么当 $\dfrac{E[\widetilde{X}\mid\widetilde{X}\leqslant\eta_{\mathrm{D}}^{*}]}{E[\widetilde{X}\mid\widetilde{X}>\eta_{\mathrm{D}}^{*}]}\geqslant\dfrac{E[\widetilde{X}\mid\widetilde{X}\leqslant\eta_{\mathrm{E}}^{*}]}{E[\widetilde{X}\mid\widetilde{X}>\eta_{\mathrm{E}}^{*}]}$ 时，有 $C_{a}^{*}(\widetilde{X},\eta_{\mathrm{E}}^{*})\geqslant C_{ag}^{*}(\widetilde{X},\eta_{\mathrm{D}}^{*})$ 成立。

证明　（ⅰ）如果报贩是悲观决策者，则他的概率扭曲函数 $g(t)$ 是凹函数，由于 $\eta_{\mathrm{E}}^{*}=F_{\widetilde{X}}^{-1}\left(\dfrac{b-c}{b-v}\right)$，$\eta_{\mathrm{D}}^{*}=F_{\widetilde{X}}^{-1}\left(g^{-1}\left(\dfrac{b-c}{b-v}\right)\right)$ 从而 $\eta_{\mathrm{E}}^{*}\geqslant\eta_{\mathrm{D}}^{*}$。为了证明不等式 $C_{a}^{*}(\widetilde{X},\eta_{\mathrm{E}}^{*})\leqslant C_{ag}^{*}(\widetilde{X},\eta_{\mathrm{D}}^{*})$，重新写他们各自的表达式如下：

$$C_{ag}^{*}(\widetilde{X},\eta_{\mathrm{D}}^{*})=\frac{\int_{0}^{T}[c\eta_{\mathrm{D}}^{*}-v(\eta_{\mathrm{D}}^{*}-x)^{+}+b(x-\eta_{\mathrm{D}}^{*})^{+}]\mathrm{d}g(F_{\widetilde{X}}(x))}{E_{g}[\widetilde{X}]}$$

$$=\frac{\int_{0}^{\eta_{\mathrm{D}}^{*}}((c-v)\eta_{\mathrm{D}}^{*}+vx)\mathrm{d}g(F_{\widetilde{X}}(x))+\int_{\eta_{\mathrm{D}}^{*}}^{T}((c-b)\eta_{\mathrm{D}}^{*}+vx)\mathrm{d}g(F_{\widetilde{X}}(x))}{E_{g}[\widetilde{X}]}$$

$$=\frac{v\int_{0}^{\eta_{\mathrm{D}}^{*}}x\mathrm{d}g(F_{\widetilde{X}}(x))+b\int_{\eta_{\mathrm{D}}^{*}}^{T}x\mathrm{d}g(F_{\widetilde{X}}(x))}{E_{g}[\widetilde{X}]}$$

$$=\frac{vE_g[\widetilde{X}]+(b-v)\int_{\eta_D^*}^{T}x\mathrm{d}g(F_{\widetilde{X}}(x))}{E_g[\widetilde{X}]}$$

$$=v+\frac{(b-v)\int_{\eta_D^*}^{T}x\mathrm{d}g(F_{\widetilde{X}}(x))}{E_g[\widetilde{X}]}$$

第三个不等式是由于 $\eta_D^*=F_{\widetilde{X}}^{-1}\left(g^{-1}\left(\frac{b-c}{b-v}\right)\right)$。对风险中性下的平均成本采用同样的变形可得

$$C_a^*(\widetilde{X},\eta_E^*)=v+\frac{(b-v)\int_{\eta_E^*}^{T}x\mathrm{d}F_{\widetilde{X}}(x)}{E[\widetilde{X}]}$$

由于之前的假设 $E[\widetilde{X}]=1$，从而

$$C_a^*(\widetilde{X},\eta_E^*)\leqslant C_{ag}^*(\widetilde{X},\eta_D^*)\Leftrightarrow E_g[\widetilde{X}]\int_{\eta_E^*}^{T}x\mathrm{d}F_{\widetilde{X}}(x)\leqslant\int_{\eta_D^*}^{T}x\mathrm{d}g(F_{\widetilde{X}}(x)) \tag{4.24}$$

将右端的不等式进行如下变形

$$\left(\int_0^{\eta_D^*}x\mathrm{d}g(F_{\widetilde{X}}(x))+\int_{\eta_D^*}^{T}x\mathrm{d}g(F_{\widetilde{X}}(x))\right)\int^{T}_{\eta_E^*}x\mathrm{d}F_{\widetilde{X}}(x)\leqslant\int_{\eta_D^*}^{T}x\mathrm{d}g(F_{\widetilde{X}}(x))$$

将左边一部分转移至右边继而有

$$\int_0^{\eta_D^*}x\mathrm{d}g(F_{\widetilde{X}}(x))\int_{\eta_E^*}^{T}x\mathrm{d}F_{\widetilde{X}}(x)\leqslant\int_0^{\eta_E^*}x\mathrm{d}F_{\widetilde{X}}(x)\int_{\eta_D^*}^{T}x\mathrm{d}g(F_{\widetilde{X}}(x))$$

由于每一项都为正数

$$\frac{\int_0^{\eta_D^*}x\mathrm{d}g(F_{\widetilde{X}}(x))}{\int_{\eta_D^*}^{T}x\mathrm{d}g(F_{\widetilde{X}}(x))}\leqslant\frac{\int_0^{\eta_E^*}x\mathrm{d}F_{\widetilde{X}}(x)}{\int_{\eta_E^*}^{T}x\mathrm{d}F_{\widetilde{X}}(x)} \tag{4.25}$$

下面证明由（ⅰ）中所给的题设条件可以推出式(4.23)成立。令

$$M_1=\int_0^{\eta_D^*}x\mathrm{d}g(F_{\widetilde{X}}(x))$$

此外令

$$M_2 = \int_{\eta_D^*}^{T} x \mathrm{d}g(F_{\tilde{X}}(x))$$

由积分中值定理可知，存在 $\bar{x}_1^0 \in [0, \eta_D^*]$ 和 $\bar{x}_2^0 \in [\eta_D^*, T]$ 使得下面的等式成立。

$$\frac{M_1}{M_2} = \frac{\int_0^{\eta_D^*} x g'(F_{\tilde{X}}(x)) \mathrm{d}F_{\tilde{X}}(x)}{\int_{\eta_D^*}^{T} x g'(F_{\tilde{X}}(x)) \mathrm{d}F_{\tilde{X}}(x)} = \frac{\bar{x}_1^0 \int_0^{\eta_D^*} g'(F_{\tilde{X}}(x)) \mathrm{d}F_{\tilde{X}}(x)}{\bar{x}_2^0 \int_{\eta_D^*}^{T} g'(F_{\tilde{X}}(x)) \mathrm{d}F_{\tilde{X}}(x)} \tag{4.26}$$

首先证明：$\bar{x}_1^0 \leqslant E[\tilde{X} \mid \tilde{X} \leqslant \eta_D^*]$。

令 $l_1 = \dfrac{\int_0^{\eta_D^*} x g'(F_{\tilde{X}}(x)) \mathrm{d}F_{\tilde{X}}(x)}{\int_0^{\eta_D^*} x \mathrm{d}F_{\tilde{X}}(x)}$，显然有 $M_1 = \int_0^{\eta_D^*} l_1 x \mathrm{d}F_{\tilde{X}}(x)$；

令 $l'_1 = \dfrac{\int_0^{\eta_D^*} g'(F_{\tilde{X}}(x)) \mathrm{d}F_{\tilde{X}}(x)}{\int_0^{\eta_D^*} \mathrm{d}F_{\tilde{X}}(x)}$，显然有 $M_1 = \bar{x}_1^0 \int_0^{\eta_D^*} l'_1 \mathrm{d}F_{\tilde{X}}(x)$。

现在证明：$l'_1 \geqslant l_1$，等价于

$$\frac{\int_0^{\eta_D^*} g'(F_{\tilde{X}}(x)) \mathrm{d}F_{\tilde{X}}(x)}{\int_0^{\eta_D^*} \mathrm{d}F_{\tilde{X}}(x)} \geqslant \frac{\int_0^{\eta_D^*} x g'(F_{\tilde{X}}(x)) \mathrm{d}F_{\tilde{X}}(x)}{\int_0^{\eta_D^*} x \mathrm{d}F_{\tilde{X}}(x)}$$

依次等价于

$$\int_0^{\eta_D^*} g'(F_{\tilde{X}}(x)) \mathrm{d}F_{\tilde{X}}(x) \int_0^{\eta_D^*} x \mathrm{d}F_{\tilde{X}}(x) \geqslant \int_0^{\eta_D^*} \mathrm{d}F_{\tilde{X}}(x) \int_0^{\eta_D^*} x g'(F_{\tilde{X}}(x)) \mathrm{d}F_{\tilde{X}}(x)$$

为了证明上述不等式，构造函数如下

$$\begin{aligned}
I &= \int_0^{\eta_D^*} g'(F_{\tilde{X}}(x)) \mathrm{d}F_{\tilde{X}}(x) \int_0^{\eta_D^*} x \mathrm{d}F_{\tilde{X}}(x) - \int_0^{\eta_D^*} \mathrm{d}F_{\tilde{X}}(x) \int_0^{\eta_D^*} x g'(F_{\tilde{X}}(x)) \mathrm{d}F_{\tilde{X}}(x) \\
&= \int_0^{\eta_D^*} g'(F_{\tilde{X}}(x)) \mathrm{d}F_{\tilde{X}}(x) \int_0^{\eta_D^*} y \mathrm{d}F_{\tilde{X}}(y) - \int_0^{\eta_D^*} \mathrm{d}F_{\tilde{X}}(x) \int_0^{\eta_D^*} y g'(F_{\tilde{X}}(y)) \mathrm{d}F_{\tilde{X}}(y) \\
&= \int_0^{\eta_D^*} \int_0^{\eta_D^*} g'(F_{\tilde{X}}(x)) y \mathrm{d}F_{\tilde{X}}(x) \mathrm{d}F_{\tilde{X}}(y) - \int_0^{\eta_D^*} \int_0^{\eta_D^*} y g'(F_{\tilde{X}}(y)) \mathrm{d}F_{\tilde{X}}(x) \mathrm{d}F_{\tilde{X}}(y)
\end{aligned} \tag{4.27}$$

由于积分与积分变量的选取无关，所以交换上述积分中的变量有下列等

式成立

$$I=\int_0^{\eta_D^*}\int_0^{\eta_D^*}[g'(F_{\tilde{X}}(y))-g'(F_{\tilde{X}}(x))]x\mathrm{d}F_{\tilde{X}}(x)\mathrm{d}F_{\tilde{X}}(y)\qquad(4.28)$$

使式(4.25)和式(4.26)相加

$$2I=\int_0^{\eta_D^*}\int_0^{\eta_D^*}[g'(F_{\tilde{X}}(x))-g'(F_{\tilde{X}}(y))](y-x)\mathrm{d}F_{\tilde{X}}(x)\mathrm{d}F_{\tilde{X}}(y)\geqslant 0$$

最后的不等式由于 $g(t)$ 是凹函数从而 $g'(F_{\tilde{X}}(x))$ 是 x 的减函数。证明了 $l'_1\geqslant l_1$。由此可证明主要的不等式。

$$M_1=\bar{x}_1^0\int_0^{\eta_D^*}l'_1\mathrm{d}F_{\tilde{X}}(x)=\int_0^{\eta_D^*}l_1x\mathrm{d}F_{\tilde{X}}(x)\leqslant\int_0^{\eta_D^*}l'_1x\mathrm{d}F_{\tilde{X}}(x)$$

由于 l'_1 是非零的正常数,两边同时约去该常数后不改变不等式的方向,因而有

$$\bar{x}_1^0\leqslant\frac{\int_0^{\eta_D^*}x\mathrm{d}F_{\tilde{X}}(x)}{\int_0^{\eta_D^*}\mathrm{d}F_{\tilde{X}}(x)}=E[\tilde{X}\mid\tilde{X}\leqslant\eta_D^*]\qquad(4.29)$$

下面证明在题设关于扭曲函数的附加条件下有

$$\bar{x}_2^0=\frac{\int_{\eta_D^*}^{T}x\mathrm{d}F_{\tilde{X}}(x)}{\int_{\eta_D^*}^{T}\mathrm{d}F_{\tilde{X}}(x)}$$

由条件 $g'(F_{\tilde{X}}(x))$ 在$(\eta_D^*,T]$是非负的正常数,不妨设为 l。由式(4.24)可知

$$M_2=\bar{x}_2^0\int_{\eta_D^*}^{T}l\mathrm{d}F_{\tilde{X}}(x)=\int_{\eta_D^*}^{T}lx\mathrm{d}F_{\tilde{X}}(x)$$

第二个等式两边同时约去 l,因而有

$$\bar{x}_2^0=\frac{\int_{\eta_D^*}^{T}x\mathrm{d}F_{\tilde{X}}(x)}{\int_{\eta_D^*}^{T}\mathrm{d}F_{\tilde{X}}(x)}=E[\tilde{X}\mid\tilde{X}>\eta_D^*]\qquad(4.30)$$

由 η_D^* 和 η_E^* 的公式可知 $\frac{g(F_{\tilde{X}}(\eta_D^*))}{1-g(F_{\tilde{X}}(\eta_D^*))}=\frac{F_{\tilde{X}}(\eta_E^*)}{1-F_{\tilde{X}}(\eta_E^*)}$。下面用符号 $g^C(F_{\tilde{X}}(\eta_D^*))$ 和 $F_{\tilde{X}}^C(\eta_E^*)$ 分别表示 $1-g(F_{\tilde{X}}(\eta_D^*))$ 和 $1-F_{\tilde{X}}(\eta_E^*)$。根据式

(4.24),式(4.27) 和式(4.28),有下列不等式成立

$$\frac{\int_0^{\eta_D^*} xg'(F_{\tilde{X}}(x))\mathrm{d}F_{\tilde{X}}(x)}{\int_{\eta_D^*}^T xg'(F_{\tilde{X}}(x))\mathrm{d}F_{\tilde{X}}(x)} = \frac{\bar{x}_1^0\int_0^{\eta_D^*} g'(F_{\tilde{X}}(x))\mathrm{d}F_{\tilde{X}}(x)}{\bar{x}_2^0\int_{\eta_D^*}^T g'(F_{\tilde{X}}(x))\mathrm{d}F_{\tilde{X}}(x)}$$

$$\leqslant \frac{E[\tilde{X} \mid \tilde{X} \leqslant \eta_D^*]\int_0^{\eta_D^*} g'(F_{\tilde{X}}(x))\mathrm{d}F_{\tilde{X}}(x)}{E[\tilde{X} \mid \tilde{X} > \eta_D^*]\int_{\eta_D^*}^T g'(F_{\tilde{X}}(x))\mathrm{d}F_{\tilde{X}}(x)}$$

$$= \frac{E[\tilde{X} \mid \tilde{X} \leqslant \eta_D^*]g(F_{\tilde{X}}(\eta_D^*))}{E[\tilde{X} \mid \tilde{X} > \eta_D^*]g^C(F_{\tilde{X}}(\eta_D^*))}$$

$$= \frac{E[\tilde{X} \mid \tilde{X} \leqslant \eta_D^*]F_{\tilde{X}}(\eta_E^*)}{E[\tilde{X} \mid \tilde{X} > \eta_D^*]F_{\tilde{X}}^C(\eta_E^*)}$$

$$\leqslant \frac{E[\tilde{X} \mid \tilde{X} \leqslant \eta_E^*]F_{\tilde{X}}(\eta_E^*)}{E[\tilde{X} \mid \tilde{X} > \eta_E^*]F_{\tilde{X}}^C(\eta_E^*)} = \frac{\int_0^{\eta_E^*} x\mathrm{d}F_{\tilde{X}}(x)}{\int_{\eta_E^*}^T x\mathrm{d}F_{\tilde{X}}(x)} \tag{4.31}$$

第二个不等式是由于题设条件$\dfrac{E[\tilde{X} \mid \tilde{X} \leqslant x]}{E[\tilde{X} \mid \tilde{X} > x]}$是 x 的增函数,因而证明了式(4.23)。由此证明了当满足题设(a) 中的假设时,有 $C_a^*(\tilde{X},\eta_E^*) \leqslant C_{ag}^*(\tilde{X},\eta_D^*)$。

同理可证结论(b)。事实上当报贩具有乐观偏差时,有 $\eta_E^* \leqslant \eta_D^*$ 成立,因此只需证明联合题设(b) 的条件一起可以推出式(4.23) 的不等号反向即可。关键在于证明当 $g(t)$ 是凸函数时(不是严格凸) 式(4.24) 中的 $\bar{x}_1^0 \geqslant E[\tilde{X} \mid \tilde{X} \leqslant \eta_D^*]$,而 $\bar{x}_2^0 = E[\tilde{X} \mid \tilde{X} > \eta_D^*]$。

事实上由于 $g'(F_{\tilde{X}}(x))$ 是增函数,所以有

$$2I = \int_0^{\eta_D^*}\int_0^{\eta_D^*} [g'(F_{\tilde{X}}(x)) - g'(F_{\tilde{X}}(y))](y-x)\mathrm{d}F_{\tilde{X}}(x)\mathrm{d}F_{\tilde{X}}(y) \leqslant 0$$

由此可推出 $\dfrac{\int_0^{\eta_D^*} g'(F_{\widetilde{X}}(x))\mathrm{d}F_{\widetilde{X}}(x)}{\int_0^{\eta_D^*}\mathrm{d}F_{\widetilde{X}}(x)} \leqslant \dfrac{\int_0^{\eta_D^*} xg'(F_{\widetilde{X}}(x))\mathrm{d}F_{\widetilde{X}}(x)}{\int_0^{\eta_D^*} x\mathrm{d}F_{\widetilde{X}}(x)}$，所以有 $l'_1 \leqslant l_1$。由 l'_1 和 l_1 的定义可知

$$M_1 = \bar{x}_1^0 \int_0^{\eta_D^*} l'_1 \mathrm{d}F_{\widetilde{X}}(x) = \int_0^{\eta_D^*} l_1 x \mathrm{d}F_{\widetilde{X}}(x) \geqslant \int_0^{\eta_D^*} l'_1 x \mathrm{d}F_{\widetilde{X}}(x)$$

可得到关系 $\bar{x}_1^0 \geqslant E[\widetilde{X} \mid \widetilde{X} \leqslant \eta_D^*]$，对于 $\bar{x}_2^0$ 的关系是显然的。

（ⅱ）证明同（ⅰ）中的(a)结论，不同之处在于证明式(4.29)中第二个不等式是使用题设（ⅱ）中的条件。

（ⅲ）证明同（ⅰ）中的(b)结论，不同之处在于证明式(4.29)的反向不等式是使用题设（ⅲ）中的条件。

上述结论中（ⅱ）和（ⅲ）的条件可以作为（ⅰ）中条件的推论，然而却比（ⅰ）中的条件要弱很多。因为要求函数 $\dfrac{E[\widetilde{X} \mid \widetilde{X} \leqslant x]}{E[\widetilde{X} \mid \widetilde{X} > x]}$ 在全局是 x 的增函数，这个条件十分苛刻，可以验证很多的分布类型都不满足该条件，然而（ⅱ）和（ⅲ）中条件仅仅要求 $\dfrac{E[\widetilde{X} \mid \widetilde{X} \leqslant x]}{E[\widetilde{X} \mid \widetilde{X} > x]}$ 在两个特殊点 η_E^* 和 η_D^* 具有不等关系即可。此外，（ⅰ）、（ⅱ）和（ⅲ）中关于分布的条件是由 Agrawal 和 Seshadri(2000)在期望效用框架下在确定风险厌恶和风险中性报贩的最优定价关系时给出的，然而在他们的证明中，最主要的结果赖以成立的关键步骤却是错误的，从而他们的主要结果事实上也是不成立的，在本章最后的附录中将给予证明。

联合定理4.4和4.6，可以得到如下定理。

定理4.8 如果随机变量 $\widetilde{X}$ 的分布满足定理4.7的条件：

（ⅰ）具有悲观偏差的报贩的扭曲函数满足定理4.7(a)中条件，则 $p_D^* \geqslant p_E^*$；

（ⅱ）具有乐观偏差的报贩的扭曲函数满足定理4.7(a)中条件，则 $p_D^* \leqslant p_E^*$。

证明 （ⅰ）当报贩具有悲观偏差时，由假设以及定理4.7的结论可知有 $C_a^*(\widetilde{X},\eta_E^*) \leqslant C_{ag}^*(\widetilde{X},\eta_D^*)$，由定理4.4可知，函数 $L(p,t)$ 是 p 和 t 的超模函

数,从而由引理 2.2 可知

$$\arg\max_{p\in[b,k)} L(p,C_{ag}^*(\widetilde{X},\eta_D^*)) \geqslant \arg\max_{p\in[b,k)} L(p,C_a^*(\widetilde{X},\eta_E^*)) \quad (4.32)$$

此外由于函数 $L(p,t)=K(p-t)\beta(p)$,而且 K 为正常数,从而由式(4.13) 和式(4.14) 以及之前关于参数 b 的假设

$$\arg\max_{p\in[b,k)} L(p,C_a^*(\widetilde{X},\eta_E^*)) = \max_{p\in[b,k)}(p-C_a^*(\widetilde{X},\eta_E^*))\alpha(p) = p_E^*$$

$$\arg\max_{p\in[b,k)} L(p,C_{ag}^*(\widetilde{X},\eta_D^*)) = \max_{p\in[b,k)}(p-C_{ag}^*(\widetilde{X},\eta_D^*))\alpha(p)E_g[\widetilde{X}] = p_D^*$$

由式(4.30) 可得 $p_D^* \geqslant p_E^*$。

(ⅱ) 同理可证。

由定理 4.7 可以得到对偶效用报贩和风险中性报贩最优订购量的关系如下。

定理 4.9　如果随机变量 $\widetilde{X}$ 的分布满足定理 4.7 的条件:

(ⅰ) 具有悲观偏差的报贩的扭曲函数满足定理 4.7(a) 中条件,则最优订购量满足 $Q_D^{**} \leqslant Q_E^{**}$;

(ⅱ) 具有乐观偏差的报贩的扭曲函数满足定理 4.7(a) 中条件,则最优订购量满足 $Q_D^{**} \geqslant Q_E^{**}$。

证明　(ⅰ) 由引理 4.1 和定理 4.1 可知,$Q_D^{**} = \alpha(p_D^*)\eta_D^*$ 和 $Q_E^{**} = \alpha(p_E^*)\eta_E^*$。当报贩具有悲观偏差,由之前的结论可知 $\eta_D^* \leqslant \eta_E^*$,当随机变量 $\widetilde{X}$ 的分布和扭曲函数满足题设条件,由定理 4.7 可知 $p_D^* \geqslant p_E^*$,而函数 $\alpha(p)$ 为减函数,所以有 $Q_D^{**} \leqslant Q_E^{**}$。

(ⅱ) 同理可证。

从上面几个定理看到,无论是订购决策还是定价决策都和比率 $\dfrac{E[\widetilde{X} \mid \widetilde{X} \leqslant x]}{E[\widetilde{X} \mid \widetilde{X} > x]}$ 的性质密切相关。因此,当风险中性报贩的 η_E^* 值很小时,具有悲观偏差的对偶效用报贩通常制定更高零售价格,订购更少的商品。因为 $\eta_E^* = F_{\widetilde{X}}^{-1}\left(\dfrac{b-c}{b-v}\right)$,所以存在两种可能的情形使得风险中性报贩的订购量很少,一种情形下当应急订购价格 b 充分接近于商品的初始订购价 c 时,因为二次订购给报贩所造成的损失很小,而总有二次订购的机会,因此,尽可能地减

少初次订购的数量；另一种情形是随机需求具有更高的变异性，因为在随机需求的尾部具有更高的概率。对于悲观的对偶效用报贩来说，由于会夸大更低需求实现的概率，从而主观的需求分布可能具有更大的风险，或者具有更低的二次订购成本，因此他倾向于订购更少的数量；另一方面却通过制定更高的零售价格来减少需求的波动，这是因为 $\alpha(p)$ 是 p 的减函数，而随机需求的方差为 $\alpha^2(p)D[\widetilde{X}]$，从而更高的价格 p 对应着需求更低的方差。具有乐观偏差的对偶效用报贩，如果应急订购价格 b 充分接近于商品的初始订购价 c 时，因为较低的二次订购成本，仍然有可能订购较低的数量，此外，总是主观认为随机需求高的实现值具有更高的概率，可以通过降低价格来吸引更多的顾客从而增加需求。

考虑更一般的具有悲观乐观偏差的预期效用报贩，他们的联合订购定价决策是否会偏离风险中性报贩的最优决策？与对应期望效用报贩相比，悲观乐观偏差是否会导致更高或更低的定价或订购量？本节余下的部分将致力于这些问题的研究。

使用式(4.5)中同样变形，可将式(4.2)变形为以下形式。

$$
\begin{aligned}
\max_{Q\geqslant 0,p} \mathrm{RDEU}(Q,p) &= E_g[u(Z(\widetilde{D}(p),Q,p))] \\
&= \int_{-\infty}^{+\infty} u(Z(x,Q,p))\mathrm{d}g(F_{\widetilde{D}(p)}(x)) \\
&= \int_0^{\eta_{\mathrm{A}}} u\{\alpha(p)[px - c\eta_{\mathrm{A}} + v(\eta_{\mathrm{A}} - x)]\}\mathrm{d}g(F_{\widetilde{X}}(x)) + \\
&\quad \int_{\eta_{\mathrm{A}}}^{T} u\{\alpha(p)[px - c\eta_{\mathrm{A}} - b(x - \eta_{\mathrm{A}})]\}\mathrm{d}g(F_{\widetilde{X}}(x))
\end{aligned}
\tag{4.33}
$$

其中 $Q_{\mathrm{A}}(p)=\alpha(p)\eta_{\mathrm{A}}$，在风险中性和对偶效用里，相应的 η 是独立于价格 p，这里的 η_{A} 应该和价格 p 有关，因此，使用 $\eta_{\mathrm{A}}^*(p)$ 表示任意给定的价格 p 下最优的 η_{A}，而符号 η_{A}^* 表示与最优价格 p_{A}^* 对应的 η_{A}。

不同于风险中性和对偶效用的情形，对于预期效用报贩很难确定他的最优价格是否存在以及最优价格是否唯一，在后文中我们总假定解是存在和唯一的，主要讨论在何种条件下悲观和乐观偏差将对最优价格产生影响。

$$\begin{aligned}\frac{\partial \mathrm{RDEU}(\eta_{\mathrm{A}},p)}{\partial p}=&\int_{0}^{\eta_{\mathrm{A}}}u'(Z_{-})\{\alpha'(p)[px-c\eta_{\mathrm{A}}+v(\eta_{\mathrm{A}}-x)]+\\&\alpha(p)x\}\mathrm{d}g(F_{\tilde{X}}(x))+\\&\int_{\eta_{\mathrm{A}}}^{T}u'(Z_{+})\{\alpha'(p)[px-c\eta_{\mathrm{A}}-b(x-\eta_{\mathrm{A}})]+\\&\alpha(p)x\}\mathrm{d}g(F_{\tilde{X}}(x))\\=&0\end{aligned}\tag{4.34}$$

$$\begin{aligned}\frac{\partial \mathrm{RDEU}(\eta_{\mathrm{A}},p)}{\partial \eta_{\mathrm{A}}}=&-\alpha(p)(c-v)\int_{0}^{\eta_{\mathrm{A}}}u'(Z_{-})\mathrm{d}g(F_{\tilde{X}}(x))+\\&\alpha(p)(b-c)\int_{\eta_{\mathrm{A}}}^{T}u'(Z_{+})\mathrm{d}g(F_{\tilde{X}}(x))\\=&0\end{aligned}\tag{4.35}$$

如果上面两式同时成立，联合式(4.32)和式(4.33)得到下式

$$\begin{aligned}\frac{\partial \mathrm{RDEU}(\eta_{\mathrm{A}},p)}{\partial p}\bigg|p_{\mathrm{A}}^{*},\eta_{\mathrm{A}}^{*}=&\int_{0}^{\eta_{\mathrm{A}}^{*}}u'(Z_{-})[\alpha'(p_{\mathrm{A}}^{*})(p_{\mathrm{A}}^{*}-v)+\\&\alpha(p^{*})]x\mathrm{d}g(F_{\tilde{X}}(x))+\\&\int_{\eta_{\mathrm{A}}^{*}}^{T}u'(Z_{+})[\alpha'(p_{\mathrm{A}}^{*})(p^{*}-b)+\\&\alpha(p_{\mathrm{A}}^{*})]x\mathrm{d}g(F_{\tilde{X}}(x))\\=&[\alpha'(p_{\mathrm{A}}^{*})(p^{*}-v)+\alpha(p_{\mathrm{A}}^{*})]\\&\int_{0}^{\eta_{\mathrm{A}}^{*}}u'(Z_{-})x\mathrm{d}g(F_{\tilde{X}}(x))+\\&[\alpha'(p_{\mathrm{A}}^{*})(p^{*}-b)+\alpha(p_{\mathrm{A}}^{*})]\\&\int_{\eta_{\mathrm{A}}^{*}}^{T}u'(Z_{+})x\mathrm{d}g(F_{\tilde{X}}(x))=0\end{aligned}\tag{4.36}$$

两边整理得

$$\begin{aligned}\frac{\int_{0}^{\eta_{\mathrm{A}}^{*}}u'(Z_{-})x\mathrm{d}g(F_{\tilde{X}}(x))}{\int_{\eta_{\mathrm{A}}^{*}}^{T}u'(Z_{+})x\mathrm{d}g(F_{\tilde{X}}(x))}&=-\frac{\alpha'(p_{\mathrm{A}}^{*})(p^{*}-b)+\alpha(p_{\mathrm{A}}^{*})}{\alpha'(p_{\mathrm{A}}^{*})(p^{*}-v)+\alpha(p_{\mathrm{A}}^{*})}=\frac{b-\phi(p_{\mathrm{A}}^{*})}{\phi(p_{\mathrm{A}}^{*})-v}\\&=\frac{b-v}{\phi(p_{\mathrm{A}}^{*})-v}-1\end{aligned}\tag{4.37}$$

其中 $\phi(p_A^*)=p_A^*+\dfrac{\alpha(p_A^*)}{\alpha'(p_A^*)}$。由于期望效用、对偶效用以及风险中性都是预期效用的特殊情况，那么根据式(4.35)可以写出相应的公式如下：

$$\frac{\int_0^{\eta_U^*} u'(Z_-)x\mathrm{d}F_{\tilde{X}}(x)}{\int_{\eta_U^*}^T u'(Z_+)x\mathrm{d}F_{\tilde{X}}(x)}=-\frac{\alpha'(p_U^*)(p^*-b)+\alpha(p_U^*)}{\alpha'(p_U^*)(p^*-v)+\alpha(p_U^*)}=\frac{b-\phi(p_U^*)}{\phi(p_U^*)-v}$$

$$=\frac{b-v}{\phi(p_U^*)-v}-1 \tag{4.38}$$

$$\frac{\int_0^{\eta_D^*} x\mathrm{d}g(F_{\tilde{X}}(x))}{\int_{\eta_D^*}^T x\mathrm{d}g(F_{\tilde{X}}(x))}=-\frac{\alpha'(p_D^*)(p^*-b)+\alpha(p_D^*)}{\alpha'(p_D^*)(p^*-v)+\alpha(p_D^*)}=\frac{b-\phi(p_D^*)}{\phi(p_D^*)-v}$$

$$=\frac{b-v}{\phi(p_D^*)-v}-1 \tag{4.39}$$

$$\frac{\int_0^{\eta_E^*} x\mathrm{d}F_{\tilde{X}}(x)}{\int_{\eta_E^*}^T x\mathrm{d}F_{\tilde{X}}(x)}=-\frac{\alpha'(p_E^*)(p^*-b)+\alpha(p_E^*)}{\alpha'(p_E^*)(p^*-v)+\alpha(p_E^*)}=\frac{b-\phi(p_E^*)}{\phi(p_E^*)-v}$$

$$=\frac{b-v}{\phi(p_E^*)-v}-1 \tag{4.40}$$

函数 $\phi(p)=p+\dfrac{\alpha(p)}{\alpha'(p)}$ 关于 p 求导，由 $\alpha(p)$ 是凹函数可得 $\phi'(p)=2-\dfrac{\alpha(p)\alpha''(p)}{(\alpha'(p))^2}>0$。所以 $\phi(p)$ 是增函数。因此，要比较不同类型决策者的最优定价，只需比较 $\phi(p)$ 大小，从而比较式(4.37)，(4.38)，(4.39) 和(4.40) 左边公式的大小。关于对偶效用报贩和风险中性报贩最优价格关系的确定，正是采用了这样的方法。

为了获得理性报贩和行为报贩之间定价以及订购量之间的关系，首先检查 η_E^*，η_D^* 和 η_A^* 之间的关系。

定理 4.10 假设报贩是预期效用决策者，相应的效用和扭曲函数分别为 $u(x)$ 和 $g(t)$，其中 $u(x)$ 总是凹函数。假定一个对偶效用报贩具有相同的扭曲函数，如果 $g(t)$ 是凹函数，则 $\eta_A^*\leqslant\eta_D^*\leqslant\eta_E^*$。

证明 由之前的结果可知，当扭曲函数是凹函数时 $\eta_E^*\geqslant\eta_D^*$，且 η_E^* 和 η_D^*

与价格 p 无关。由第 3 章的结果可知，对于任意给定的价格 p，都有 $\eta_A^*(p) \leqslant \eta_D^*(p) = \eta_D^*$，从而 $\eta_A^* = \eta_A^*(p_A^*) \leqslant \eta_D^*$。

定理 4.11　假设报贩是预期效用决策者，相应的效用和扭曲函数分别为 $u(x)$ 和 $g(t)$，其中 $u(x)$ 总是二次可微的凹函数。假定一个对偶效用报贩具有相同的扭曲函数，且 $g(t)$ 是二次可微的凸函数。

（ⅰ）当 $-\dfrac{u''(z(x,Q))}{u'(z(x,Q))} \geqslant \dfrac{g''(F_{\tilde{X}}(x))}{g'(F_{\tilde{X}}(x))}\dfrac{f_{\tilde{X}}(x)}{p-b}$，总有 $\eta_A^* \leqslant \eta_E^* \leqslant \eta_D^*$；

（ⅱ）当 $-\dfrac{u''(z(x,Q))}{u'(z(x,Q))} \leqslant \dfrac{g''(F_{\tilde{X}}(x))}{g'(F_{\tilde{X}}(x))}\dfrac{f_{\tilde{X}}(x)}{p-v}$，总有 $\eta_E^* \leqslant \eta_A^* \leqslant \eta_D^*$。

证明　由于扭曲函数为凸函数，从而 $\eta_E^* \leqslant \eta_D^*$，由推论 3.2 可知，对于任意给定的价格 p 总有 $\eta_A^*(p) \leqslant \eta_D^*(p) = \eta_D^*$，$\eta_A^* = \eta_A^*(p_A^*) \leqslant \eta_D^*$。由定理3.5 可知，当条件（ⅰ）满足时，对于任意给定的价格总有 $\eta_A^*(p) \leqslant \eta_E^*(p) = \eta_E^*$，从而 $\eta_A^* = \eta_A^*(p_A^*) \leqslant \eta_E^*$。

同理可证（ⅱ）。

定理 4.12　假定悲观的预期效用报贩具有凹的效用函数 $u(x)$ 和概率扭曲函数 $g(t)$，悲观的对偶效用报贩具有相同的扭曲函数。

（ⅰ）如果 $u(Z(x,\eta_A^*,p_A^*))$ 在区间 $(\eta_A^*,T]$ 是线性函数。

(a) 当 $\dfrac{E_g[\tilde{X} \mid \tilde{X} \leqslant x]}{E_g[\tilde{X} \mid \tilde{X} > x]}$ 是 x 的增函数时，有 $p_A^* \geqslant p_D^*$；

(b) 当 $\dfrac{E_g[\tilde{X} \mid \tilde{X} \leqslant \eta_A^*]}{E_g[\tilde{X} \mid \tilde{X} > \eta_A^*]} \leqslant \dfrac{E_g[\tilde{X} \mid \tilde{X} \leqslant \eta_D^*]}{E_g[\tilde{X} \mid \tilde{X} > \eta_D^*]}$ 时，有 $p_A^* \geqslant p_D^*$。

（ⅱ）如果 $u(Z(x,\eta_A^*,p_A^*))$ 在区间 $(\eta_A^*,T]$ 是线性函数，$g(F_{\tilde{X}}(x))$ 在区间 $(\eta_D^*,T]$ 是线性函数。

(a) 当 $\dfrac{E[\tilde{X} \mid \tilde{X} \leqslant x]}{E[\tilde{X} \mid \tilde{X} > x]}$ 是 x 的增函数时，有 $p_A^* \geqslant p_E^*$；

(b) 当 $\dfrac{E[\tilde{X} \mid \tilde{X} \leqslant \eta_A^*]}{E[\tilde{X} \mid \tilde{X} > \eta_A^*]} \leqslant \dfrac{E[\tilde{X} \mid \tilde{X} \leqslant \eta_E^*]}{E[\tilde{X} \mid \tilde{X} > \eta_E^*]}$ 时，有 $p_A^* \geqslant p_E^*$。

证明　（ⅰ）由于函数 $\phi(p)$ 是严格增函数，从而 $p_A^* \geqslant p_D^*$，当且仅当

$\phi(p_A^*) \geqslant \phi(p_D^*)$，由式(4.41)和式(4.43)，等价于

$$\frac{\int_0^{\eta_A^*} u'(Z_-)x\mathrm{d}g(F_{\widetilde{X}}(x))}{\int_{\eta_A^*}^T u'(Z_+)x\mathrm{d}g(F_{\widetilde{X}}(x))} \leqslant \frac{\int_0^{\eta_D^*} x\mathrm{d}g(F_{\widetilde{X}}(x))}{\int_{\eta_D^*}^T x\mathrm{d}g(F_{\widetilde{X}}(x))} \tag{4.41}$$

由于 $u'(Z_-)$ 是大于零的减函数，从而由第一积分中值定理可知

$$\frac{\int_0^{\eta_A^*} u'(Z_-)x\mathrm{d}g(F_{\widetilde{X}}(x))}{\int_{\eta_A^*}^T u'(Z_+)x\mathrm{d}g(F_{\widetilde{X}}(x))} = \frac{\overline{x}_1^0\int_0^{\eta_A^*} u'(Z_-)\mathrm{d}g(F_{\widetilde{X}}(x))}{\overline{x}_2^0\int_{\eta_A^*}^T u'(Z_+)\mathrm{d}g(F_{\widetilde{X}}(x))} \tag{4.42}$$

(ⅱ) 由 $u(Z(x,\eta_A^*,p_A^*))$ 在区间 $(\eta_A^*,T]$ 是线性函数和关于分布的条件，由(ⅰ)的结论可知 $p_A^* \geqslant p_D^*$，由 $g'(F_{\widetilde{X}}(x))$ 在区间 $(\eta_D^*,T]$ 是线性函数，由定理4.6可知 $p_D^* \geqslant p_E^*$，从而有 $p_A^* \geqslant p_E^*$。

推论4.1 在定理4.11中(ⅱ)的条件下，有 $Q_A^{**} \leqslant Q_D^{**} \leqslant Q_E^{**}$。

证明 由于 $Q_A^{**} = Q_A^*(p_A^*) = \alpha(p_A^*)\eta_A^*$，同理 $Q_D^{**} = Q_D^*(p_D^*) = \alpha(p_D^*)\eta_D^*$ 和 $Q_E^{**} = Q_E^*(p_E^*) = \alpha(p_A^*)\eta_E^*$，由 $\alpha(p)$ 是减函数，从而由定理4.9和定理4.11可证结论成立。

定理4.13 假定乐观的预期效用报贩具有凹的效用函数 $u(x)$ 和凸的概率扭曲函数 $g(t)$，乐观的对偶效用报贩具有相同的扭曲函数。

(ⅰ) 如果 $u(Z(x,\eta_A^*,p_A^*))$ 在区间 $(\eta_A^*,T]$ 是线性函数。

(a) 当 $\dfrac{E_g[\widetilde{X} \mid \widetilde{X} \leqslant x]}{E_g[\widetilde{X} \mid \widetilde{X} > x]}$ 是 x 的增函数时，有 $p_A^* \geqslant p_D^*$；

(b) 当 $\dfrac{E_g[\widetilde{X} \mid \widetilde{X} \leqslant \eta_A^*]}{E_g[\widetilde{X} \mid \widetilde{X} > \eta_A^*]} \leqslant \dfrac{E_g[\widetilde{X} \mid \widetilde{X} \leqslant \eta_D^*]}{E_g[\widetilde{X} \mid \widetilde{X} > \eta_D^*]}$ 时，有 $p_A^* \geqslant p_D^*$。

(ⅱ) 如果 $u(Z(x,\eta_A^*,p_A^*))$ 在区间 $(\eta_A^*,T]$ 是线性函数，$g(F_{\widetilde{X}}(x))$ 在区间 $(\eta_A^*,T]$ 是线性函数，且 $u(x)$ 和 $g(t)$ 在区间 $[0,\eta_A^*)$ 二阶可微。

(a) 当 $-\dfrac{u''(z(x,Q))}{u'(z(x,Q))} \geqslant \dfrac{g''(F_{\widetilde{X}}(x))}{g'(F_{\widetilde{X}}(x))}\dfrac{f_{\widetilde{X}}(x)}{p-v}$，$x \in [0,\eta_A^*)$ 和 $\dfrac{E[\widetilde{X} \mid \widetilde{X} \leqslant x]}{E[\widetilde{X} \mid \widetilde{X} > x]}$ 是 x 的增函数时，有 $p_A^* \geqslant p_E^*$；

(b) 当 $-\dfrac{u''(z(x,Q))}{u'(z(x,Q))} \leqslant \dfrac{g''(F_{\widetilde{X}}(x))}{g'(F_{\widetilde{X}}(x))}\dfrac{f_{\widetilde{X}}(x)}{p-v}, x \in [0,\eta_A^*)$ 和 $\dfrac{E[\widetilde{X} \mid \widetilde{X} \leqslant x]}{E[\widetilde{X} \mid \widetilde{X} > x]}$ 是 x 的增函数时，有 $p_A^* \leqslant p_E^*$。

证明　(ⅰ) 的证明同定理 4.11，我们仅仅证明(ⅱ)。

(a) 当 $-\dfrac{u''(z(x,Q))}{u'(z(x,Q))} \geqslant \dfrac{g''(F_{\widetilde{X}}(x))}{g'(F_{\widetilde{X}}(x))}\dfrac{f_{\widetilde{X}}(x)}{p-v}, x \in [0,\eta_A^*)$ 成立时，下列不等式成立

$$0 \geqslant u''(z(x,Q))g'(F_{\widetilde{X}}(x))(p-v) + u'(z(x,Q))g''(F_{\widetilde{X}}(x))f_{\widetilde{X}}(x),$$

$x \in [0,\eta_A^*)$

右端是函数 $u'(z(x,Q))g'(F_{\widetilde{X}}(x))$ 在 $[0,\eta_A^*)$ 上关于 x 的导数，从而 $u'(z(x,Q))g'(F_{\widetilde{X}}(x))$ 在该区间上是减函数。由题设可知 $u'(z(x,Q))g'(F_{\widetilde{X}}(x))$ 在区间 $(\eta_A^*,T]$ 是常数。在此条件下可证 $\eta_A^* \leqslant \eta_E^*$。为了证明 $p_A^* \geqslant p_E^*$，只需证明

$$\frac{\int_0^{\eta_A^*} xu'(Z_-)g'(F_{\widetilde{X}}(x))\mathrm{d}F_{\widetilde{X}}(x)}{\int_{\eta_A^*}^T xu'(Z_+)g'(F_{\widetilde{X}}(x))\mathrm{d}F_{\widetilde{X}}(x)} \leqslant \frac{\int_0^{\eta_E^*} x\mathrm{d}F_{\widetilde{X}}(x)}{\int_{\eta_E^*}^T x\mathrm{d}F_{\widetilde{X}}(x)} \tag{4.43}$$

由于 $u'(z(x,Q))g'(F_{\widetilde{X}}(x))$ 在 $[0,\eta_A^*)$ 上是正的减函数，从而再一次使用积分第一中值定理有

$$\frac{\int_0^{\eta_A^*} xu'(Z_-)g'(F_{\widetilde{X}}(x))\mathrm{d}F_{\widetilde{X}}(x)}{\int_{\eta_A^*}^T xu'(Z_+)g'(F_{\widetilde{X}}(x))\mathrm{d}F_{\widetilde{X}}(x)} = \frac{x_1^0\int_0^{\eta_A^*} xu'(Z_-)g'(F_{\widetilde{X}}(x))\mathrm{d}F_{\widetilde{X}}(x)}{x_2^0\int_{\eta_A^*}^T xu'(Z_+)g'(F_{\widetilde{X}}(x))\mathrm{d}F_{\widetilde{X}}(x)} \tag{4.44}$$

使用定理 4.6 相同的证明方法可证 $x_1^0 \leqslant E[\widetilde{X} \mid \widetilde{X} \geqslant \eta_A^*]; x_2^0 = E[\widetilde{X} \mid \widetilde{X} > \eta_A^*]$。后面的证明完全一样。

(b) 由条件可知 $u'(z(x,Q))g'(F_{\widetilde{X}}(x))$ 在该区间上是增函数，从而 $\eta_A^* \geqslant \eta_E^*$，采用同样的方法可证 $x_1^0 \geqslant E[\widetilde{X} \mid \widetilde{X} \geqslant \eta_A^*]; x_2^0 = E[\widetilde{X} \mid \widetilde{X} > \eta_A^*]$，从而结论是成立的。

推论 4.2　在定理 4.12 中(ⅰ)的条件下总有 $Q_A^{**} \leqslant Q_D^{**}$；在(ⅱ)的条

件下，如果效用函数和扭曲函数满足(a)的条件，则 $Q_A^{**} \leqslant Q_E^{**}$；如果效用函数和扭曲函数满足(b)的条件，则 $Q_A^{**} \geqslant Q_E^{**}$。

尽管对于任意给定的价格 p，悲观的预期效用报贩的最优订购量总是少于对应的期望效用报贩，乐观的预期效用报贩的最优订购量多于期望效用报贩。然而，如果同时考虑订购定价决策，一般很难确定他们最优的订购量和最优价格的关系，因为 $\eta_U^* = \eta_U^*(p_U^*)$ 和 $\eta_A^* = \eta_A^*(p_A^*)$ 通常都是依赖于价格的，这导致很难确定这两者之间的关系，进而也很难确定最优价格和最优订购量的关系。

4.3 加需求模型下的报贩定价订购问题

考虑式(4.4)形式的加需求模型：$D(p,\widetilde{X}) = d(p,\widetilde{X}) = \widetilde{X} + \alpha(p)$。这里 $\alpha(p)$ 价格 p 下确定性需求，其中 $p \in [c,k]$。同前面一样假定是递减的凹函数，这里 $\widetilde{X}$ 可以被解释为一个随机的“噪声”，因此本节假定它的取值范围为 $[-m,m]$ 且 $E[\widetilde{X}]=0$。此外，本节假定随机需求大于等于零，因此 $\alpha(k) - m \geqslant 0$。将其代入式(4.2)

$$
\begin{aligned}
\mathrm{RDEU}(Q,p) = & \int_{\alpha(p)-m}^{Q(p)} u(py - cQ(p) + v(Q(p) - y))\mathrm{d}g(F_{\widetilde{D}(p)}(y)) + \\
& \int_{Q(p)}^{\alpha(p)+m} u(py - cQ(p) - b(y - Q(p)))\mathrm{d}g(F_{\widetilde{D}(p)}(y)) \\
= & \int_{\alpha(p)-m}^{Q(p)} u(py - cQ(p) + v(Q(p) - y))\mathrm{d}g(F_{\widetilde{X}}(y - \alpha(p))) + \\
& \int_{Q(p)}^{\alpha(p)+m} u(py - cQ(p) - b(y - Q(p)))\mathrm{d}g(F_{\widetilde{X}}(y - \alpha(p))) \\
= & \int_{-m}^{Q(p)-\alpha(p)} u(p(x + \alpha(p)) - cQ(p) + v(Q(p) - \\
& (x + \alpha(p)))\mathrm{d}g(F_{\widetilde{X}}(x)) + \\
& \int_{Q(p)-\alpha(p)}^{m} u(p(x + \alpha(p)) - cQ(p) - \\
& b(x + \alpha(p) - Q(p)))\mathrm{d}g(F_{\widetilde{X}}(x)) \\
= & \int_{-m}^{\eta_A(p)} u(p(x + \alpha(p)) - c(\eta_A(p) + \alpha(p)) +
\end{aligned}
$$

$$
\begin{aligned}
& v(\eta_{\mathrm{A}}(p)-x))\mathrm{d}g(F_{\tilde{X}}(x))+ \\
& \int_{\eta_{\mathrm{A}}(p)}^{m} u(p(x+\alpha(p))-c(\eta_{\mathrm{A}}(p)+\alpha(p))- \\
& b(x-\eta_{\mathrm{A}}(p)))\mathrm{d}g(F_{\tilde{X}}(x)) \\
= & \int_{-m}^{\eta_{\mathrm{A}}(p)} u([(p-v)x-(c-v)\eta_{\mathrm{A}}(p)]+ \\
& (p-c)\alpha(p))\mathrm{d}g(F_{\tilde{X}}(x))+ \\
& \int_{\eta_{\mathrm{A}}(p)}^{m} u([(p-b)x+(b-c)\eta_{\mathrm{A}}(p)]+ \\
& (p-c)\alpha(p))\mathrm{d}g(F_{\tilde{X}}(x)) \\
\triangleq & \ \mathrm{RDEU}(\eta_{\mathrm{A}}(p),p) \qquad (4.45)
\end{aligned}
$$

其中 $Q(p)=\eta_{\mathrm{A}}(p)+\alpha(p)$，在这里使用符号 $Q(p)$ 并不表示它们是价格 p 的函数，仅仅表示报贩在给定价格 p 下可能订购量，对于 $\eta_{\mathrm{A}}(p)$ 也有同样的解释，为了方便 $\eta_{\mathrm{A}}(p)$ 通常也写作 η_{A}。因此报贩的定价订购问题 $\max\limits_{Q,p}\mathrm{RDEU}(Q,p)$ 等价于 $\max\limits_{\eta_{\mathrm{A}}(p),p}\mathrm{RDEU}(\eta_{\mathrm{A}}(p),p)$，仍然是一个二元优化问题，下面将会看到利用预期效用的性质、模型和平均需求函数的性质，可以将上述问题转化为单变量的决策问题。对式(4.45)关于 $\eta_{\mathrm{A}}(p)$ 求二阶导数，同样可知 $\mathrm{RDEU}(\eta_{\mathrm{A}}(p),p)$ 是 $\eta_{\mathrm{A}}(p)$ 的凹函数。

定理 4.14　在加需求模型下，如果预期效用报贩的效用函数 $u(x)$ 是严格凹函数，对于任意给定的价格 p，则预期效用式(4.45)是 $\eta_{\mathrm{A}}(p)$ 的严格凹函数。

这一结果同乘需求模型一样。使用同样的方法可以验证下列方程有唯一解。

$$
\frac{\partial \mathrm{RDEU}(\eta_{\mathrm{A}},p)}{\partial \eta_{\mathrm{A}}(p)}=0
$$

记方程的唯一解为 $\eta_{\mathrm{A}}^{*}(p)$，显然由定理 4.14 确定了 $\eta_{\mathrm{A}}^{*}(p)$ 是价格 p 的函数，将其代入式(4.45)同样可将二元决策问题转化为单变量决策问题。

$$
\max_{Q,p}\mathrm{RDEU}(Q,p)\Leftrightarrow \max_{p}\mathrm{RDEU}(\eta_{\mathrm{A}}^{*}(p),p)
$$

在乘需求模型下，一般的预期效用函数($u(x)$ 不是线性函数)并不是价格

p 的凹函数。然而在加需求模型中，可以证明这个结论是成立的，并且将在后面的讨论中发挥重要的作用。

首先考虑和乘需求模型下不同的关于预期效用的性质。

定理 4.15 加需求模型下，预期效用式(4.45) 是价格 p 的凹函数。

证明 对于式(4.45) 关于 p 求导可得

$$
\begin{aligned}
\frac{\partial \mathrm{RDEU}(\eta_{\mathrm{A}},p)}{\partial p}=&\int_{-m}^{\eta_{\mathrm{A}}} u'(Z_{-}(x,\eta_{\mathrm{A}},p))(x+\alpha(p)+\\
&(p-c)\alpha'(p))\mathrm{d}g(F_{\tilde{X}}(x))\\
&\int_{\eta_{\mathrm{A}}}^{m} u'(Z_{+}(x,\eta_{\mathrm{A}},p))(x+\alpha(p)+\\
&(p-c)\alpha'(p))\mathrm{d}g(F_{\tilde{X}}(x))
\end{aligned}
\tag{4.46}
$$

$$
\begin{aligned}
\frac{\partial^2 \mathrm{RDEU}(\eta_{\mathrm{A}},p)}{\partial p^2}=&\int_{-m}^{\eta_{\mathrm{A}}} u''(Z_{-}(x,\eta_{\mathrm{A}},p))(x+\alpha(p)+\\
&(p-c)\alpha'(p))^2\mathrm{d}g(F_{\tilde{X}}(x))+\\
&\int_{-m}^{\eta_{\mathrm{A}}} u'(Z_{-}(x,\eta_{\mathrm{A}},p))(2\alpha'(p)+\\
&(p-c)\alpha''(p))\mathrm{d}g(F_{\tilde{X}}(x))+\\
&\int_{\eta_{\mathrm{A}}}^{m} u''(Z_{+}(x,\eta_{\mathrm{A}},p))(x+\alpha(p)+\\
&(p-c)\alpha'(p))^2\mathrm{d}g(F_{\tilde{X}}(x))+\\
&\int_{\eta_{\mathrm{A}}}^{m} u'(Z_{+}(x,\eta_{\mathrm{A}},p))(2\alpha'(p)+\\
&(p-c)\alpha''(p))\mathrm{d}g(F_{\tilde{X}}(x))\\
\leqslant&\, 0
\end{aligned}
\tag{4.47}
$$

由于效用函数 $u(x)$ 是递增的凹函数，上面不等式左边第一项和第三项为负，由于需求函数 $\alpha(p)$ 是递减的凹函数，从而第二项和第四项为负。

推论 4.3 加需求模型下，对偶效用、期望效用和风险中性效用都是价格 p 的凹函数。

证明 在式(4.46) 中，当效用函数是线性函数，则第一项和第三项为零，由需求函数的性质可知不等式仍然成立，而这恰好是对偶效用的二阶导数；式

(4.46) 中如果扭曲函数是恒同函数时，不等号仍然成立，这说明期望效用是 p 的凹函数；当效用函数是线性函数，概率扭曲函数是恒同函数时，式(4.46) 中第二项、第四项仍存在并且是负数，所以风险中性效用是 p 的凹函数。

定理 4.16　如果确定情形下的需求函数 $\alpha(p)$ 满足条件

$$0 \geqslant \alpha(k) + (k-c)\alpha'(k) + m$$

则预期效用、期望效用、对偶效用和风险中性效用决策者在 $[c,k]$ 上都有唯一的最优价格。

证明　由之前的讨论可知 $\eta_A^*(p)$ 是价格 p 的函数，代入式(4.45)，从而一般的预期效用式(4.45) 是价格 p 的函数。由链式法则可得

$$\begin{aligned}\left.\frac{\mathrm{dRDEU}(\eta_A^*(p),p)}{\mathrm{d}p}\right|_{p=c} &= \left.\frac{\partial \mathrm{RDEU}(\eta_A^*(p),p)}{\partial p}\right|_{p=c} + \\ &\quad \left.\frac{\partial \mathrm{RDEU}(\eta_A^*(p),p)}{\partial \eta_A^*(p)}\frac{\mathrm{d}\eta_A^*(p)}{\mathrm{d}p}\right|_{p=c} \\ &= \int_{-m}^{m} u'(Z(x,\eta_A^*(c),c))(x+\alpha(c))\mathrm{d}g(F_{\tilde{X}}(x)) \\ &\geqslant 0\end{aligned}$$

不等式是由假设 $\alpha(c)+x \geqslant \alpha(c)-m \geqslant \alpha(k)-m \geqslant 0$。注意第二个等式是由于 $\eta_A^*(p)$ 的定义，所以有

$$\begin{aligned}\left.\frac{\partial \mathrm{RDEU}(\eta_A,p)}{\partial \eta_A}\right|_{\eta_A=\eta_A^*(c)} &= -(c-v)\int_{-m}^{\eta_A^*(c)} u'[(c-v)(x- \\ &\quad \eta_A^*(c))]\mathrm{d}g(F_{\tilde{X}}(x)) + \\ &\quad (b-c)\int_{\eta_A^*(c)}^{m} u'[(c-b)(x-\eta_A^*(c))]\mathrm{d}g(F_{\tilde{X}}(x)) \\ &= 0\end{aligned}$$

$$\begin{aligned}\left.\frac{\mathrm{dRDEU}(\eta_A^*(p),p)}{\mathrm{d}p}\right|_{p=k} &= \left.\frac{\partial \mathrm{RDEU}(\eta_A^*(p),p)}{\partial p}\right|_{p=k} + \\ &\quad \left.\frac{\partial \mathrm{RDEU}(\eta_A^*(p),p)}{\partial \eta_A^*(p)}\frac{\mathrm{d}\eta_A^*(p)}{\mathrm{d}p}\right|_{p=k} \\ &= \int_{-m}^{m} u'(Z(x,\eta_A^*(k),k))(x+\alpha(k)+ \\ &\quad (k-c)\alpha'(k))\mathrm{d}g(F_{\tilde{X}}(x))\end{aligned}$$

$$\leqslant 0$$

不等式是由于 $0 \geqslant \alpha(k)+(k-c)\alpha'(k)+m \geqslant \alpha(k)+(k-c)\alpha'(k)+x$，从而积分号下的项恒为负。第二个等式是由于 $\eta_{\mathrm{A}}^*(p)$ 的定义，从而 $\left.\frac{\partial \mathrm{RDEU}(\eta_{\mathrm{A}},p)}{\partial \eta_{\mathrm{A}}}\right|_{\eta_{\mathrm{A}}=\eta_{\mathrm{A}}^*(k)}=0$。由假设可知，价格 p 的函数 $\frac{\mathrm{dRDEU}(\eta_{\mathrm{A}}^*(p),p)}{\mathrm{d}p}$ 在 $[b,k]$ 上连续，所以在 $[b,k]$ 至少存在一个点使得 $\frac{\mathrm{dRDEU}(\eta_{\mathrm{A}}^*(p),p)}{\mathrm{d}p}=0$，由定理 4.13 可知这样的解是唯一的。

本节下面的部分总假定在加需求模型下，无论是预期效用、期望效用、对偶效用还是风险中性报贩的最优价格和最优订购量存在且唯一。

首先对于特殊的风险中性和对偶效用求出给定价格 p 下最优的 $\eta_{\mathrm{E}}^*(p)$ 和 $\eta_{\mathrm{D}}^*(p)$ 以及对应的最优订购量。

定理 4.17 （ⅰ）给定价格 p 下有

$$\eta_{\mathrm{E}}^*(p)=F_{\bar{X}}^{-1}\left(\frac{b-c}{b-v}\right), Q_{\mathrm{E}}^*(p)=\alpha(p)+\eta_{\mathrm{E}}^*(p)$$

（ⅱ）给定价格 p 下有

$$\eta_{\mathrm{D}}^*(p)=F_{\bar{X}}^{-1}\left(g^{-1}\left(\frac{b-c}{b-v}\right)\right), Q_{\mathrm{D}}^*(p)=\alpha(p)+\eta_{\mathrm{D}}^*(p)$$

证明 （ⅰ）令式(4.45)等于零，取 $u(x)$ 为线性函数 $g(t)$ 为恒同函数，则式(4.45)恰好是期望利润关于 η 的导数，解方程可得 $\eta_{\mathrm{E}}^*(p)=F_{\bar{X}}^{-1}\left(\frac{b-c}{b-v}\right)$，由 $\eta_{\mathrm{E}}^*(p)$ 的定义可知 $Q_{\mathrm{E}}^*(p)=\alpha(p)+\eta_{\mathrm{E}}^*(p)$。

（ⅱ）只需取效用函数为线性函数，同样可证命题（ⅱ）的结论。

从上面的结果可知，在加需求模型下，风险中性报贩和对偶效用报贩最优，$\eta_{\mathrm{E}}^*(p)$ 和 $\eta_{\mathrm{D}}^*(p)$ 事实上与价格 p 无关，因此可以记为 η_{E}^* 和 η_{D}^*。利用该性质可以得到与定理 4.9 和定理 4.10 同样的结论，不加证明地以推论形式给出这些结论。

推论 4.4 在加需求模型下，假设报贩是预期效用决策者，相应的效用和扭曲函数分别为 $u(x)$ 和 $g(t)$，其中 $u(x)$ 总是凹函数。假定一个对偶效用报贩具有相同的扭曲函数，如果 $g(t)$ 是凹函数，则 $\eta_{\mathrm{A}}^* \leqslant \eta_{\mathrm{D}}^* \leqslant \eta_{\mathrm{E}}^*$。

推论 4.5　在加需求模型下，假设报贩是预期效用决策者，相应的效用和扭曲函数分别为 $u(x)$ 和 $g(t)$，其中 $u(x)$ 总是二次可微的凹函数。假定一个对偶效用报贩具有相同的扭曲函数，且 $g(t)$ 是二次可微的凸函数。

(ⅰ) 当 $-\dfrac{u''(z(x,Q))}{u'(z(x,Q))} \geqslant \dfrac{g''(F_{\tilde{X}}(x))}{g'(F_{\tilde{X}}(x))}\dfrac{f_{\tilde{X}}(x)}{p-b}$，总有 $\eta_A^* \leqslant \eta_E^* \leqslant \eta_D^*$；

(ⅱ) 当 $-\dfrac{u''(z(x,Q))}{u'(z(x,Q))} \leqslant \dfrac{g''(F_{\tilde{X}}(x))}{g'(F_{\tilde{X}}(x))}\dfrac{f_{\tilde{X}}(x)}{p-v}$，总有 $\eta_E^* \leqslant \eta_A^* \leqslant \eta_D^*$。

引理 4.3　(Agrawal 和 Seshadri(2000)) 在加需求模型下，风险中性报贩的最优价格 p_E^* 总是等于确定情形下的最优价格 p_d^*。

下面考虑在加需求模型下，报贩的悲观或乐观偏差对于他的联合订购和定价决策有什么影响。

定理 4.18　在加需求模型，假设悲观的预期效用报贩 A 具有凹的效用函数 $u(x)$ 和概率扭曲函数 $g(t)$，一个悲观的对偶效用报贩 D 具有相同的扭曲函数，则他们的最优价格具有如下关系：$p_A^* \leqslant p_D^* \leqslant p_E^* = p_d^*$。

证明　重新写式(4.46)如下

$$\left.\frac{\partial \text{RDEU}(\eta_A, p)}{\partial p}\right|_{\eta_A^*, p_D^*} = \int_{-m}^{m} u'(Z(x, \eta_A^*, p_D^*))(x + \alpha(p_D^*) + (p_D^* - c)\alpha'(p_D^*))g'(F_{\tilde{X}}(x))\mathrm{d}F_{\tilde{X}}(x) \tag{4.48}$$

相应的对偶效用报贩在最优点满足一阶条件

$$\left.\frac{\partial DU(\eta_D, p)}{\partial p}\right|_{\eta_D^*, p_D^*} = \int_{-m}^{m} (x + \alpha(p_D^*) + (p_D^* - c)\alpha'(p_D^*))g'(F_{\tilde{X}}(x))\mathrm{d}F_{\tilde{X}}(x) = 0 \tag{4.49}$$

令 $H(x, p_D^*) = x + \alpha(p_D^*) + (p_D^* - c)\alpha'(p_D^*)$，关于 x 求导可得 $H'(x, p_D^*) = 1$，从而 $H(x, p_D^*)$ 是 x 连续的严格增函数。由于 $g'(F_{\tilde{X}}(x))$ 是 x 的减函数并且非负，要使得式(4.49)成立，必然存在一个点 x_D，$H(x_D, p_D^*) = 0$；当 $x \in [-m, x_D)$ 时 $H(x, p_D^*) < 0$；$x \in (x_D, m]$ 时 $H(x, p_D^*) > 0$。式(4.48)变形如下

$$\left.\frac{\partial \mathrm{RDEU}(\eta_A,p)}{\partial p}\right|_{\eta_A^*,p_D^*}=\int_{-m}^{m}u'(Z(x,\eta_A^*,p_D^*))H(x,p_D^*)g'(F_{\tilde{X}}(x))\mathrm{d}F_{\tilde{X}}(x)$$

$$=\int_{-m}^{x_D}u'(Z(x,\eta_A^*,p_D^*))$$

$$H(x,p_D^*)g'(F_{\tilde{X}}(x))\mathrm{d}F_{\tilde{X}}(x)+$$

$$\int_{x_D}^{m}u'(Z(x,\eta_A^*,p_D^*))H(x,p_D^*)g'(F_{\tilde{X}}(x))\mathrm{d}F_{\tilde{X}}(x)$$

$$\leqslant u'(Z(x_D,\eta_A^*,p_D^*))$$

$$\int_{-m}^{x_D}H(x,p_D^*)g'(F_{\tilde{X}}(x))\mathrm{d}F_{\tilde{X}}(x)+$$

$$u'(Z(x_D,\eta_A^*(p_D^*),p_D^*))$$

$$\int_{x_D}^{m}H(x,p_D^*)g'(F_{\tilde{X}}(x))\mathrm{d}F_{\tilde{X}}(x)$$

$$=u'(Z(x_D,\eta_A^*(p_D^*),p_D^*))\left.\frac{\partial DU(\eta_D,p)}{\partial p}\right|_{\eta_D^*,p_D^*}=0 \tag{4.50}$$

不等式是由于$u'(Z(x,\eta_A^*,p_D^*))$是x的减函数。由于$\mathrm{RDEU}(\eta,p)$对于任意给定η是p的凹函数，从而$p_A^*\leqslant p_D^*$。

由风险中性效用在最优点的一阶条件为

$$\left.\frac{\partial EP(\eta_E,p)}{\partial p}\right|_{\eta_E^*,p_E^*}=\int_{-m}^{m}(x+\alpha(p_E^*)+(p_E^*-c)\alpha'(p_E^*))$$

$$g'(F_{\tilde{X}}(x))\mathrm{d}F_{\tilde{X}}(x)=0 \tag{4.51}$$

由式(4.51)可知，必然存在一点x_E使得$H(x_E,p_E^*)=1$。

当$x\in[-m,x_E)$时$H(x,p_E^*)<0$；$x\in(x_E,m]$时$H(x,p_E^*)>0$。

$$\left.\frac{\partial DU(\eta_D,p)}{\partial p}\right|_{\eta_D^*,p_E^*}=\int_{-m}^{m}H(x,p_E^*)g'(F_{\tilde{X}}(x))\mathrm{d}F_{\tilde{X}}(x)$$

$$=\int_{-m}^{x_E}H(x,p_E^*)g'(F_{\tilde{X}}(x))\mathrm{d}F_{\tilde{X}}(x)+$$

$$\int_{x_E}^{m}H(x,p_E^*)g'(F_{\tilde{X}}(x))\mathrm{d}F_{\tilde{X}}(x)$$

$$\leqslant g'(F_{\tilde{X}}(x_E))\int_{-m}^{x_E}H(x,p_E^*)\mathrm{d}F_{\tilde{X}}(x)+$$

$$g'(F_{\widetilde{X}}(x_E))\int_{x_D}^{m} H(x,p_E^*)\mathrm{d}F_{\widetilde{X}}(x)$$
$$=g'(F_{\widetilde{X}}(x_E))\left.\frac{\partial EP(\eta_E,p)}{\partial p}\right|_{\eta_E^*,p_E^*}=0 \qquad (4.52)$$

不等式是由于 $g'(F_{\widetilde{X}}(x))$ 是 x 的减函数。由于 $DU(\eta,p)$ 对于任意给定 η 是 p 的凹函数,从而 $p_D^*\leqslant p_E^*$。

定理 4.19　在加需求模型,假设乐观的预期效用报贩 A 具有凹的效用函数 $u(x)$ 和凸概率扭曲函数 $g(t)$,一个乐观的对偶效用报贩 D 具有相同的扭曲函数,并且假定 $u(x)$ 和 $g(t)$ 是二次可微的。则他们的最优价格具有如下关系:

(ⅰ) 当 $-\dfrac{u''(z(x,Q))}{u'(z(x,Q))}\geqslant\dfrac{g''(F_{\widetilde{X}}(x))}{g'(F_{\widetilde{X}}(x))}\dfrac{f_{\widetilde{X}}(x)}{p-b}$,总有 $p_A^*\leqslant p_E^*\leqslant p_D^*$;

(ⅱ) 当 $-\dfrac{u''(z(x,Q))}{u'(z(x,Q))}\leqslant\dfrac{g''(F_{\widetilde{X}}(x))}{g'(F_{\widetilde{X}}(x))}\dfrac{f_{\widetilde{X}}(x)}{p-v}$,总有 $p_E^*\leqslant p_A^*\leqslant p_D^*$。

证明　由于 $u(x)$ 是凹函数,所以不等式(4.50)仍然成立,从而 $p_A^*\leqslant p_D^*$ 成立。由于 $g(t)$ 是凸函数,所以不等式(4.52)反向,从而 $p_E^*\leqslant p_D^*$。关键是确定 p_E^* 与 p_A^* 的关系。

条件(ⅰ)成立,则函数 $u'Z(x,\eta_A^*,p_E^*))g'(F_{\widetilde{X}}(x))$ 是减函数,从而使用类似证明不等式(4.50)的方法可证 $p_A^*\leqslant p_E^*$;

条件(ⅱ)成立,则函数 $u'(Z(x,\eta_A^*,p_E^*))g'(F_{\widetilde{X}}(x))$ 是增函数,从而使用证明不等式(4.52)的方法可证 $p_A^*\geqslant p_E^*$,不同之处在于不等式(4.52)要反向。

在上述命题的证明中,关键之处在于对偶效用和风险中性效用对于任意给定价格 p,相应的最优 $\eta_D^*(p)$ 和 $\eta_D^*(p)$ 独立于 p。而期望效用和预期效用一般不具有该性质,从而无法判断 p_A^* 与 p_U^* 的大小。

在乘需求模型里,只有当效用函数和概率扭曲函数以及随机变量 $\widetilde{X}$ 的分布满足一定的条件时,才能够确定不同决策模型之间最优价格的关系,我们看到在乘需求模型下的最优价格关系与这里的关系恰好相反。在加需求模型里,只要求效用函数和概率扭曲函数满足通常的凹性或凸性条件,就可以明确确定预期效用、对偶效用和风险中性效用最优价格的关系。在两种需求模型里的定价策略为什么会有这样的差异？我们进行简单的分析，从本节相关结论的证明中看到随机变量 $\widetilde{X}$ 的取值范围事实上并不起限制作用，为此可以令其的实现值都取正数不妨设为 $[0,T]$。从而 $\widetilde{X}$ 也可以解释为不受价格影响的随机需求。在乘需求模型里，由于 $\alpha(p)$ 不仅影响原来需求的期望还影响它的方差，过高的价格对于随机需求方差产生更小影响但会致使平均需求降低，因此报贩必须在更低的平均需求和更低风险间进行权衡，因此对于风险厌恶和悲观的报贩，他们厌恶更大不确定性所带来的效应，从而他们倾向于通过提高价格来减少随机需求的不确定性，而对于乐观报贩则采取相反的策略。在加需求模型里价格不影响需求的方差，仅仅影响随机需求的期望，更低的价格将带来更高的平均需求，因此风险厌恶和悲观的报贩倾向于降低价格来吸引顾客。对于乐观的报贩来说，他们认为较高随机需求的实现具有更大的概率，因此由提高价格带给他们的收益大于随机需求可能减少所带来的负效应，从而他们倾向于提高价格。

此外，在乘需求模型里如果价格满足不等关系，那么可以得到不同决策模型之间最优订购量的关系，而在加需求模型里最优订购量的关系是无法确定的。两个模型的共同之处在于，都无法确定预期效用报贩和期望效用报贩的最优定价和订购量关系。

4.4 结　论

本章讨论了悲观、乐观报贩联合定价订购决策。推广了 Chen，Xu 和 Zhang(2009) 在 CVaR 框架下与 Agrawal 和 Seshadri(2000) 在期望效用框架下的结论。本章的模型假定报贩的未来需求依赖于报贩制定的销售价格。遵循大多数相关文献的假设，主要讨论两类价格相关需求的情形：乘需求和加需求模型。

在乘需求模型下，证明了预期效用、对偶效用、期望效用报贩在随机需求情形下的最优销售价格大于确定情形下的最优销售价格。在一般情形下，无法得出悲观或乐观报贩制定的最优销售价格和风险中性报贩决策之间的关系。Agrawal 和 Seshadri(2000) 在期望效用框架提出了关于随机需求的一组条件,在此条件下他们得出风险厌恶的报贩所制定的最优价格高于风险中性报贩的最优价格,然而我们发现其最主要的结论并不正确。在其提出条件的基础上,发展了扭曲函数以及效用函数应该满足的条件,在这些条件下,证明了悲观的预期效用决策者制定的最优价格大于相应具有同样扭曲函数的对偶效用决策者,而悲观的对偶效用决策者制定的最优价格大于风险中性报贩的最优价格。依次得到预期效用报贩的最优订购量小于对应的对偶效用报贩和风险中性报贩的订购量。此外证明了乐观的预期效用报贩的最优价格小于对应的对偶效用报贩,并获得了最优价格大于和小于风险中性报贩的最优价格的充分条件。同时也发展了乐观的对偶效用报贩订购量小于风险中性报贩订购量的充分条件。在适当的条件下,最终获得乐观的预期效用报贩和对应的对偶效用报贩以及风险中性报贩最优订购量的关系。

在加需求模型下,随机需求情形下风险中性报贩设定的最优价格等于确定情形下的价格,证明悲观的对偶效用报贩的最优定价总是小于风险中性报贩的最优定价,悲观的预期效用报贩的最优定价小于对应对偶效用报贩,从而小于风险中性报贩的最优定价。而乐观的预期效用报贩的最优定价总是小于对应的对偶效用报贩,乐观的对偶效用报贩的最优定价总是大于风险中性报贩的最优价格,发展了乐观预期效用报贩最优定价大于和小于风险中性报贩最优定价的充分条件,不同于乘需求模型,无法得出悲观和乐观偏差对于最优订购量的关系。

遗憾的是在两种模型下,我们都无法确定预期效用报贩和期望效用报贩最优决策之间的关系。此外,在乘需求模型里,我们关于扭曲函数和效用函数的条件不具有一般性。

4.5 附　录

本节证明 Agrawal 和 Seshadri(2000) 的主要结论(定理 3.1) 事实上是不

正确的，给出结论及其证明。

引理 4.4 (Agrawal 和 Seshadri(2000)，定理 3.1) 如果期望效用报贩是风险厌恶的。

(a) 当 $\dfrac{E[\widetilde{X} \mid \widetilde{X} \leqslant x]}{E[\widetilde{X} \mid \widetilde{X} > x]}$ 是 x 的增函数时，有 $p_{\mathrm{U}}^{*} \geqslant p_{\mathrm{E}}^{*}$；

(b) 当 $\dfrac{E[\widetilde{X} \mid \widetilde{X} \leqslant \eta_{\mathrm{U}}^{*}]}{E[\widetilde{X} \mid \widetilde{X} > \eta_{\mathrm{U}}^{*}]} \leqslant \dfrac{E[\widetilde{X} \mid \widetilde{X} \leqslant \eta_{\mathrm{E}}^{*}]}{E[\widetilde{X} \mid \widetilde{X} > \eta_{\mathrm{E}}^{*}]}$ 时，有 $p_{\mathrm{U}}^{*} \geqslant p_{\mathrm{E}}^{*}$。

证明 由式(4.38)和式(4.40)可知，要使得 $p_{\mathrm{U}}^{*} \geqslant p_{\mathrm{E}}^{*}$ 成立，只需证明不等式 $\phi(p_{\mathrm{U}}^{*}) \leqslant \phi(p_{\mathrm{E}}^{*})$，由题设条件可以推出下面的不等式。

$$\frac{\int_{0}^{\eta_{\mathrm{U}}^{*}} u'(Z_{-}) x \mathrm{d}F_{\widetilde{X}}(x)}{\int_{\eta_{\mathrm{U}}^{*}}^{T} u'(Z_{+}) x \mathrm{d}F_{\widetilde{X}}(x)} \leqslant \frac{\int_{0}^{\eta_{\mathrm{E}}^{*}} x \mathrm{d}F_{\widetilde{X}}(x)}{\int_{\eta_{\mathrm{E}}^{*}}^{T} x \mathrm{d}F_{\widetilde{X}}(x)} \tag{4.53}$$

类似于定理 4.7 的证明，上面不等式的左端可以表示为令 $M_1 = \int_{0}^{\eta_{\mathrm{U}}^{*}} u'(Z_{-}) x \mathrm{d}F_{\widetilde{X}}(x)$，此外令 $M_2 = \int_{\eta_{\mathrm{U}}^{*}}^{T} u'(Z_{+}) x \mathrm{d}F_{\widetilde{X}}(x)$，由积分中值定理可知存在 $\bar{x}_1^0 \in [0, \eta_{\mathrm{U}}^{*}]$ 和 $\bar{x}_2^0 \in [\eta_{\mathrm{U}}^{*}, T]$ 使得下面的等式成立。

$$\frac{M_1}{M_2} = \frac{\int_{0}^{\eta_{\mathrm{U}}^{*}} u'(Z_{-}) x \mathrm{d}F_{\widetilde{X}}(x)}{\int_{\eta_{\mathrm{U}}^{*}}^{T} u'(Z_{+}) x \mathrm{d}F_{\widetilde{X}}(x)} = \frac{\bar{x}_1^0 \int_{0}^{\eta_{\mathrm{U}}^{*}} u'(Z_{-}) \mathrm{d}F_{\widetilde{X}}(x)}{\bar{x}_2^0 \int_{\eta_{\mathrm{U}}^{*}}^{T} u'(Z_{+}) \mathrm{d}F_{\widetilde{X}}(x)} \tag{4.54}$$

首先证明：$\bar{x}_1^0 \leqslant E[\widetilde{X} \mid \widetilde{X} \leqslant \eta_{\mathrm{D}}^{*}]$ 和 $\bar{x}_2^0 \geqslant E[\widetilde{X} \mid \widetilde{X} > \eta_{\mathrm{D}}^{*}]$。为此取 $[0, T]$ 上的一个减函数 $\psi(x)$，使得下列条件成立：

条件 1：$M_1 = \int_{0}^{\eta_{\mathrm{U}}^{*}} x\psi(x) \mathrm{d}F_{\widetilde{X}}(x) = \bar{x}_1 \int_{0}^{\eta_{\mathrm{U}}^{*}} \psi(x) \mathrm{d}F_{\widetilde{X}}(x)$；

条件 2：$M_2 = \int_{\eta_{\mathrm{U}}^{*}}^{T} x\psi(x) \mathrm{d}F_{\widetilde{X}}(x) = \bar{x}_2 \int_{\eta_{\mathrm{U}}^{*}}^{T} \psi(x) \mathrm{d}F_{\widetilde{X}}(x)$；

条件 3：$\psi(\eta_{\mathrm{U}}^{*}) \geqslant u'(Z_{-}(\eta_{\mathrm{U}}^{*}, \eta_{\mathrm{U}}^{*}))$。

令 $\mathbb{H} = \{\psi(x) \mid \psi(x)$ 是$[0, T]$上的非负非增函数且满足上述条件 1,2,3$\}$，显然函数 $u'(x) \in \mathbb{H}$。在$\mathbb{H}$寻找一个特定的 $\bar{\psi}(x)$ 从而可以使 $\bar{x}_1$ 获得最大值，记为 $\bar{x}_1^{*}$；而 $\bar{x}_2$ 获得最小值，记为 $\bar{x}_2^{*}$。AS从直觉上进行分析，得出结论由于$\mathbb{H}$中函数都

是非负的减函数，从而只有当$\bar{\psi}(x)$在区间$[0,\eta_{U0}^{*})$和$[\eta_{U0}^{*},T]$分别为常数时，才能使得$\bar{x}_1$和$\bar{x}_2$分别取得最大值和最小值。此时最大值$\bar{x}_1^{*}=E[\tilde{X}\mid\tilde{X}\leqslant\eta_D^{*}]$，最小值$\bar{x}_2^{*}=E[\tilde{X}\mid\tilde{X}>\eta_D^{*}]$，由$u'(x)\in\mathbb{H}$可知，$\bar{x}_1^{0}\leqslant\bar{x}_1^{*}$和$\bar{x}_2^{0}\geqslant\bar{x}_2^{*}$。然后使用证明不等式类似的方法可证所需结论。

证明上述命题的关键步骤$\bar{x}_2^{0}\geqslant E[\tilde{X}\mid\tilde{X}>\eta_D^{*}]$是不成立的，下面我们使用证明定理 4.7 的方法来证明这一结论。

令$l_2=\dfrac{\int_{\eta_U^{*}}^{\tau_T^{*}}xu'(Z_+)\mathrm{d}F_{\tilde{X}}(x)}{\int_0^{\eta_U^{*}}x\mathrm{d}F_{\tilde{X}}(x)}$，显然有$M_2=\int_{\eta_U^{*}}^{T}l_2x\mathrm{d}F_{\tilde{X}}(x)$；

令$l'_2=\dfrac{\int_{\eta_U^{*}}^{T}u'(Z_+)\mathrm{d}F_{\tilde{X}}(x)}{\int_{\eta_U^{*}}^{T}\mathrm{d}F_{\tilde{X}}(x)}$，显然有$M_2=\bar{x}_1^{0}\int_{\eta_U^{*}}^{T}l'_2\mathrm{d}F_{\tilde{X}}(x)$。

现在证明：$l'_2\geqslant l_2$，等价于

$$\frac{\int_{\eta_U^{*}}^{T}u'(Z_+)\mathrm{d}F_{\tilde{X}}(x)}{\int_{\eta_U^{*}}^{T}\mathrm{d}F_{\tilde{X}}(x)}\geqslant\frac{\int_{\eta_U^{*}}^{T}xu'(Z_+)\mathrm{d}F_{\tilde{X}}(x)}{\int_{\eta_U^{*}}^{T}x\mathrm{d}F_{\tilde{X}}(x)}$$

依次等价于

$$\int_{\eta_U^{*}}^{T}u'(Z_+)\mathrm{d}F_{\tilde{X}}(x)\int_{\eta_U^{*}}^{T}x\mathrm{d}F_{\tilde{X}}(x)\geqslant\int_{\eta_U^{*}}^{T}\mathrm{d}F_{\tilde{X}}(x)\int_{\eta_U^{*}}^{T}xu'(Z_+)\mathrm{d}F_{\tilde{X}}(x)$$

为了证明上述不等式，构造函数如下

$$\begin{aligned}I&=\int_{\eta_U^{*}}^{T}u'(Z_+)\mathrm{d}F_{\tilde{X}}(x)\int_{\eta_U^{*}}^{T}x\mathrm{d}F_{\tilde{X}}(x)-\int_{\eta_U^{*}}^{T}\mathrm{d}F_{\tilde{X}}(x)\int_{\eta_U^{*}}^{T}xu'(Z_+)\mathrm{d}F_{\tilde{X}}(x)\\&=\int_{\eta_U^{*}}^{T}\int_{\eta_U^{*}}^{T}[u'(Z_+(x))-u'(Z_+(y))]y\mathrm{d}F_{\tilde{X}}(x)\mathrm{d}F_{\tilde{X}}(y)\end{aligned}\tag{4.55}$$

由于积分与积分变量的选取无关，所以交换上述积分中的变量有下列等式成立。

$$I=\int_{\eta_U^{*}}^{T}\int_{\eta_U^{*}}^{T}[u'(Z_+(y))-u'(Z_+(x))]x\mathrm{d}F_{\tilde{X}}(x)\mathrm{d}F_{\tilde{X}}(y)\tag{4.56}$$

使式(4.25) 和式(4.26) 相加

$$2I=\int_{\eta_{\mathrm{U}}^{*}}^{T}\int_{\eta_{\mathrm{U}}^{*}}^{T}[u'(Z_{+}(x))-u'(Z_{+}(y))](y-x)\mathrm{d}F_{\tilde{X}}(x)\mathrm{d}F_{\tilde{X}}(y)\geqslant 0$$

最后的不等式是由于$u'(x)$是x的减函数。证明了$l'_2\geqslant l_2$。由此可证明主要的不等式。

$$M_2=\bar{x}_2^0\int_{\eta_{\mathrm{U}}^{*}}^{T}l'_2\mathrm{d}F_{\tilde{X}}(x)=\int_{\eta_{\mathrm{U}}^{*}}^{T}l_2x\mathrm{d}F_{\tilde{X}}(x)\leqslant\int_{\eta_{\mathrm{U}}^{*}}^{T}l'_2x\mathrm{d}F_{\tilde{X}}(x)$$

由于l'_1是非零的正常数,两边同时约去该常数后不改变不等式的方向,因而有

$$\bar{x}_2^0\leqslant\frac{\int_{\eta_{\mathrm{U}}^{*}}^{T}x\mathrm{d}F_{\tilde{X}}(x)}{\int_{\eta_{\mathrm{U}}^{*}}^{T}\mathrm{d}F_{\tilde{X}}(x)}=E[\tilde{X}\mid\tilde{X}\leqslant\eta_{\mathrm{D}}^{*}]\tag{4.57}$$

第5章　悲观、乐观和资本约束报童模型

5.1　引　言

在第3章和第4章考虑了悲观和乐观偏差对于报贩订购行为以及定价行为的影响，一个隐含的假设是，报贩的资本是充裕的，他可以订购任何使利润最大化的商品，数量甚至更多。然而现实的情形往往并非如此，即使是一些实力雄厚的大型企业在组织生产或者进行采购时也经常需要通过金融市场进行融资，或者向一些金融机构进行借贷。不同于中小企业，这些公司由于实力雄厚有固定的厂房设备等固定资产作为保证，从而降低了由于破产所产生的风险，所以往往比较容易获得银行贷款，银行也乐意为这些企业提供资金支持。而对于大部分中小企业或者特别是刚刚起步的微型企业，在我国特别是民营企业，他们经营规模的扩大和发展更加受到自有资金不足的限制，由于没有足够数量的固定资产作为抵押，如果银行贷款给这类企业，一旦企业发生破产银行将承受较大损失，因而他们很难从银行获得大量的贷款。

针对中小企业进行生产运营所面临的资本约束问题，国内外金融机构通行的做法是为这些企业提供一类资产质押贷款(asset － based lending，ABL)。这类贷款模式的特点是：银行根据贷款人所拥有的一些类型的“资产”，设定一个贷款的最大额度，从而保障银行在放贷时不会因为企业破产而遭受较大的损失，借贷人的质押“资产”包括：可收账户、库存材料或商品、设备、实物资产甚至企业的商标和顾客渠道，等等。

在本书中使用报贩作为这类企业的代表。当报贩的自有资本不足时，如果他觉得商品订购量大于他的资本所允许的最大额度能够带来更大的收益，那么他可以通过向银行申请资产质押贷款来获得更大的订购量。银行根据报贩自有资金状况以及他所订购商品的市场需求的信息给予一定额度的贷款。

因为市场需求是随机的，所以报贩最终的收益面临一定程度的风险，当随机需求的实现值较高时，报贩获得的支付除去他的原有资本，再去掉偿还银行贷款的本利和，剩余部分是其最终的利润，而银行则获得贷款所带来的利息收入；然而，当随机需求的实现值较低时，报贩的销售收入以及处理多余商品的收入，如果能够偿还银行贷款的本利和，那么在偿还贷款后如果剩余的部分小于原来的自有资本，报贩则遭受一定的损失，而银行没有损失；还有一种情形是报贩最终的所有收入不足以偿还银行的贷款，则报贩最终资本为零，从而完全破产，而银行尽管收到部分还贷但也同样遭受一定的损失。因此，在资本限制情形下和之前自有资本充裕情形下的报贩决策问题有着很大的不同。那么报贩如何决定最优订购量以及最优的贷款额度？银行如何决定最优的贷款上限以及利率从而使自身的收益最大化？这类问题把运作管理和金融决策有机地联合在一起，同时考虑了生产领域和金融领域的相互作用，显然是值得研究的课题。

在序言部分对相关文献进行了梳理，纵观这些文献，无一例外都假定：供应商、报贩和银行都是利润最大化决策者。然而正如序言部分所述，大量来自现实中的观察和实验证据表明风险中性假设并不符合人们的实际决策行为，尽管在有关报童模型其他问题的研究中，部分学者已经考虑将人类的一些行为偏差纳入到报贩决策过程中，并研究他们对报贩决策行为的影响，其中考虑最多的是风险厌恶。迄今为止仍然没有文献把这些因素纳入到资本约束报童模型中来，特别是考虑运作决策与金融决策的相互作用。本章将做这样一个尝试，考虑悲观、乐观、风险厌恶和风险喜好偏差对于报贩以及银行决策行为的影响。由于这类模型过于复杂，因此我们考虑使用特殊的预期效用——对偶效用来作为报贩和银行的执行目标，即报贩和银行决策者都具有对偶效用。Yaari(1987)指出，对偶效用很适宜刻画具有众多股东的大公司的决策行为，因为对大公司来说货币的边际效用递减并不是一个合理的假设，但这些公司决策时却有可能表现出风险厌恶和风险喜好型行为。对于单个报贩来说，边际效用递减是一个合理的假设，但由于模型过于复杂，为了能够得到确定的结果我们暂且牺牲模型的一般性。对偶效用除了能够解释期望效用不能解释的一些悖论，如 Allais 悖论，它还包含了决策者对于概率的态度，悲观和乐观。此外，Yaari、Quiggin 等还证明了对偶效用的弱悲观特征隐含了决策者是弱风险厌恶的，即决策者更加偏好于随机支付的均值超过随机变量本身；而强悲观隐含了决策者是强风险厌恶的，即两个随机支付具有同样的均值，决策者更加偏好于二阶随机占优的一个，而乐观偏差恰好有相反的含义。众所周知，在期望效用框架下，弱和强风险厌恶没有区分都等价于效用曲线的凹形。从前两章的分析中，我们看到同风险中性报贩一样，对偶效用报贩的最优订购量具有闭式解，而在一般的期望效用框架下往往很难得到最优的显式解。本章将在对偶效用框架下，考察强悲观和乐观（从而强风险厌恶和风险喜好）对于报贩和银行决策行为的影响。

首先给出本章将要使用到的符号，见表 5.1。

表 5.1　模型所使用的符号

c	商品的批发价	Q^*_{DN}	悲观或乐观报贩的最优订购量
p	商品的销售价	Q^*_{EN}	风险中性报贩的最优订购量
v	商品的残值	Q^*_{DB}	悲观或乐观银行所期望的订购量
w_0	报贩的自有资本	Q^*_{EB}	风险中性银行所期望的订购量
r	银行的利率	$b(Q)$	报贩破产临界需求量
$g_N(t)$	报贩的扭曲函数	$\hat{Q}$	不会导致报贩破产的临界订购量
$L(w_0)$	报贩的贷款额	$g_B(t)$	银行的扭曲函数
$\bar{L}(w_0)$	银行设定的贷款上限		

本章结构如下：5.2 节给出资本限制报贩的基本决策模型，以及银行的决策模型，并考虑悲观和乐观偏差对于他们决策行为的影响。5.3 节对相关结果进行讨论。

5.2　悲观和乐观对于资本限制报贩问题的影响

假定报贩是对偶效用决策者。具有初始财富为 w_0 但不具有其他资产，某种商品的市场随机需求为一个连续的随机变量 $\widetilde{X}$，具有分布函数 $F_{\widetilde{X}}(x)$，对应的概率密度函数为 $f_X(x)$，为了讨论方便，本章始终假定 $F_{\widetilde{X}}(x)$ 是严格增函数。在期初，报贩根据市场需求状况，以批发价 c 向供应商订购 Q_{DN} 数量的商品，同时必须首先向供应商支付 cQ_{DN} 单位的资本，当 $cQ_{DN} \leqslant w_0$ 时，报贩并不需要向银行申请贷款；如果报贩认为订购更多数量的商品在未来是有利可图的，那么他或许由于资金限制，而必须向银行申请贷款 $L(w_0)$，假定银行的利率为 r，那么在期末他必须偿还银行的本利和为 $L(w_0)(1+r)$，然而由于报贩没有其他的资产作为抵押，银行为了降低由于借贷而可能产生的风险，针对所掌握的市场需求信息以及报贩自有资金的状况，银行确定报贩可以借贷的上限为 $\bar{L}(w_0)$。因此在末期当需求实现时他的利润为

$$Z(Q_{DN}, w_0, \widetilde{X}) = p\min\{\widetilde{X}, Q_{DN}\} + s\max\{Q_{DN} - \widetilde{X}, 0\} + (w_0 + L(w_0) - cQ_{DN}) - L(w_0)(1+r) \tag{5.1}$$

那么报贩的决策问题为

$$\max_{(Q_{DN}, L(w_0)) \in \mathfrak{B}(Q,L)} DU(Z(Q_{DN}, w_0, \widetilde{X})) = E_{g_N}[Z(Q_{DN}, w_0, \widetilde{X})]$$

其中 $\mathfrak{B}(Q,L) = \{(Q,L) \in R_+^2 \mid L \in [0, \bar{L}(w_0)], Q \in [0, (w_0 + L)/c]\}$。为了便于比较，首先讨论比较简单的情形，当银行不设定贷款上限，考察报贩的决策行为。为此，做以下假定：

(A1) $p > c(1+r)$；

(A2) $(w_0 + L(w_0) - cQ_{DN})L(w_0) = 0$；

(A3) 报贩没有投资其他资产的机会。

条件(A1) 是大多数相关文献最常用的假定，否则报贩不会订购任何数量的商品。由于利息率非负，条件(A2) 和(A3) 表明报贩不会同时借贷而同时又持有现金，即当他向银行贷款时，所有资金都用于订购商品。那么上述双变量决策问题退化为单变量决策问题。

报贩根据对市场需求的预测以及所持有资金多少，决定是否需要向银行贷款。根据上述假设(A2) 和(A3)，由于贷款可能招致更高的成本，因此有三种可能情形。报贩的自有资金完全可以订购一定数量的商品从而使其效用最大化；向银行借贷少量的资金从而可以使其效用最大化，但同时又没有破产的风险；向银行借贷大量的资金，使得效用达到最大，但必须承受可能破产的风险。那么在何种条件下，报贩的选择行为和上述三种情形相一致？下面主要

来讨论这一问题。

(1) 当 $0 \leqslant Q_{DN} < \frac{w_0}{c}$ 时。

$$Z(Q_{DN}, w_0, \widetilde{X}) = p\min\{\widetilde{X}, Q_{DN}\} + s\max\{Q_{DN} - \widetilde{X}, 0\} + (w_0 - cQ_{DN})$$

$$\begin{aligned}\max_{Q_{DN}} DU(Z(Q_{DN}, w_0, \widetilde{X})) &= \int_0^{Q_{DN}} px\, dg_N(F_{\widetilde{X}}(x)) + \\ &\int_{Q_{DN}}^{+\infty} pQ_{DN}\, dg_N(F_{\widetilde{X}}(x)) + \\ &\int_0^{Q_{DN}} p(Q_{DN} - x)\, dg_N(F_{\widetilde{X}}(x)) + (w_0 - cQ_{DN}) \\ &= pQ_{DN} - (p - s)\int_0^{Q_{DN}} g_N(F_{\widetilde{X}}(x))dx + \\ &(w_0 - cQ_{DN})\end{aligned} \tag{5.2}$$

对式(5.2)关于 Q_{DN} 求导

$$\frac{dDU(Z(Q_{DN}, w_0, \widetilde{X}))}{dQ_{DN}} = (p - c) - (p - s)g_N(F_{\widetilde{X}}(Q_{DN})) \tag{5.3}$$

让上式为零解之可得：$Q_{DN} = F_{\widetilde{X}}^{-1}\left(g_N^{-1}\left(\frac{p-c}{p-v}\right)\right)$。这是标准模型下对偶效用报贩的最优订购量。事实上

$$\frac{d^2 DU(Z(Q_{DN}, w_0, \widetilde{X}))}{dQ_{DN}^2} = -(p - s)g'_N(F_{\widetilde{X}}(Q_{DN}))f_{\widetilde{X}}(Q_{DN}) < 0$$

所以 $F_{\widetilde{X}}^{-1}\left(g_N^{-1}\left(\frac{p-c}{p-v}\right)\right)$ 为最优解 Q_{DN}^*，记为 $Q_{DN4}^* = F_{\widetilde{X}}^{-1}\left(g_N^{-1}\left(\frac{p-c}{p-v}\right)\right)$ 由此可知报贩不向银行借贷条件为：$cF_{\widetilde{X}}^{-1}\left(g_N^{-1}\left(\frac{p-c}{p-v}\right)\right) < w_0$。引入记号 $w_{D4} = cF_{\widetilde{X}}^{-1}\left(g_N^{-1}\left(\frac{p-c}{p-v}\right)\right)$。上述结论说明对报贩具有概率扭曲函数 $g_N(t)$，当他的初始资本 w_0 满足条件：$w_{D4} < w_0$，他不会向银行申请贷款，并且他并不将所有初始资本用于订购商品。

当报贩的自有资本不满足上述条件时，报贩将向银行申请贷款，因为暂时假定银行没有设定贷款上限，那么报贩必须事先决定商品的订购量从而确定

贷款额度。那么首先明确何种情形下，报贩将会破产。破产定义为末期当需求实现时，报贩收入小于等于初始资本和理应偿还银行的本利和。由此首先来确定报贩可能破产的临界订购量。最糟情形为末期需求的实现为零。让式(5.1)中随机需求 $\widetilde{X}$ 为零，则得到下面式子：

$$Z(Q_{DN},w_0,0)=sQ_{DN}-L(w_0)(1+r)=(s-c(1+r))Q_{DN}+w_0(1+r)>0$$

解上面的不等式可得：$Q_{DN}<\dfrac{w_0(1+r)}{c(1+r)-s}$。令 $\hat{Q}=\dfrac{w_0(1+r)}{c(1+r)-s}$，当报贩的订购量小于 $\hat{Q}$ 时，报贩尽管贷款但没有破产的风险。所以这是报贩可能破产的临界订购量。

(2) 当 $\dfrac{w_0}{c}\leqslant Q_{DN}<\hat{Q}$ 时。

由式(5.1)和假设(A2)和(A3)可知

$$Z(Q_{DN},w_0,\widetilde{X})=p\min\{\widetilde{X},Q_{DN}\}+s\max\{Q_{DN}-\widetilde{X},0\}-L(w_0)(1+r)$$

$$\begin{aligned}\max_{Q_{DN}} DU(Z(Q_{DN},w_0,\widetilde{X}))=&\int_0^{Q_{DN}} px\,\mathrm{d}g_N(F_{\widetilde{X}}(x))+\\&\int_{Q_{DN}}^{+\infty} pQ_{DN}\,\mathrm{d}g_N(F_{\widetilde{X}}(x))+\\&\int_0^{Q_{DN}} s(Q_{DN}-x)\,\mathrm{d}g_N(F_{\widetilde{X}}(x))-\\&(cQ_{DN}-w_0)(1+r)\\=&pQ_{DN}-(p-s)\int_0^{Q_{DN}} g_N(F_{\widetilde{X}}(x))\mathrm{d}x-\\&cQ_{DN}(1+r)+w_0(1+r)\end{aligned}\tag{5.4}$$

求一阶和二阶导数

$$\begin{cases}\dfrac{\mathrm{d}DU(Z(Q_{DN},w_0,\widetilde{X}))}{\mathrm{d}Q_{DN}}=(p-c(1+r))-(p-s)g_NF_{\widetilde{X}}(Q_{DN})\\[2ex]\dfrac{\mathrm{d}^2DU(Z(Q_{DN},w_0,\widetilde{X}))}{\mathrm{d}Q_{DN}^2}=-(p-s)g'_N(F_{\widetilde{X}}(Q_{DN}))f_{\widetilde{X}}(Q_{DN})<0\end{cases}\tag{5.5}$$

从而由一阶条件(5.5)得到的解是最优值：$Q_{DN2}^*=F_{\widetilde{X}}^{-1}\left(g_N^{-1}\left(\dfrac{p-c(1+r)}{p-v}\right)\right)$。

引入记号 $w_{D3}=cF_{\widetilde{X}}^{-1}\left(g_N^{-1}\left(\dfrac{p-c(1+r)}{p-v}\right)\right)$ 和 $w_{D2}=\left(c-\dfrac{s}{1+r}\right)F_{\widetilde{X}}^{-1}$

$\left(g_N^{-1}\left(\frac{p-c(1+r)}{p-v}\right)\right)$，显然 $w_{D2}<w_{D3}$。由于 $\frac{w_0}{c}\leqslant Q_{DN2}^{*}<\frac{w_0(1+r)}{c(1+r)-s}$，从而当报贩的初始财富满足条件 $\left(c-\frac{s}{1+r}\right)Q_{DN2}^{*}<w_0\leqslant cQ_{DN2}^{*}$ 时，报贩的最优订购量是 $F_{\tilde{X}}^{-1}\left(g_N^{-1}\left(\frac{p-c(1+r)}{p-v}\right)\right)$。

结合情形(1) 不难发现有如下关系成立：$w_{D3}<w_{D4}$，如果 $r>0$，即

$$cF_{\tilde{X}}^{-1}\left(g_N^{-1}\left(\frac{p-c(1+r)}{p-v}\right)\right)<cF_{\tilde{X}}^{-1}\left(g_N^{-1}\left(\frac{p-c}{p-v}\right)\right)$$

从而当报贩的初始财富满足 $w_{D3}<w_0\leqslant w_{D4}$ 时，报贩并不借贷而是使用完所有的自有资本，此时报贩的订购量为 $Q_{DN3}^{*}=\frac{w_0}{c}$。

(3) 当 $Q_{DN}\geqslant\hat{Q}$ 时。

该情形下，如果末期需求的实现值较低时，报贩将破产从而他的末期现金流为零，首先来确定破产的临界需求量，记为 $b(Q_{DN})$。显然 $b(Q_{DN})$ 应该小于订购量 Q_{DN}，从而由式(5.1) 可得

$$\begin{aligned}Z(Q_{DN},w_0,b(Q_{DN}))&=pb(Q_{DN})+s(Q_{DN}-b(Q_{DN}))-(cQ_{DN}-w_0)(1+r)\\&=(p-s)b(Q_{DN})-[c(1+r)-s]Q_{DN}+w_0(1+r)=0\end{aligned}$$

解上述方程可得

$$b(Q_{DN})=\frac{[c(1+r)-s]Q_{DN}-w_0(1+r)}{p-s}$$

从而报贩在末期的现金流为

$$Z(Q_{DN},w_0,\tilde{X})=\begin{cases}p\min\{\tilde{X},Q_{DN}\}+s\max\{Q_{DN}-\tilde{X},0\}\\-(cQ_{DN}-w_0)(1+r),b(Q_{DN})<\tilde{X}\\0,b(Q_{DN})\geqslant\tilde{X}\end{cases}\tag{5.6}$$

$$\begin{aligned}DU(Z(Q_{DN},w_0,\tilde{X}))=&\int_{b(Q_{DN})}^{Q_{DN}}px\,\mathrm{d}g_N(F_{\tilde{X}}(x))+\int_{Q_{DN}}^{+\infty}pQ_{DN}\mathrm{d}g_N(F_{\tilde{X}}(x))+\\&\int_{b(Q_{DN})}^{Q_{DN}}s(Q_{DN}-x)\,\mathrm{d}g_N(F_{\tilde{X}}(x))-\\&(cQ_{DN}-w_0)(1+r)\int_{b(Q_{DN})}^{+\infty}\mathrm{d}g_N(F_{\tilde{X}}(x))\end{aligned}$$

$$
\begin{aligned}
&=(p-s)\int_{b(Q_{DN})}^{Q_{DN}} x\,\mathrm{d}g_N(F_{\widetilde{X}}(x))+pQ_{DN}\\
&\int_{Q_{DN}}^{+\infty}\mathrm{d}g_N(F_{\widetilde{X}}(x))+\\
&sQ_{DN}\int_{b(Q_{DN})}^{+\infty}\mathrm{d}g_N(F_{\widetilde{X}}(x))-sQ_{DN}\int_{Q_{DN}}^{+\infty}\mathrm{d}g_N(F_{\widetilde{X}}(x))-\\
&(cQ_{DN}-w_0)(1+r)\int_{b(Q_{DN})}^{+\infty}\mathrm{d}g_N(F_{\widetilde{X}}(x))\\
&=(p-s)[g_N(F_{\widetilde{X}}(Q_{DN}))Q_{DN}-\\
&b(Q_{DN})g_N(F_{\widetilde{X}}(b(Q_{DN})))]-\\
&(p-s)\{\int_{b(Q_{DN})}^{Q_{DN}} g_N(F_{\widetilde{X}}(x))\mathrm{d}x-\\
&Q_{DN}[1-g_N(F_{\widetilde{X}}(Q_{DN}))]\}-\\
&(p-s)b(Q_{DN})[1-g_N(F_{\widetilde{X}}(b(Q_{DN})))]\\
&=(p-s)[Q_{DN}-b(Q_{DN})-\int_{b(Q_{DN})}^{Q_{DN}} g_N(F_{\widetilde{X}}(x))\mathrm{d}x]
\end{aligned}
\tag{5.7}
$$

对式(5.7)关于 Q_{DN} 求一阶导数有

$$
\begin{aligned}
\frac{\mathrm{d}DU(Z(Q_{DN},w_0,\widetilde{X}))}{\mathrm{d}Q_{DN}}&=(p-s)\left[1-\frac{c(1+r)-s}{p-s}-g_N(F_{\widetilde{X}}(Q_{DN}))\right]+\\
&(p-s)g_N(F_{\widetilde{X}}(b(Q_{DN})))\,\frac{c(1+r)-s}{p-s}=0
\end{aligned}
\tag{5.8}
$$

解上述方程可得

$$
Q_{DN1}^{*}=F_{\widetilde{X}}^{-1}\left(g_N^{-1}\left(\frac{p-c(1+r)}{p-s}+g_N(F_{\widetilde{X}}(b(Q_{DN}^{*})))\,\frac{c(1+r)-s}{p-s}\right)\right)
\tag{5.9}
$$

事实上在一定条件下式(5.9)是报贩在该情形下的最优解，为此只需说明报贩的效用函数在该点的二阶导数小于零即可。引入下列定义。

定义 5.1 如果连续随机变量 $\widetilde{X}$ 的概率密度函数 $f_{\widetilde{X}}(x)$ 有连续的导数，称 $\widetilde{X}$(或分布函数 $F_{\widetilde{X}}(x)$)具有增的失败率性质(IFR)，如果 $r(x)=$

$\dfrac{f_{\widetilde{X}}(x)}{1-F_{\widetilde{X}}(x)}$ 是 x 的增函数。

增的失败率在稳定性理论里具有广泛的应用，在有关库存问题的研究中也广泛被使用，很多常用的一些分布都具有该性质。详细的讨论参阅 Li, Chen 和 Yan(2006)。

定义 5.2　如果分布函数($F_{\widetilde{X}}(x)$) 具有 IFR 性质，称概率扭曲函数 $g(t)$ 保持 IFR 性质，如果 $g(F_{\widetilde{X}}(x))$ 满足 IFR。

如果随机需求($F_{\widetilde{X}}(x)$) 具有 IFR 性质，并且报贩的扭曲函数保持 IFR 性质，则式(5.9) 是报贩在情形(3) 的最优订购量。为了讨论方便记概率分布函数 $g_N(F_{\widetilde{X}}(x))=H_{\widetilde{X}}(x)$，对应的概率密度函数记为 $g'_N(F_{\widetilde{X}}(x))f_{\widetilde{X}}(x)=h_{\widetilde{X}}(x)$。对式(5.8) 关于 Q_{DN} 求导

$$\begin{aligned}
&\frac{\mathrm{d}^2 DU(Z(Q_{\mathrm{DN}},w_0,\widetilde{X}))}{\mathrm{d}Q_{\mathrm{DN}}^2}\\
&=(p-s)\left[-h_{\widetilde{X}}(Q_{\mathrm{DN}})+h_{\widetilde{X}}(b(Q_{\mathrm{DN}}))\left(\frac{c(1+r)-s}{p-s}\right)^2\right]\\
&=(p-s)\overline{H}_{\widetilde{X}}(Q_{\mathrm{DN}})\left[-\frac{h_{\widetilde{X}}(Q_{\mathrm{DN}})}{\overline{H}_{\widetilde{X}}(Q_{\mathrm{DN}})}+\frac{h_{\widetilde{X}}(b(Q_{\mathrm{DN}}))}{\overline{H}_{\widetilde{X}}(Q_{\mathrm{DN}})}\left(\frac{c(1+r)-s}{p-s}\right)^2\right]\\
&=-(p-s)\overline{H}_{\widetilde{X}}(Q_{\mathrm{DN}})\left[\frac{h_{\widetilde{X}}(Q_{\mathrm{DN}})}{\overline{H}_{\widetilde{X}}(Q_{\mathrm{DN}})}-\frac{h_{\widetilde{X}}(b(Q_{\mathrm{DN}}))}{\overline{H}_{\widetilde{X}}(b(Q_{\mathrm{DN}}))}\left(\frac{c(1+r)-s}{p-s}\right)\right]\\
&\leqslant 0
\end{aligned}\tag{5.10}$$

由

$$b(Q_{\mathrm{DN}})=\frac{(c(1+r)-s)Q_{\mathrm{DN}}-w_0(1+r)}{p-s}<Q_{\mathrm{DN}}$$

上面的不等式是由于 $H_{\widetilde{X}}(x)$ 具有 IFR 性质，从而

$$0\leqslant\frac{h_{\widetilde{X}}(Q_{\mathrm{DN}})}{\overline{H}_{\widetilde{X}}(Q_{\mathrm{DN}})}-\frac{h_{\widetilde{X}}(b(Q_{\mathrm{DN}}))}{\overline{H}_{\widetilde{X}}(b(Q_{\mathrm{DN}}))}<\frac{h_{\widetilde{X}}(Q_{\mathrm{DN}})}{\overline{H}_{\widetilde{X}}(Q_{\mathrm{DN}})}-\frac{h_{\widetilde{X}}(b(Q_{\mathrm{DN}}))}{\overline{H}_{\widetilde{X}}(b(Q_{\mathrm{DN}}))}\left(\frac{c(1+r)-s}{p-s}\right)$$

第三个等式是由于等式(5.8)。由此确定式(5.9) 是最优解。

此外，由 $b(Q_{\mathrm{DN}})$ 的表达可知，$b(Q_{\mathrm{DN}})$ 与报贩的自有资本 w_0 是一一对应的，从而最优解 Q_{DN1}^* 与 w_0 是一一对应的，因此记最优解为 $Q_{\mathrm{DN1}}^*(w_0)$。从式

(5.9) 以及 $F_{\tilde{X}}^{-1}(\cdot)$ 与 $g_N^{-1}(\cdot)$ 都是增函数不难得到下面的不等式

$$Q_{DN1}^*(w_0)=F_{\tilde{X}}^{-1}\left(g_N^{-1}\left(\frac{p-c(1+r)}{p-s}+g_N(F_{\tilde{X}}(b(Q_{DN1}^*(w_0))))\frac{c(1+r)-s}{p-s}\right)\right)$$

$$\geqslant F_{\tilde{X}}^{-1}\left(g_N^{-1}\left(\frac{p-c(1+r)}{p-v}\right)\right)=Q_{DN2}^* \tag{5.11}$$

要使上述不等关系中的等式成立，当且仅当 $g_N(F_{\tilde{X}}(b(Q_{DN1}^*(w_0))))=0$，显然 $b(Q_{DN1}^*(w_0))=0$ 时，上述关系成立。此时有 $Q_{DN1}^*(w_0)=Q_{DN2}^*=\hat{Q}$，即 $w_0=\left(c-\frac{s}{1+r}\right)Q_{DN1}^*(w_0)=\left(c-\frac{s}{1+r}\right)Q_{DN2}^*=w_{D2}$。由此可知，当 $w_0<w_{D2}$ 时，$w_0\leqslant\left(c-\frac{s}{1+r}\right)Q_{DN1}^*(w_0)$，且 $Q_{DN1}^*(w_0)\geqslant\hat{Q}$，从而 $b(Q_{DN1}^*(w_0))\geqslant 0$，依次表明 $Q_{DN1}^*(w_0)\geqslant Q_{DN2}^*$。

综合上面的情形(1)，(2) 和(3) 有如下的定理。

定理 5.1 如果对偶效用报贩的概率扭曲函数是 $g_N(t)$，其初始资本为 w_0，如果随机需求满足IFR且 $g_N(t)$ 保持IFR性质，那么报贩的最优订购量是 w_0 的函数且

$$Q_{DN}^*(w_0)=\begin{cases}Q_{DN1}^*, & \text{如果 } 0\leqslant w_0\leqslant w_{D2}\\ Q_{DN2}^*, & \text{如果 } w_{D2}<w_0\leqslant w_{D3}\\ Q_{DN3}^*, & \text{如果 } w_{D3}<w_0\leqslant w_{D4}\\ Q_{DN4}^*, & \text{如果 } w_{D4}<w_0\end{cases} \tag{5.12}$$

其中

$$Q_{DN1}^*=F_{\tilde{X}}^{-1}\left(g_N^{-1}\left(\frac{p-c(1+r)}{p-s}+g_N(F_{\tilde{X}}(b(Q_{DN1}^*(w_0))))\frac{c(1+r)-s}{p-s}\right)\right)$$

$$Q_{DN2}^*=F_{\tilde{X}}^{-1}\left(g_N^{-1}\left(\frac{p-c(1+r)}{p-v}\right)\right)$$

$$Q_{DN3}^*=w_0/c$$

$$Q_{DN4}^*=F_{\tilde{X}}^{-1}\left(g_N^{-1}\left(\frac{p-c}{p-v}\right)\right)$$

$$w_{D2}=\left(c-\frac{s}{1+r}\right)Q_{DN2}^*$$

$$w_{D3}=cQ_{DN2}^*$$

$$w_{D4} = cQ^*_{DN4}$$

当扭曲函数为恒同函数时，上述结论恰恰是风险中性报贩的最优订购量。为了便于讨论悲观、乐观的效应我们以推论的形式给出风险中性情形时的结论。

推论 5.1　如果风险中性报贩的初始资本为 w_0，如果随机需求满足 IFR，那么报贩的最优订购量是 w_0 的函数且

$$Q^*_{EN}(w_0) = \begin{cases} Q^*_{EN1}, & 如果\ 0 \leqslant w_0 \leqslant w_{E2} \\ Q^*_{EN2}, & 如果\ w_{E2} < w_0 \leqslant w_{E3} \\ Q^*_{EN3}, & 如果\ w_{E3} < w_0 \leqslant w_{E4} \\ Q^*_{EN4}, & 如果\ w_{E4} < w_0 \end{cases} \tag{5.13}$$

其中

$$Q^*_{EN1} = F^{-1}_{\tilde{X}}\left(\frac{p - c(1+r)}{p-s} + F_{\tilde{X}}(b(Q^*_{EN1}(w_0)))\frac{c(1+r)-s}{p-s}\right)$$

$$Q^*_{EN2} = F^{-1}_{\tilde{X}}\left(\frac{p - c(1+r)}{p-v}\right)$$

$$Q^*_{EN3} = w_0/c$$

$$Q^*_{DN4} = F^{-1}_{\tilde{X}}\left(\frac{p-c}{p-v}\right)$$

$$w_{E2} = \left(c - \frac{s}{1+r}\right)Q^*_{EN2}$$

$$w_{D3} = cQ^*_{EN2}$$

$$w_{E4} = cQ^*_{EN4}$$

下面讨论函数 $Q^*_{DN}(w_0)$ 与 $Q^*_{EN}(w_0)$ 的性质。

定理 5.2　如果随机需求具有 IFR 性质，对偶效用报贩的概率扭曲函数 $g_N(t)$ 保持 IFR，则：

（ⅰ）定理 5.1 定义的函数 $Q^*_{DN}(w_0)$ 是 w_0 的连续函数；

（ⅱ）$Q^*_{DN}(w_0)$ 在区间$[0, w_{D2}]$上单调递减。

证明　（ⅰ）$Q^*_{DN}(w_0)$ 是分段函数，只需说明在分段点处连续即可。

$$Q^*_{DN}(w_{D4}) = \frac{w_{D4}}{c} = \frac{cQ^*_{DN4}}{c} = Q^*_{DN4}$$

所以 $Q_{DN}^*(w_0)$ 在 w_{D4} 连续。

$$Q_{DN}^*(w_{D3})=\lim_{w_0\to w_{D3}^+}\frac{w_0}{c}=\frac{cQ_{DN3}^*}{c}=Q_{DN3}^*$$

所以 $Q_{DN}^*(w_0)$ 在 w_{D3} 连续。由定理5.1之前的讨论可知，$Q_{DN}^*(w_0)$ 在 w_{D2} 连续。

(ⅱ) 对式(5.8)关于 w_0 求导可得

$$\frac{\partial^2 DU(Z(Q_{DN},w_0,\widetilde{X}))}{\partial Q_{DN}\partial w_0}=-h(b(Q_{DN}))\left(\frac{c(1+r)-s}{p-s}\right)(1+r)\quad(5.14)$$

其中 $h(b(Q_{DN1}))=g'_N(F_{\widetilde{X}}(b(Q_{DN1})))f_{\widetilde{X}}(b(Q_{DN1}))$。由隐函数定理和式(5.10)以及式(5.14)可知

$$\begin{aligned}\frac{\mathrm{d}Q_{DN1}^*(w_0)}{\mathrm{d}w_0}&=-\frac{\partial^2 DU(Z(Q_{DN},w_0,\widetilde{X}))}{\partial Q_{DN}\partial w_0}\Big/\frac{\partial^2 DU(Z(Q_{DN},w_0,\widetilde{X}))}{\partial Q_{DN}^2}\\&=-\frac{-h(b(Q_{DN}))\left(\frac{c(1+r)-s}{p-s}\right)(1+r)}{-(p-s)\overline{H}_{\widetilde{X}}(Q_{DN})\left[\frac{h_{\widetilde{X}}(Q_{DN})}{\overline{H}_{\widetilde{X}}(Q_{DN})}-\frac{h_{\widetilde{X}}(b(Q_{DN}))}{\overline{H}_{\widetilde{X}}(b(Q_{DN}))}\left(\frac{c(1+r)-s}{p-s}\right)\right]}\\&=-\frac{h(b(Q_{DN}))}{\overline{H}_{\widetilde{X}}(Q_{DN})}\frac{(c(1+r)-s)(1+r)}{(p-s)^2\left[\frac{h_{\widetilde{X}}(Q_{DN})}{\overline{H}_{\widetilde{X}}(Q_{DN})}-\frac{h_{\widetilde{X}}(b(Q_{DN}))}{\overline{H}_{\widetilde{X}}(b(Q_{DN}))}\left(\frac{c(1+r)-s}{p-s}\right)\right]}\\&\leqslant 0\end{aligned}\quad(5.15)$$

最后的不等式是由于分布函数 $H(Q_{DN})$ 具有IFR性质。从而 $Q_{DN}^*(w_0)$ 在区间 $[0,w_{D2}]$ 上单调递减。

由于 $Q_{DN4}^*\geqslant Q_{DN3}^*\geqslant Q_{DN2}^*$，定理5.2的结论表明当报贩的财富在 $[w_{D2},+\infty)$ 最优订购量随着自有资本的增加而增加。而当报贩的初始财富在 $[0,w_{D2})$ 时，报贩的最优订购量随着财富的减少而增加，当初始资本为零时报贩的订购量最大，报贩的决策具有逆向选择行为，明显地增加了银行的风险。

定理5.3 (ⅰ) 对于悲观的报贩，总有 $w_{D4}\geqslant w_{E4}$，$w_{D3}\geqslant w_E$，$w_{D2}\geqslant w_{E2}$；(ⅱ) 对于乐观的报贩，总有 $w_{D4}\leqslant w_{E4}$，$w_{D3}\leqslant w_E$，$w_{D2}\leqslant w_{E2}$。

证明 由定理5.1和推论5.1中 w_{Di} 和 w_{Ei} 的定义可知，其中 $i=2,3,4$。

（ⅰ）当报贩是悲观决策者时，$g_N(t)$ 是凹函数且 $g_N(t) > t$。

$$w_{D4} = cQ^*_{DN4} = cF_{\overline{X}}^{-1}\left(g_N^{-1}\left(\frac{p-c}{p-v}\right)\right) \leqslant cF_{\overline{X}}^{-1}\left(\frac{p-c}{p-v}\right) = cQ^*_{EN4} = w_{E4}$$

$$w_{D3} = cF_{\overline{X}}^{-1}\left(g_N^{-1}\left(\frac{p-c(1+r)}{p-v}\right)\right) \leqslant cF_{\overline{X}}^{-1}\left(\frac{p-c(1+r)}{p-v}\right) = w_{E3}$$

$$w_{D2} = \left(c - \frac{s}{1+r}\right)F_{\overline{X}}^{-1}\left(g_N^{-1}\left(\frac{p-c(1+r)}{p-v}\right)\right)$$

$$\leqslant \left(c - \frac{s}{1+r}\right)F_{\overline{X}}^{-1}\left(\frac{p-c(1+r)}{p-v}\right) = w_{E2}$$

（ⅱ）当报贩是乐观决策者时，$g_N(t)$ 是凸函数且 $g_N(t) < t$，上述不等式恰好反向。

上述结论表明：具有悲观偏差的报贩，决定他采取不同订购策略的临界财富水平总是小于相应的利润最大化报贩的临界水平，而乐观决策者恰好相反。但这并不表明在每一财富水平下，悲观报贩的订购量总是小于风险中性报贩的订购量，这与没有资金约束的情形略有不同。此外，上述结论无论是对于强或弱悲观（乐观）都是成立的，在后面的一些结论仅仅对于强悲观的扭曲函数成立，因此在本章后面的部分，都假定报贩是强悲观或强乐观决策者，而不再作特别说明。我们有如下结论。

定理 5.4　如果对偶效用报贩 D 和风险中性报贩 E 具有同样的初始财富 w_0。

（ⅰ）当报贩 D 是悲观决策者时，如果报贩 E 根据初始财富不向银行贷款，则报贩 D 一定不会向银行申请贷款；

（ⅱ）当报贩 D 是乐观决策者时，如果报贩 E 根据初始财富向银行申请贷款，则报贩 D 一定会向银行申请贷款。

证明　（ⅰ）如果风险中性报贩 E 根据初始财富不向银行申请贷款，则他的初始财富 $w_0 \in (w_{E3}, +\infty)$，由于报贩 D 是悲观决策者，由定理 5.3 的结论可知 $(w_{E3}, +\infty) \subseteq (w_{D3}, +\infty)$，从而 $w_0 \in (w_{D3}, +\infty)$，由定理 5.1 可知报贩 D 并不向银行贷款。

（ⅱ）如果风险中性报贩 E 根据初始财富向银行申请贷款，则他的初始财

富 $w_0 \in [0, w_{E3}]$，报贩D是乐观决策者，由定理5.3可知$[0, w_{E3}] \subseteq [0, w_{D3}]$成立，从而 $w_0 \in [0, w_{D3}]$，由定理5.1可知，乐观报贩D向银行申请贷款。

定理5.5 如果对偶效用报贩D和风险中性报贩E具有同样的初始财富 w_0。

（ⅰ）当报贩D是悲观决策者时，如果 $w_0 \in [0, w_{D2}]$，则报贩D的最优订购量小于报贩E的，即 $Q^*_{DN1}(w_0) \leqslant Q^*_{EN1}(w_0)$；

（ⅱ）当报贩D是乐观决策者时，如果 $w_0 \in [0, w_{E2}]$，则报贩D的最优订购量大于报贩E的，即 $Q^*_{DN1}(w_0) \geqslant Q^*_{EN1}(w_0)$。

证明 （ⅰ）当报贩是悲观决策者时，他的概率扭曲函数 $g_N(t)$ 是凹函数，为了讨论方便假定为严格凹函数，由概率函数的定义可知 $g_N(1)=1$。令 $\lambda_1 = \dfrac{p-c(1+r)}{p-s}$ 和 $\lambda_2 = \dfrac{c(1+r)-s}{p-s}$，显然 $0<\lambda_1, \lambda_2<1$，且 $\lambda_1+\lambda_2=1$，式(5.8)可以写成

$$\begin{aligned} Q^*_{DN1}(w_0) &= F^{-1}_{\tilde{X}}\Big(g^{-1}_N\Big(g_N(1)\frac{p-c(1+r)}{p-s} + \\ &\qquad g_N(F_{\tilde{X}}(b(Q^*_{DN})))\frac{c(1+r)-s}{p-s}\Big)\Big) \\ &= F^{-1}_{\tilde{X}}(g^{-1}_N[\lambda_1 g_N(1) + \lambda_2 g_N(F_{\tilde{X}}(b(Q^*_{DN})))]) \\ &\leqslant F^{-1}_{\tilde{X}}(g^{-1}_N[g_N(\lambda_1 + \lambda_2 F_{\tilde{X}}(b(Q^*_{DN})))]) \\ &= F^{-1}_{\tilde{X}}(\lambda_1 + \lambda_2 F_{\tilde{X}}(b(Q^*_{DN}))) \\ &= F^{-1}_{\tilde{X}}\Big(\frac{p-c(1+r)}{p-s} + \frac{c(1+r)-s}{p-s}F_{\tilde{X}}(b(Q^*_{DN}))\Big) \end{aligned} \tag{5.16}$$

由式(5.16)可知

$$\begin{aligned} 0 &\leqslant \frac{p-c(1+r)}{p-s} - F_{\tilde{X}}(Q^*_{DN1}(w_0)) + \frac{c(1+r)-s}{p-s}F_{\tilde{X}}(b(Q^*_{DN})) \\ &= 1 - \frac{c(1+r)-s}{p-s} - F_{\tilde{X}}(Q^*_{DN1}(w_0)) + \frac{c(1+r)-s}{p-s}F_{\tilde{X}}(b(Q^*_{DN})) \end{aligned}$$

由式(5.8)

$$\left.\frac{\mathrm{d}E[Z(Q_{EN},w_0,\widetilde{X})]}{\mathrm{d}Q_{DN}}\right|_{Q_{EN}=Q^*_{DN1}(w_0)}$$
$$=(p-s)\left[1-\frac{c(1+r)-s}{p-s}-F_{\widetilde{X}}(Q^*_{DN1}(w_0))+F_{\widetilde{X}}(b(Q^*_{DN1}(w_0)))\frac{c(1+r)-s}{p-s}\right]\leqslant 0 \tag{5.17}$$

由不等式(5.10)可知$E[Z(Q_{EN},w_0,\widetilde{X})]$为凹函数，从而由不等式(5.17)可知$Q^*_{DN1}(w_0)\leqslant Q^*_{EN1}(w_0)$。

（ⅱ）当报贩是乐观决策时，扭曲函数为凸函数，从而不等式(5.16)反向，依据不等式(5.17)方向，命题得证。

报贩根据自己的初始财富，按照效用最大化原则确定自己的最优订购量，依次来决定是否向银行贷款和贷款额度，因此银行在末期的支付也是随机的，依赖于报贩在初期的决策以及末期随机需求的实现值。下面讨论银行的决策。假定银行的目标是对偶效用最大化，相应的概率扭曲函数为$g_B(t)$。

(1) 当$0\leqslant Q_{DN}<\frac{w_0}{c}$时。

报贩并不向银行贷款，因此银行的期末利润是零，即$Z_B(Q_{DN},w_0,\widetilde{X})=0$。

(2) 当$\frac{w_0}{c}\leqslant Q_{DN}<\hat{Q}$时。

报贩向银行申请数额较小的贷款，从而没有破产风险，因此银行获得确定数额的回报，即所有贷款的利息$Z_B(Q_{DN},w_0,\widetilde{X})=(cQ_{DN}-w_0)r$。

(3) 当$Q_{DN}\geqslant\hat{Q}$时。

报贩向银行申请数额较大的贷款，当末期需求实现值较低时报贩破产，银行利润是报贩的所有收入减去银行原来的贷款，当需求实现值较高时，银行的利润是贷款的所有利息。

$$Z_B(Q_{DN},w_0,\widetilde{X})=\begin{cases}p\widetilde{X}+s(Q_{DN}-\widetilde{X})-(c\widetilde{X}-w_0) & ,\text{如果 }\widetilde{X}\leqslant Q_{DN}\\(c\widetilde{X}-w_0)r & ,\text{如果 }\widetilde{X}>Q_{DN}\end{cases} \tag{5.18}$$

银行的效用为

$$
\begin{aligned}
&DU(Z_B(Q_{DN}, w_0, \widetilde{X})) \\
&= \int_0^{b(Q_{DN})} [px + s(Q_{DN} - x) - (cx - w_0)] \mathrm{d}g_B(F_{\widetilde{X}}(x)) + \\
&\int_{b(Q_{DN})}^{+\infty} (cQ_{DN} - w_0) \mathrm{d}g_B(F_{\widetilde{X}}(x)) \\
&= (p-s)\int_0^{b(Q_{DN})} x \mathrm{d}g_B(F_{\widetilde{X}}(x)) + (cQ_{DN} - w_0)r - \\
&[(c(1+r)-s)Q_{DN} - w_0(1+r)] g_B(F_{\widetilde{X}}(b(Q_{DN}))) \qquad (5.19) \\
&= (p-s)\left[\int_0^{b(Q_{DN})} x \mathrm{d}g_B(F_{\widetilde{X}}(x)) + \frac{(cQ_{DN} - w_0)r}{p-s}\right] \\
&= (p-s)\frac{[(c(1+r)-s)Q_{DN} - w_0(1+r)]}{p-s} g_B(F_{\widetilde{X}}(b(Q_{DN}))) \\
&= (p-s)\left[\int_0^{b(Q_{DN})} x \mathrm{d}g_B(F_{\widetilde{X}}(x)) + \frac{(cQ_{DN} - w_0)r}{p-s} - \right. \\
&\left. b(Q_{DN}) g_B(F_{\widetilde{X}}(b(Q_{DN})))\right]
\end{aligned}
$$

在情形(2)当报贩的初始资本固定时，报贩订购量越大银行的利润越高从而效用越高，而情形(3)并不是报贩订购量越多越好，对银行来说存在最优的报贩订购量，此时银行的效用达到最大。关于式(5.19)求一阶导数和二阶导数。

$$
\begin{aligned}
&\frac{\mathrm{d}DU(Z_B(Q_{DN}, w_0, \widetilde{X}))}{\mathrm{d}Q_{DN}} \\
&= (p-s)\left[b(Q_{DN}) h_{\widetilde{X}}(b(Q_{DN}))\, b'(Q_{DN}) + \frac{cr}{p-s}\right] - \\
&(p-s)[b'(Q_{DN}) H_{\widetilde{X}}(b(Q_{DN})) + b(Q_{DN}) h_{\widetilde{X}}(b(Q_{DN}))\, b'(Q_{DN})] \\
&= (p-s)\left[-b'(Q_{DN}) H_{\widetilde{X}}(b(Q_{DN})) + \frac{cr}{p-s}\right] \\
&= (p-s)\left[-\frac{c(1+r)-s}{p-s} H_{\widetilde{X}}(b(Q_{DN})) + \frac{cr}{p-s}\right]
\end{aligned} \qquad (5.20)
$$

其中 $H_{\widetilde{X}}(x) = g_B(F_{\widetilde{X}}(x))$ 和 $h'_{\widetilde{X}}(x) = g'_B(F_{\widetilde{X}}(x)) f_{\widetilde{X}}(x)$。

$$\frac{\mathrm{d}^2 DU(Z_{\mathrm{B}}(Q_{\mathrm{DN}},w_0,\widetilde{X}))}{\mathrm{d}Q_{\mathrm{DN}}^2}=-(p-s)\left(\frac{c(1+r)-s}{p-s}\right)^2 h_{\widetilde{X}}(b(Q_{\mathrm{DN}}))\leqslant 0$$

由此可知当 $Q_{\mathrm{DN}}\geqslant\hat{Q}$ 时，银行决策者的效用函数是报贩订购量 Q_{DN} 的凹函数。令式(5.20)等于零，解出使得银行效用最大化的订购量记为 $Q_{\mathrm{DB}}^*(w_0)$。

由式(5.20)可知

$$\frac{c(1+r)-s}{p-s}g_{\mathrm{B}}(F_{\widetilde{X}}(b(Q_{\mathrm{DB}}^*(w_0))))=\frac{cr}{p-s} \tag{5.21}$$

等价于

$$\frac{[(c(1+r)-s)Q_{\mathrm{DB}}^*(w_0)-w_0(1+r)]}{p-s}=F_{\widetilde{X}}^{-1}\left(g_{\mathrm{B}}^{-1}\left(\frac{cr}{c(1+r)-s}\right)\right)$$

$$Q_{\mathrm{DB}}^*(w_0)=\frac{w_0(1+r)}{c(1+r)-s}+\frac{p-s}{c(1+r)-s}F_{\widetilde{X}}^{-1}\left(g_{\mathrm{B}}^{-1}\left(\frac{cr}{c(1+r)-s}\right)\right) \tag{5.22}$$

定理 5.6　假设银行按照对偶效用最大化进行决策，如果报贩的初始财富满足条件：$w_0\in[0,w_{\mathrm{D2}}]$，当报贩订购量是 $Q_{\mathrm{DB}}^*(w_0)$ 时，可以使得银行决策者的效用达到最大。

推论 5.2　假设银行的目标是利润最大化，如果报贩的初始财富满足条件：$w_0\in[0,w_{\mathrm{D2}}]$，当报贩订购量是 $Q_{\mathrm{EB}}^*(w_0)$ 时，可以使得银行决策者的效用达到最大。其中

$$Q_{\mathrm{EB}}^*(w_0)=\frac{w_0(1+r)}{c(1+r)-s}+\frac{p-s}{c(1+r)-s}F_{\widetilde{X}}^{-1}\left(\frac{cr}{c(1+r)-s}\right) \tag{5.23}$$

推论 5.3　假设银行 1 的目标是利润最大化，而银行 2 的目标是对偶效用最大化。

(ⅰ) 如果银行 2 具有悲观偏差，则对于相同的报贩银行 1 所期望最优的订购量 $Q_{\mathrm{EB}}^*(w_0)$ 大于银行 2 所期望的最优订购量 $Q_{\mathrm{DB}}^*(w_0)$；

(ⅱ) 如果银行 2 具有悲观偏差，则对于相同的报贩银行 1 所期望最优的订购量 $Q_{\mathrm{EB}}^*(w_0)$ 小于银行 2 所期望的最优订购量 $Q_{\mathrm{DB}}^*(w_0)$。

从式(5.22)可知，在区间$[0,w_{\mathrm{D2}}]$上，$Q_{\mathrm{DB}}^*(w_0)$ 是 w_0 的线性函数，并且单调递增。由于 $Q_{\mathrm{DN}}^*(w_0)$ 在$[0,w_{\mathrm{D2}}]$上是单调递减函数，所以当 $Q_{\mathrm{DN}}^*(0)<Q_{\mathrm{DB}}^*(0)$ 时，始终有 $Q_{\mathrm{DB}}^*(w_0)<Q_{\mathrm{DN}}^*(w_0)$ 两条曲线没有交点，因此，银行与报贩

之间不存在均衡的订购量。下面主要讨论 $Q_{DN}^*(0)\geqslant Q_{DB}^*(0)$ 的情形，有如下结论。

定理 5.7 在区间 $[0,w_{D2}]$ 上存在一个财富水平 w_0^*，使得银行期望的最优订购量和报贩实际的最优订购量一致，即 $Q_{DN}^*(w_0^*)=Q_{DB}^*(w_0^*)$。其中

$$Q_{DN}^*(w_0^*)=F_{\tilde{X}}^{-1}\left\{g_N^{-1}\left[\frac{p-c(1+r)}{p-s}+\right.\right.$$

$$\left.\left.g_N\left(g_B^{-1}\left(\frac{cr}{c(1+r)-s}\right)\right)\left(\frac{c(1+r)-s}{p-s}\right)\right]\right\}$$

$$w_0^*=\left(\frac{c(1+r)-s}{1+r}\right)Q_{DN}^*(w_0^*)-\left(\frac{p-s}{1+r}\right)F_{\tilde{X}}^{-1}\left(g_B^{-1}\left(\frac{cr}{c(1+r)-s}\right)\right)$$

证明 由于 $Q_{DN}^*(0)\geqslant Q_{DB}^*(0)$，并且 $Q_{DB}^*(w_0)$ 在区间 $[0,w_{D2}]$ 为严格增函数，而 $Q_{DN}^*(w_0)$ 为减函数，从而必存在一点 w_0^* 使得 $Q_{DN}^*(w_0^*)=Q_{DB}^*(w_0^*)$。现在计算对应的 w_0^* 和 $Q_{DN}^*(w_0^*)$。由 $Q_{DN}^*(w_0^*)=Q_{DB}^*(w_0^*)$ 可以推出如下关系

$$F_{\tilde{X}}(b(Q_{DN}^*(w_0^*)))=F_{\tilde{X}}(b(Q_{DB}^*(w_0^*)))$$

因为 $F_{\tilde{X}}(b(Q_{DB}^*(w_0^*)))=g_B^{-1}\left(\dfrac{cr}{c(1+r)-s}\right)$，此外由式(5.8)可知

$$\begin{aligned}g_N(F_{\tilde{X}}(Q_{DN}^*(w_0^*)))&=\frac{p-c(1+r)}{p-s}+g_N(F_{\tilde{X}}(b(Q_{DN}^*(w_0^*))))\left(\frac{c(1+r)-s}{p-s}\right)\\&=\frac{p-c(1+r)}{p-s}+g_N\left(g_B^{-1}\left(\frac{cr}{c(1+r)-s}\right)\right)\left(\frac{c(1+r)-s}{p-s}\right)\end{aligned}$$

由此可知

$$Q_{DN}^*(w_0^*)=F_{\tilde{X}}^{-1}\left\{g_N^{-1}\left[\frac{p-c(1+r)}{p-s}+\right.\right.$$

$$\left.\left.g_N\left(g_B^{-1}\left(\frac{cr}{c(1+r)-s}\right)\right)\left(\frac{c(1+r)-s}{p-s}\right)\right]\right\}$$

根据式(5.22)以及上面的公式有

$$Q_{DN}^*(w_0^*)=\frac{w_0^*(1+r)}{c(1+r)-s}+\frac{p-s}{c(1+r)-s}F_{\tilde{X}}^{-1}\left(g_B^{-1}\left(\frac{cr}{c(1+r)-s}\right)\right)$$

通过变形可得

$$w_0^*=\left(\frac{c(1+r)-s}{1+r}\right)Q_{DN}^*(w_0^*)-\left(\frac{p-s}{1+r}\right)F_{\tilde{X}}^{-1}\left(g_B^{-1}\left(\frac{cr}{c(1+r)-s}\right)\right)$$

命题得证。

在现存的资本限制报童模型里，报贩和银行都是利润最大化决策者，为了看到悲观和乐观偏差对于均衡结果的影响，以定理 5.7 推论的形式给出标准情形下的结论。

推论 5.4　假定报贩和银行都是根据利润最大化原则进行决策，并且 $Q_{EN}^*(0) \geqslant Q_{EB}^*(0)$，那么在区间 $[0, w_{E2}]$ 存在一个财富水平 w_0^* 使得银行期望的最优订购量和报贩实际的最优订购量一致，即 $Q_{EN}^*(w_0^*) = Q_{EB}^*(w_0^*)$。其中

$$Q_{EN}^*(w_0^*) = F_{\bar{X}}^{-1}\left(\frac{p-c}{p-s}\right) = Q_{EN4}^*$$

$$w_0^* = \left(\frac{c(1+r)-s}{1+r}\right)Q_{EN4}^* - \left(\frac{p-s}{1+r}\right)F_{\bar{X}}^{-1}\left(\frac{cr}{c(1+r)-s}\right)$$

当报贩和银行都是利润最大化决策者时，如果报贩的初始财富恰好是 w_0^*，则银行和报贩达到一个均衡的订购量，等于报贩资本充足不需要贷款的最优订购量，即标准报贩问题的最优解，推论 5.4 的结论类似于 Buzacott 和 Zhang(2004) 的结论。下面讨论悲观和乐观偏差的效应。

定理 5.8　如果报贩是风险中性决策者，而银行是对偶效用决策者，对应的扭曲函数为 $g_B(t)$。

(ⅰ) 如果银行是悲观决策者，则 $Q_{EN}^*(w_0^*) \leqslant Q_{EN4}^*$；

(ⅱ) 如果银行是乐观决策者，则 $Q_{EN}^*(w_0^*) \geqslant Q_{EN4}^*$。如果 $g_B(t)$ 是严格凹(凸) 函数，上面的不等式都是严格成立的。

证明　由于报贩是风险中性的，可以看作对偶效用的一种特殊情形，即扭曲函数为恒同函数。由定理 5.7 中关于 $Q_{EN}^*(w_0^*)$ 表达可知

$$Q_{EN}^*(w_0^*) = F_{\bar{X}}^{-1}\left[\frac{p-c(1+r)}{p-s} + g_B^{-1}\left(\frac{cr}{c(1+r)-s}\right)\left(\frac{c(1+r)-s}{p-s}\right)\right]$$

(ⅰ) 当银行是悲观决策者时，$g_B(t)$ 是凹函数，从而 $g_B(t) > t, t \in (0,1)$，则 $g_B^{-1}(t) < t, t \in (0,1)$ 且是凸的扭曲函数。则上式重新写作

$$\begin{aligned} Q_{EN}^*(w_0^*) &= F_{\bar{X}}^{-1}\left[\left(\frac{p-c(1+r)}{p-s}\right) + g_B^{-1}\left(\frac{cr}{c(1+r)-s}\right)\left(\frac{c(1+r)-s}{p-s}\right)\right] \\ &\leqslant F_{\bar{X}}^{-1}\left[\frac{p-c(1+r)}{p-s} + \frac{cr}{c(1+r)-s}\cdot\frac{c(1+r)-s}{p-s}\right] \\ &= F_{\bar{X}}^{-1}\left(\frac{p-c}{p-s}\right) = Q_{EN4}^* \end{aligned}$$

（ⅱ）当银行是悲观决策者时，$g_B(t)$ 是凸函数，从而 $g_B(t)<t,t\in(0,1)$，则 $g_B^{-1}(t)>t,t\in(0,1)$ 且是凹的扭曲函数。上述不等式反向，所以有 $Q_{EN}^*(w_0^*)\geqslant Q_{EN4}^*$。

定理 5.9 如果银行是风险中性决策者，而报贩是对偶效用决策者，对应的扭曲函数为 $g_N(t)$。

（ⅰ）如果报贩是悲观决策者，则 $Q_{DN4}^*\leqslant Q_{DN}^*(w_0^*)\leqslant Q_{EN4}^*$；

（ⅱ）如果报贩是乐观决策者，则 $Q_{DN4}^*\geqslant Q_{DN}^*(w_0^*)\geqslant Q_{EN4}^*$。如果 $g_N(t)$ 是严格凹（凸）函数，上面的不等式都是严格成立的。

证明 风险中性银行的扭曲函数是恒同函数，使用定理5.7中 $Q_{EN}^*(w_0^*)$ 表达可知

$$Q_{DN}^*(w_0^*)=F_{\tilde{X}}^{-1}\left\{g_N^{-1}\left[\frac{p-c(1+r)}{p-s}+g_N\left(\frac{cr}{c(1+r)-s}\right)\left(\frac{c(1+r)-s}{p-s}\right)\right]\right\}$$

（ⅰ）当报贩是悲观决策者时，$g_N(t)$ 是凹函数，从而 $g_N(t)>t,t\in(0,1)$，则 $g_N^{-1}(t)<t,t\in(0,1)$ 且是凸的扭曲函数。由于 $g_N(1)=1$，上式重新写作

$$\begin{aligned}Q_{DN}^*(w_0^*)&=F_{\tilde{X}}^{-1}\left\{g_N^{-1}\left[g_N(1)\frac{p-c(1+r)}{p-s}+\right.\right.\\&\qquad\left.\left.g_N\left(\frac{cr}{c(1+r)-s}\right)\left(\frac{c(1+r)-s}{p-s}\right)\right]\right\}\\&\leqslant F_{\tilde{X}}^{-1}\left\{g_N^{-1}\left[g_N\left(\frac{p-c(1+r)}{p-s}+\frac{cr}{c(1+r)-s}\cdot\frac{c(1+r)-s}{p-s}\right)\right]\right\}\\&=F_{\tilde{X}}^{-1}\left(\frac{p-c}{p-s}\right)=Q_{EN4}^*\end{aligned}$$

因为 $F_{\tilde{X}}^{-1}(\cdot)$ 和 $g_N^{-1}(\cdot)$ 都是增函数，所以有下面不等式成立

$$\begin{aligned}Q_{DN}^*(w_0^*)&=F_{\tilde{X}}^{-1}\left\{g_N^{-1}\left[\frac{p-c(1+r)}{p-s}+g_N\left(\frac{cr}{c(1+r)-s}\right)\left(\frac{c(1+r)-s}{p-s}\right)\right]\right\}\\&\leqslant F_{\tilde{X}}^{-1}\left\{g_N^{-1}\left[\frac{p-c(1+r)}{p-s}+\frac{cr}{c(1+r)-s}\cdot\frac{c(1+r)-s}{p-s}\right]\right\}\\&=F_{\tilde{X}}^{-1}\left(g_N^{-1}\left(\frac{p-c}{p-s}\right)\right)=Q_{DN4}^*\end{aligned}$$

（ⅱ）当报贩是乐观决策者时，$g_N(t)$ 是凸函数，从而 $g_N(t)<t,t\in$

$(0,1)$，则 $g_N^{-1}(t) > t, t \in (0,1)$ 且凹的扭曲函数。上面两个不等式反向，所以有 $Q_{DN4}^* \geqslant Q_{DN}^*(w_0^*) \geqslant Q_{EN4}^*$。

定理 5.10　如果报贩和银行都是对偶效用决策者，对应的扭曲函数为 $g_N(t)$ 和 $g_B(t)$。

（ⅰ）如果报贩和银行都是悲观决策者，则 $Q_{DN}^*(w_0^*) \leqslant Q_{EN4}^*$；

（ⅱ）如果报贩和银行都是悲观决策者，则 $Q_{DN}^*(w_0^*) \geqslant Q_{EN4}^*$；如果 $g_N(t)$ 或 $g_B(t)$ 至少有一个是严格凹（凸）函数，上面的不等式都是严格成立的。

证明　（ⅰ）由于 $g_N(t)$ 和 $g_B(t)$ 是凹函数，$g_N(t) > t, g_B(t) > t, t \in (0,1)$，则 $g_N^{-1}(t) < t, g_B^{-1}(t) < t, t \in (0,1)$。由于 $g_N(1) = 1$，在此使用定理 5.7 中 $Q_{EN}^*(w_0^*)$ 表达可知

$$
\begin{aligned}
&Q_{DN}^*(w_0^*)\\
&= F_{\tilde{X}}^{-1}\left\{g_N^{-1}\left[\frac{p-c(1+r)}{p-s} + g_N\left(g_B^{-1}\left(\frac{cr}{c(1+r)-s}\right)\right)\left(\frac{c(1+r)-s}{p-s}\right)\right]\right\}\\
&\leqslant F_{\tilde{X}}^{-1}\left\{g_N^{-1}\left[\frac{p-c(1+r)}{p-s} + g_N\left(\frac{cr}{c(1+r)-s}\right)\left(\frac{c(1+r)-s}{p-s}\right)\right]\right\}\\
&= F_{\tilde{X}}^{-1}\left\{g_N^{-1}\left[g_N(1)\,\frac{p-c(1+r)}{p-s} + g_N\left(\frac{cr}{c(1+r)-s}\right)\left(\frac{c(1+r)-s}{p-s}\right)\right]\right\}\\
&\leqslant F_{\tilde{X}}^{-1}\left\{g_N^{-1}\left[g_N\left(\frac{p-c(1+r)}{p-s} + \frac{cr}{c(1+r)-s}\cdot\frac{c(1+r)-s}{p-s}\right)\right]\right\}\\
&= F_{\tilde{X}}^{-1}\left(\frac{p-c}{p-s}\right) = Q_{EN4}^*
\end{aligned}
$$

同理可证（ⅱ）。

当银行和报贩都是风险中性决策者，他们的目标是使得自身利润最大化，当 $Q_{EN}^*(0) > Q_{EB}^*(0)$ 时，由推论 5.4 可知一定存在一个财富水平 w_0^* 使得报贩的订购量和银行期望的订购量恰好一致，从而达到一种均衡状态。然而如果报贩的初始财富小于 w_0^*，且银行没有借贷限制，则报贩倾向于订购更多数量的商品，报贩的逆向选择行为增加了银行可能遭受损失的风险。然而，当报贩是悲观的对偶效用决策者时，这种逆向选择行为却有可能消失。事实上，当报贩充分悲观时，且如果他的概率扭曲函数 $g_N(t)$ 或许并不保持 IFR 性质，因此 $w_{DN}^*(w_0)$ 或许不是单调减函数，那么报贩并不展示逆向选择行为。

此外，根据式(5.9)可知，只要报贩是充分悲观的，则对应的 $Q_{DN}^{*}(0)$ 可以充分的小，从而使得 $Q_{DN}^{*}(w_0) < Q_{EB}^{*}(w_0)$，银行按照利润最大化原则进行放贷，这样剔除了报贩可能的逆向选择行为。这一现象也被 Arcand(2006) 所观察到，Arcand(2006) 使用对偶效用来研究信用配给问题。在经典的信用配给文献里，Stiglitz 和 Weiss(1981) 证明借贷者期望收益是项目风险的增函数，即项目的风险越大，借贷者的期望收益也越大，如果借贷者是期望收益最大化决策者，则借贷者倾向投资于风险更大的项目，这增加了银行潜在损失的风险，类似于本书中报贩的逆向选择行为。而 Arcand(2006) 提供的例子说明，如果借贷者是对偶效用决策者，充分悲观的决策者或许并不展示逆向选择行为。类似于上面的讨论。

以上的分析都假定银行不设定贷款上限，但由于报贩没有其他的质押资产，所以贷款属于 ASL 类型的贷款，银行为了降低风险必须事先设定贷款的上限。下面讨论银行设定贷款上限的决策问题。

定理 5.11 如果银行是对偶效用决策者扭曲函数为 $g_B(t)$，当报贩的初始资本为 w_0，如果报贩向银行申请贷款，则银行设定的资产上限为

$$\overline{L}_D(w_0) = \frac{w_0 s}{c(1+r)-s} + \frac{(p-s)c}{c(1+r)-s} F_{\overline{X}}^{-1}\left(g_B^{-1}\left(\frac{cr}{c(1+r)-s}\right)\right) \quad (5.24)$$

证明 银行为了控制风险，根据自己期望的订购量设定贷款上限，因此

$$\begin{aligned}\overline{L}_D(w_0) &= cQ_{DB}^{*}(w_0) - w_0 \\ &= c\left[\frac{w_0(1+r)}{c(1+r)-s} + \frac{p-s}{c(1+r)-s} F_{\overline{X}}^{-1}\left(g_B^{-1}\left(\frac{cr}{c(1+r)-s}\right)\right)\right] - w_0 \\ &= \frac{w_0 s}{c(1+r)-s} + \frac{(p-s)c}{c(1+r)-s} F_{\overline{X}}^{-1}\left(g_B^{-1}\left(\frac{cr}{c(1+r)-s}\right)\right)\end{aligned}$$

命题得证。

推论 5.5 如果银行是风险中性决策者，当报贩的初始资本为 w_0，如果报贩向银行申请贷款，则银行设定的资产上限为

$$\overline{L}_E(w_0) = \frac{w_0 s}{c(1+r)-s} + \frac{(p-s)c}{c(1+r)-s} F_{\overline{X}}^{-1}\left(\frac{cr}{c(1+r)-s}\right) \quad (5.25)$$

推论 5.6 银行 D 是对偶效用决策者，扭曲函数为 $g_B(t)$，银行 E 是风险

中性决策者。

（ⅰ）银行 D 如果具有悲观偏差，他所设定的贷款上限小于风险中性银行 E 所设定贷款上限，即 $\overline{L}_{\mathrm{D}}(w_0) \leqslant \overline{L}_{\mathrm{E}}(w_0)$；

（ⅱ）银行 D 如果具有乐观偏差，他所设定的贷款上限大于风险中性银行 E 所设定贷款上限，即 $\overline{L}_{\mathrm{D}}(w_0) \geqslant \overline{L}_{\mathrm{E}}(w_0)$。

证明　（ⅰ）由于银行 D 是悲观决策者，所以 $g_{\mathrm{B}}(t)$ 为凹函数，从而 $g_{\mathrm{B}}(t) > t$，因此，有 $t > g_{\mathrm{B}}^{-1}(t)$ 成立，由式(5.25) 和式(5.26) 可知，$\overline{L}_{\mathrm{D}}(w_0) \leqslant \overline{L}_{\mathrm{E}}(w_0)$。

同理可证（ⅱ）。

由式(5.25) 和式(5.26) 可知银行的贷款上限在$[0, w_0^*]$是报贩初始资本 w_0 的增函数，而报贩的最优订购量在$[0, w_0^*]$是初始资本的减函数，因此银行根据式(5.25) 和式(5.26) 所设定的贷款上限有效地防止了报贩逆向选择行为所产生的风险。此外，当报贩的初始资本在 $w_0 > w_0^*$，报贩的最优订购量 $Q_{DN}(w_0) \leqslant Q_{DB}(w_0)$。报贩的订购量小于银行所期望的订购量，报贩根据效用最大化原则申请较小数额的贷款。

定理 5.12　银行 D 是对偶效用决策者，扭曲函数为 $g_{\mathrm{B}}(t)$；银行 E 是风险中性决策者，他们所设定的贷款上限分别为 $\overline{L}_{\mathrm{D}}(w_0)$ 和 $\overline{L}_{\mathrm{E}}(w_0)$。

（ⅰ）银行 D 和 E 可能的最大损失分别为

$$K_{\mathrm{D}} = (p - s) F_{\bar{X}}^{-1}\left(g_{\mathrm{B}}^{-1}\left(\frac{cr}{c(1+r)-s}\right)\right)$$

$$K_{\mathrm{E}} = (p - s) F_{\bar{X}}^{-1}\left(\frac{cr}{c(1+r)-s}\right)$$

（ⅱ）当银行 D 是悲观决策者时 $K_{\mathrm{D}} \leqslant K_{\mathrm{E}}$；

（ⅲ）当银行 D 是乐观决策者时 $K_{\mathrm{D}} \geqslant K_{\mathrm{E}}$。

证明　（ⅰ）银行设定贷款上限，并且向报贩发放贷款，当末期的需求实现为零时，银行遭受最大损失。如果银行是对偶效用决策者则

$$K_{\mathrm{D}}=\bar{L}_{\mathrm{D}}(w_0)(1+r)-sQ_{\mathrm{DB}}^*(w_0)$$
$$=(1+r)\left[\frac{w_0 s}{c(1+r)-s}+\frac{(p-s)c}{c(1+r)-s}F_{\bar{X}}^{-1}\left(g_{\mathrm{B}}^{-1}\left(\frac{cr}{c(1+r)-s}\right)\right)\right]-$$
$$s\left[\frac{w_0(1+r)}{c(1+r)-s}+\frac{p-s}{c(1+r)-s}F_{\bar{X}}^{-1}\left(g_{\mathrm{B}}^{-1}\left(\frac{cr}{c(1+r)-s}\right)\right)\right]$$
$$=(p-s)F_{\bar{X}}^{-1}\left(g_{\mathrm{B}}^{-1}\left(\frac{cr}{c(1+r)-s}\right)\right)$$

同理可证

$$K_{\mathrm{E}}=(p-s)F_{\bar{X}}^{-1}\left(\frac{cr}{c(1+r)-s}\right)$$

(ⅱ)当银行D是悲观决策者时，由于$t>g_{\mathrm{B}}^{-1}(t)$，所以由K_{D}和K_{E}表达可知$K_{\mathrm{D}}\leqslant K_{\mathrm{E}}$。

同理可证(ⅲ)。

K_{D}可以看作银行愿意承受的最大损失，当银行比较悲观时他愿意承受的损失较低，乐观时愿意承受的损失较高，因此K_{D}可以用来度量银行悲观和乐观的程度。此外，由上述表达不难看到，银行对于每个申请贷款的报贩愿意承受的损失对立于报贩的初始资本水平。

定理5.13 银行D是对偶效用决策者，概率扭曲函数为$g_{\mathrm{B}}(t)$；银行E是风险中性决策者，银行设定贷款上限分别为$\bar{L}_{\mathrm{D}}(w_0)$和$\bar{L}_{\mathrm{E}}(w_0)$。如果报贩的初始财富在$[0,w_0^*]$，假设报贩向两家银行借款的破产概率分别为$P_{\mathrm{D}}(w_0)$和$P_{\mathrm{E}}(w_0)$。

(ⅰ)如果银行D具有悲观偏差，则$P_{\mathrm{D}}(w_0)\leqslant P_{\mathrm{E}}(w_0)$；

(ⅱ)如果银行D具有乐观偏差，则$P_{\mathrm{D}}(w_0)\geqslant P_{\mathrm{E}}(w_0)$。

证明 由于银行设定贷款上限，当报贩的初始资本水平在$[0,w_0^*]$时，报贩最大订购量分别为$Q_{\mathrm{DB}}^*(w_0)$和$Q_{\mathrm{EB}}^*(w_0)$。由式(5.22)可知

$$b(Q_{\mathrm{DB}}^*(w_0))=\frac{(c(1+r)-s)Q_{\mathrm{DB}}^*(w_0)-w_0(1+r)}{p-s}$$
$$=\frac{\left[w_0(1+r)+(p-s)F_{\bar{X}}^{-1}\left(g_{\mathrm{B}}^{-1}\left(\frac{cr}{c(1+r)-s}\right)\right)\right]-w_0(1+r)}{p-s}$$
$$=F_{\bar{X}}^{-1}\left(g_{\mathrm{B}}^{-1}\left(\frac{cr}{c(1+r)-s}\right)\right)$$

同理

$$b(Q_{\mathrm{EB}}^{*}(w_0))=F_{\widetilde{X}}^{-1}\left(\frac{cr}{c(1+r)-s}\right)$$

报贩实际的破产概率为

$$P_{\mathrm{D}}(w_0)=P\{\widetilde{X}\leqslant b(Q_{\mathrm{DB}}^{*}(w_0))\}=F_{\widetilde{X}}(b(Q_{\mathrm{DB}}^{*}(w_0)))=g_{\mathrm{B}}^{-1}\left(\frac{cr}{c(1+r)-s}\right)$$

$$P_{\mathrm{E}}(w_0)=P\{\widetilde{X}\leqslant b(Q_{\mathrm{EB}}^{*}(w_0))\}=F_{\widetilde{X}}(b(Q_{\mathrm{EB}}^{*}(w_0)))=\frac{cr}{c(1+r)-s}$$

显然当银行 D 具有悲观偏差时，$P_{\mathrm{D}}(w_0)\leqslant P_{\mathrm{E}}(w_0)$；具有乐观偏差时，$P_{\mathrm{D}}(w_0)\geqslant P_{\mathrm{E}}(w_0)$。命题得证。

定理 5.13 表明当报贩的初始资本在$[0,w_0^{*}]$时，报贩实际的破产风险受到银行悲观或乐观程度的控制，当银行越悲观报贩破产的概率越小，而越乐观报贩破产的概率越大。此外，在此范围类报贩实际破产的概率独立于他的初始资本水平。

定理 5.14　当报贩和银行都是对偶决策者时，且银行设定贷款上限。如果报贩的初始资本 w_0 在区间$[0,w_0^{*}]$，则银行的效用是报贩初始资本的单调递增函数，当报贩的初始资本在$[w_{\mathrm{D2}},w_{\mathrm{D3}}]$时，银行的效用是报贩初始财富的递减函数。

证明　当 $w_0\in[0,w_0^{*}]$时，可知 Q_{DN} 是 w_0 的单调减函数，在该情形下银行的效用为式(5.19)，对式(5.19)关于报贩的初始资本 w_0 求导可得

$$\begin{aligned}
&\frac{\mathrm{d}DU(Z_{\mathrm{B}}(Q_{\mathrm{DN}},w_0,\widetilde{X}))}{\mathrm{d}w_0}\\
&=(p-s)\left[b(Q_{\mathrm{DN}})h_{\widetilde{X}}(b(Q_{\mathrm{DN}}))\frac{\mathrm{d}b(Q_{\mathrm{DN}})}{\mathrm{d}w_0}+\left(\frac{cr}{p-s}\frac{\mathrm{d}Q_{\mathrm{DN}}}{\mathrm{d}w_0}-\frac{r}{p-s}\right)\right]\\
&=(p-s)\left[\frac{\mathrm{d}b(Q_{\mathrm{DN}})}{\mathrm{d}w_0}H_{\widetilde{X}}(b(Q_{\mathrm{DN}}))+b(Q_{\mathrm{DN}})h_{\widetilde{X}}(b(Q_{\mathrm{DN}}))\frac{\mathrm{d}b(Q_{\mathrm{DN}})}{\mathrm{d}w_0}\right]\\
&=(p-s)\left[-\frac{\mathrm{d}b(Q_{\mathrm{DN}})}{\mathrm{d}w_0}H_{\widetilde{X}}(b(Q_{\mathrm{DN}}))+\left(\frac{cr}{p-s}\frac{\mathrm{d}Q_{\mathrm{DN}}}{\mathrm{d}w_0}-\frac{r}{p-s}\right)\right]\\
&=-\left((c(1+r)-s)\frac{\mathrm{d}Q_{\mathrm{DN}}}{\mathrm{d}w_0}-(1+r)\right)H_{\widetilde{X}}(b(Q_{\mathrm{DN}}))+\left(cr\frac{\mathrm{d}Q_{\mathrm{DN}}}{\mathrm{d}w_0}-r\right)\\
&=[cr-(c(1+r)-s)H_{\widetilde{X}}(b(Q_{\mathrm{DN}}))]\frac{\mathrm{d}Q_{\mathrm{DN}}}{\mathrm{d}w_0}+((1+r)H_{\widetilde{X}}(b(Q_{\mathrm{DN}})-r)
\end{aligned}$$

$$=\frac{cr(1+r)}{c(1+r)-s}-r$$

$$=\frac{sr}{c(1+r)-s}>0 \tag{5.26}$$

由式(5.20)可知

$$H_{\tilde{X}}(b(Q_{DN}))=\frac{cr}{c(1+r)-s}$$

将其代入第四个等式可知第一项为零,第二项恰好为第五个等式,所以当报贩的财富在$[0,w_0^*]$时,银行的效用随着报贩的初始财富递增而递增。

当$w_0\in[w_{D2},w_{D3}]$时,银行的利润为$Z_B(Q_{DN3}^*,w_0,\widetilde{X})=(cQ_{DN3}^*-w_0)r$,从而是报贩初始资本的减函数。

5.3 结　论

本章讨论了悲观和乐观偏差对于资本限制报贩决策行为的影响。当报贩发现订购超过他的初始资本所允许数量的商品在末期是有利可图的时候,报贩考虑向银行申请贷款,由于报贩没有其他的资产作为质押,那么银行允许他申请ABL类型的贷款,在这种类型的贷款协议里,银行为减少风险而根据报贩的初始资本状况设定一个贷款上限。

本章使用对偶效用来刻画报贩的决策行为。在资本无约束报贩问题里,我们证明了在给定的价格下,悲观报贩的最优订购量总是小于风险中性订购量,乐观报贩的最优订购量总是大于风险中性的订购量。而在资本约束报童模型里,我们看到情形并非如此,通过构造简单的例子我们可以看到,当悲观报贩的初始资本在一定水平上,他的订购量或许会大于风险中性订购量,然而当他充分悲观时,即悲观报贩不申请贷款的最优订购量小于风险中性报贩申请贷款的最优订购量时,对于任意初始财富水平的报贩他的最优订购量总是小于对应的风险中性报贩,而对于乐观报贩结论恰好相反。此外,我们证明了风险中性报贩根据利润最大化原则不申请贷款时,具有同样初始财富水平的悲观报贩也一定不申请贷款。当风险中性报贩根据自有资本决定向银行申请贷款时，具有同样初始财富水平的乐观报贩也一定向银行申请贷款。此外，证明了无论是悲观还是乐观报贩他们的最优需求订购量是初始资本的函数，并且和风险中性报贩的订购函数具有类似的性质和形状，当初始财富较少时，他们向银行申请贷款，订购量是初始财富单调减函数。如果初始财富大于某个临界水平，他们向银行申请较小数额的贷款而没有破产风险，并且他们的初始财富在一个范围内时，他们的订购量是一个常数。当悲观和风险中性报贩具有同样初始资本时，如果他们的初始资本都比较少时($w_0 \leqslant w_{DN2}$)，悲观报贩的最优订购量总是小于风险中性的报贩的最优订购量。从而在考虑向银行贷款时，悲观报贩申请的贷款额度总是小于风险中性报贩的贷款额度，而对于乐观的对偶效用报贩情形恰好相反。

银行从报贩的借贷中获得利润同时也承担一定的风险。如果银行也是对偶效用决策者，根据效用最大化原则来确定报贩最优的订购数量，从而确定贷款数额。银行所期望的报贩的订购数量是报贩初始资本的线性函数，并且和自身的悲观和乐观程度密切相关。在报贩和银行都是风险中性的情形，存在一个财富水平使得报贩的最优订购量恰好和银行所期望的订购水平相一致，此时双方达到均衡，均衡的订购数量是经典无约束报童模型的最优订购水平。而这一结论在双方都是对偶效用最大化决策者时并不成立，当报贩和银行至少有一方具有悲观偏差时，他们均衡的订购数量小于风险中性情形下的均衡订购量，并且该数量也不等于报贩无约束情形下的最优订购水平，而双方至少有一方是乐观决策者时，结论恰好相反。银行为了降低风险而设定贷款上限，我们证明悲观银行所设定贷款上限通常小于风险中性银行的贷款上限，从而前者愿意承受的最大损失也小于后者愿意承受的最大损失，并且随着悲观程度的增加这种意愿水平也随之降低。银行设定贷款上限，一方面控制了自己可能遭受损失的风险；另一方面也控制了报贩实际破产的概率，银行越悲观根据他所设定的贷款上限，报贩可能破产的概率也越低。此外，当报贩的初始财富水平较少时，银行的利润是报贩初始财富的递增函数。

第 6 章　总结与展望

6.1　总　结

报童模型在实际中有着非常广泛的应用。企业的生产决策、库存决策，零售商的采购决策，以及服务行业的运作空间管理都可以纳入到该模型的框架下。

尽管从心理学、实验经济学和行为经济学以及行为金融学等领域的研究已经表明，人类的两种非常重要的心理偏差 —— 悲观和乐观，在人类各种决策问题中扮演着重要的角色。迄今为止仍然没有把他们纳入到运作管理领域研究，特别是有关报贩模型的研究。本书试图把报贩的悲观和乐观偏差引入到该类问题的研究中来。这两类心理偏差对报贩的决策行为所产生的影响，主要包括以下三个方面。

1. 在单期单商品报贩模型下

证明了悲观的预期效用报贩订购量少于对应的期望效用报贩的订购量，两者之差是由于报贩对于概率的悲观态度所造成的。同时也证明悲观报贩预期效用报贩的订购量小于标准的风险中性报贩的订购量。而乐观的预期效用报贩的订购量大于对应的期望效用报贩订购量同时小于对应的对偶效用报贩，两者之间的差异是由于报贩对财富的态度所引起的。通过构造例子说明乐观的预期效用报贩的行为有可能与 Schweitzer 和 Cachon(2000) 实验中的“中心聚集效应”相一致，众所周知，这类效应和很多的决策模型框架无法兼容。最后，讨论了随机需求均值和方差变化对悲观和乐观的预期效用决策者订购行为的影响。

2. 讨论具有悲观和乐观偏差的行为报贩在价格相关需求环境下的定价订购决策

在乘需求和加需求模型下，将 Chen，Xu 和 Zhang（2009）在 CVaR 框架下与 Agrawal 和 Seshadri（2000）在期望效用框架下结论推广到更一般的包含决策者概率态度的预期效用框架。Agrawal 和 Seshadri（2000）的工作是联合定价订购决策报贩模型最为重要的工作之一，然而我们的研究发现他们工作中最主要的结论存在很大缺陷，在此基础上提出修正的条件以此来保证结论的正确性。此外，讨论了悲观和乐观偏差对于报贩定价和订购策略的影响，在适当的条件下得到比较明确的结论。

3. 将决策者的行为偏差引入到运作管理和金融决策相互作用的分析之中

迄今为止，关于该类模型的研究仍然是在决策者风险中性的框架下进行研究。在该问题的研究中，使用对偶效用来刻画报贩和银行的决策行为。这类决策模型仍然包含了决策者的悲观和乐观偏差，以及风险厌恶和风险喜好偏差。我们证明在决策者这类行为偏差对于报贩和银行的决策都有显著的影响。报贩的悲观乐观偏差不仅影响自身的决策行为，同时对于银行的决策以及利润也产生一定影响，而银行的悲观和乐观偏差通过影响贷款上限的设定，从而影响他们发放每笔贷款所愿意承受的损失，间接对报贩的破产概率产生影响。

6.2 展　望

本书属于行为运作管理的范畴。尽管行为经济学、行为金融学的发展已经具有一定的历史，然而行为运作管理领域的研究才刚刚起步，未来仍然有大量工作需要把行为科学工具引入到管理科学的研究。本书仅仅是把人类的悲观和乐观偏差引入到报贩模型并对其进行分析研究。然而，任何行为问题的研究都无法脱离实证数据的支持，本书的一个缺陷在于没有对我们的结论进行实验研究，从而缺乏实证检验。因此在未来的工作中，我们将通过实验的方法来验证本书的结论，特别是扭曲函数的形式与 Schweitzer 和 Cachon（2000）

实验现象的关系，以及和过度自信偏差的关系。

本书的所有结论都假定随机需求的分布是已知的，从而需求的每个实现值的概率是已知的。然而，在现实中事实并非如此，近几年在经济和金融研究领域，学者们已经普遍意识到这一事实。当客观概率未知或主观概率不唯一时，人类的决策行为有着显著的不同，普遍表现出 Ambiguity 厌恶行为，这已经被 Ellesberg 悖论以及后来的一些实验所证实。然而，在运作管理领域只有极其少量的文献对人类这种意识偏差进行讨论。我们未来的工作将考虑 Ambiguity 环境下报贩的决策行为。

近几年，另外一个重要的研究领域就是考虑运作决策和金融决策的交互作用。然而，迄今为止的这些研究并未将人类的行为偏差纳入到相应的模型中去，我们未来的工作将考虑行为科学、运作管理和金融决策多学科的交叉研究。

参考文献

[1] 谢金星.报童模型的起源与早期发展[J].数学建模及其应用,2025,14(1):106-113.

[2] 吴萌,白甜,蔡大海,等.行为运营管理研究综述[J].电子科技大学学报(社科版),2024,26(1):15-30.

[3] 陈杰,邢灵博,李胃胜,等.不完备质量下带有风险厌恶的库存决策模型[J].中国管理科学,2024,32(2):54-64.

[4] 陈杰,邢灵博,曹娟,等.需求侧带有多重泊松流的报童模型[J].中国管理科学,2024(4):1-14.

[5] 江厚元,Serguei Netessine.不完整需求信息下报童供应链鲁棒契约[J].中国科学:数学,2025,55(2):237-260.

[6] ACERBI C,TASCHE D. On the coherence of expected shortfall[J]. Journal of banking & finance,2002,26(7):1487-1503.

[7] AGRAWAL V,SESHADRI S. Impact of uncertainty and risk aversion on price and order quantity in the newsvendor problem[J]. Manufacturing & service operations management,2000,2(4):410-423.

[8] AGRAWAL V,SESHADRI S. Risk intermediation in supply chains[J]. IIE transactions,2000,32(9):819-831.

[9] AHMED S,ULAS C,SHAPIRO A. Coherent risk measures in inventory problems[J]. European journal of operational research,2007,182(1):226-238.

[10] AHMED S,FILIPOVI D,SVINDLAND G. A note on natural risk statistics[J]. Operations research letters,2008,36(6):662-664.

[11] ANVARI M. Optimality criteria and risk in inventory models:The case of the newsboy problem[J]. Journal of the operational research society,

1987,38(7):625-632.

[12] ARROW K J. Essays in the theory of risk bearing[M]. New York: North-Holland,1974.

[13] ARTZNER P,DELBAEN F,EBER J,et al. Coherent measures of risk [J]. Mathematical Finance,1999,9(3):203-228.

[14] AVIV Y,FEDERGRUEN A. Capacitated multi-item inventory systems with random and seasonally fluctuating demands:Implications for postponement strategies[J]. Management science,2001,47(4):512-531.

[15] KEREN B,PLISKIN J S. A benchmark solution for the risk-averse newsvendor problem[J]. European journal of operational research,2006,174(3):1643-1650.

[16] KHOUJA M. The single-period (news-vendor) problem:Literature review and suggestions for future research[J]. Omega,1999,27(5):537-553.

[17] BASSOK Y,ANUPINDI R,AKELLA R. Single-period multiproduct inventory models with substitution[J]. Operations research,1999,47(4):632-642.

[18] BAWA V S. Stochastic dominance:a research bibliography[J]. Management Science,1982,28:698-712.

[19] BENDOLY E,DONOHUE K,SCHULTZ K L. Behavior in operations management:Assessing recent findings and revisiting old assumptions [J]. Journal of operations management,2006,24(6):737-752.

[20] BENDOLY E,CROSON R,GONCALVES P,et al. Bodies of knowledge for research in behavioral operations[J]. Production and operations management,2010,19(4):434-452.

[21] BRUNNERMEIER M K,PARKER J A. Optimal expectations[J]. American economic review,2005,95(4):1092-1118.

[22] BOLTON G E,KATOK E. Learning by doing in the newsvendor Prob-

lem:A Laboratory Investigation of the Role of Experience and Feedback[J]. Manufacturing & Service Operations Management, 2008, 10(3):519-538.

[23] CHOI S, KIM J, LEE E, et al. Probability weighting and cognitive ability[J]. Management science, 2022, 68(7):5201-5215.

[24] BOSTIAN A A, HOLT C A, SMITH A M. Newsvendor "pull-to-center" effect: Adaptive learning in a laboratory experiment[J]. Manufacturing & service operations management, 2008, 10(4):590-608.

[25] BONNANS J F, SHAPIRO A. Perturbation Analysis of Optimization Problems[M]. New York Springer, 2000.

[26] BOUAKIZ M, SOBEL M J. Inventory control with an exponential utility criterion[J]. Operations research, 1992, 40(3):603-608.

[27] BUZACOTT J A, ZHANG R Q. Inventory management with asset-based financing[J]. Management science, 2004, 50(9):1274-1292.

[28] CHATEAUNEUF A. Modeling attitudes towards uncertainty and risk through the use of choquet integral[J]. Annals of operations research, 1994, 52(1):1-20.

[29] CHATEAUNEUF A, COHEN M, MEILIJSON I. Four notions of mean-preserving increase in risk, risk attitudes and applications to the rank-dependent expected utility model[J]. Journal of mathematical economics, 2004, 40(5):547-571.

[30] CHENG Y X, WU D D, OLSON D L, et al. Financing the newsvendor with preferential credit: Bank vs. manufacturer[J]. International journal of production research, 2021, 59(14):4228-4247.

[31] CHEN X, SIM M, SIMCHI-LEVI D, et al. Risk aversion in inventory management[J]. Operations research, 2007, 55(5):828-842.

[32] HONG C S, KARNI E, SAFRA Z. Risk aversion in the theory of expected utility with rank dependent probabilities[J]. Journal of economic

theory,1987,42(2):370-381.

[33] CHOI S. Risk-Averse Newsvendor Models[D]. PHD Dissertation,Rutgers,The State University of New Jersey,2009.

[34] CHOI S,RUSZCZYSKI A. A Risk-Averse Newsvendor with Law Invariant Coherent Measures of Risk[J]. Operations Research Letters,2008,36:77-82.

[35] CHOI S,RUSZCZYNSKI A,ZHAO Y. A multiproduct risk-averse newsvendor with law-invariant coherent measures of risk[J]. Operations research,2011,59(2):346-364.

[36] CHUNG K H. Risk in inventory models: The case of the newsboy problem:Optimality conditions[J]. Journal of the operational research society,1990,41(2):173-176.

[37] COVAL J D, THAKOR A V. Financial intermediation as a beliefs-bridge between optimists and pessimists[J]. Journal of financial economics,2005,75(3):535-569.

[38] CROSON R,DONOHUE K. Behavioral causes of the bullwhip effect and the observed value of inventory information[J]. Management science,2006,52(3):323-336.

[39] DADA M,HU Q H. Financing newsvendor inventory[J]. Operations research letters,2008,36(5):569-573.

[40] CHAPMAN D A,POLKOVNICHENKO V. First-order risk aversion, heterogeneity,and asset market outcomes[J]. The journal of finance,2009,64(4):1863-1887.

[41] DECROIX G A,ARREOLA-RISA A. Optimal production and inventory policy for multiple products under resource constraints[J]. Management science,1998,44(7):950-961.

[42] DELBAEN F. Coherent risk measures on general probability spaces [M]// Advances in Finance and Stochastics:Essays in Honour of Diet-

er Sondermann. Berlin, Heidelberg: Springer Berlin Heidelberg, 2002.

[43] DENTCHEVA D, RUSZCZYSKI A. Optimization with Stochastic Dominance Constraints[J]. SIAM Journal on Optimization, 2003, 14 (2): 548-566.

[44] DENTCHEVA D, RUSZCZYNSKI A. Portfolio optimization with stochastic dominance constraints[J]. Journal of banking & finance, 2006, 30(2): 433-451.

[45] EECKHOUDT L, GOLLIER C, SCHLESINGER H. The risk-averse (and prudent) newsboy[J]. Management science, 1995, 41(5): 786-794.

[46] ELLSBERG D. Risk, ambiguity, and the savage axioms[J]. The quarterly journal of economics, 1961, 75(4): 643.

[47] ELTON E J, GRUBER M J, BROWN S J, et al. Modern Portfolio Theory and Investment Analysis[M]. New York : John Wiley Sons, 2006.

[48] ESARY J D, PROSCHAN F, WALKUP D W. Association of Random Variables, with Applica- tions[J]. Annals of Mathematical Statistics, 1967, 38: 1466-1474.

[49] EVANS R V. Inventory control of a multiproduct system with a limited production resource[J]. Naval research logistics quarterly, 1967, 14(2): 173-184.

[50] FEDERGRUEN A, ZIPKIN P. Computational issues in an in nite-horizon, multi-echelon inven- tory model[J]. Operations Research, 1984, 32: 818-836.

[51] FENG T J, KELLER L R, ZHENG X N. Decision making in the newsvendor problem: A cross-national laboratory study[J]. Omega, 2011, 39 (1): 41-50.

[52] FISHBURN P C. Decision and Value Theory[M]. New York: Wiley, NY, 1964.

[53] FISHER M, RAMAN A. Reducing the Cost of Demand Uncertainty through Accurate Re- sponse to Early Sales[J]. Operation Research, 1996,44:87-99.

[54] FOLLMER H, SCHIED A. Convex Measures of Risk and Rrading Constraints[J]. Finance and Stochastics, 2002, 6:429-447.

[55] GAN X H, SETHI S P, YAN H M. Coordination of supply chains with risk-averse agents[J]. Production and operations management, 2004, 13(2):135-149.

[56] GAN X H, SETHI S P, YAN H M. Channel coordination with a risk-neutral supplier and a downside-risk-averse retailer[J]. Production and operations management, 2005, 14(1):80-89.

[57] GAUR V, SESHADRI S. Hedging inventory risk through market instruments[J]. Manufacturing & service operations management, 2005, 7(2):103-120.

[58] GINO F, PISANO G. Toward a theory of behavioral operations[J]. Manufacturing & service operations management, 2008, 10(4): 676-691.

[59] GOTOH J Y, TAKANO Y. Newsvendor solutions via conditional value-at-risk minimization[J]. European journal of operational research, 2007, 179(1):80-96.

[60] HADAR J, RUSSELL W. Rules for Ordering Uncertain Prospects[J]. The American Economic Review, 1969, 59:25-34.

[61] BLEICHRODT H, EECKHOUDT L. Saving under rank-dependent utility[J]. Economic theory, 2005, 25(2):505-511.

[62] HADLEY G, WHITIN T M. Analysis of Inventory Systems[M]. Prentice-Hall, Englewood Clis, New Jersey, 1963.

[63] HANOCH G, LEVY H. The Eciency Analysis of Choices Involving Risk[J]. Review of Economic Studies, 1969, 36:335-346.

[64] HEY J D. The economics of optimism and pessimism[J]. Kyklos,1984, 37(2):181-205.

[65] HEYMAN D P, SOBEL M J. Stochastic Models in Operations Research: Volume 2 Stochastic Optimization[M]. McGraw Hill Company, 1984.

[66] HILARY G, MENZLY L. Does past success lead analysts to become overconfident? [J]. Management science, 2006, 52(4):489-500.

[67] HUANG H, ZHANG S. The Distorted Theory of Rank-Dependent Expected Util- ity[J]. Annals of Economics and Finance, 2011, 12(2):233-263.

[68] IGNALL E, VEINOTT A F. Optimality of myopic inventory policies for several substitute products[J]. Management science, 1969, 15(5): 284-304.

[69] COVAL J D, THAKOR A V. Financial intermediation as a beliefs-bridge between optimists and pessimists[J]. Journal of financial economics, 2005, 75(3):535-569.

[70] KAHN J A. Why is production more volatile than sales? theory and evidence on the stockout-avoidance motive for inventory-holding[J]. The quarterly journal of economics, 1992, 107(2):481-510.

[71] KAHNEMAN D, TVERSKY A. Prospect theory - analysis of decision under risk[J]. Econometrica, 1979, 47(2):263-291.

[72] KAHNEMAN D, LOVALLO D. Timid choices and bold forecasts: A cognitive perspective on risk taking[J]. Management science, 1993, 39 (1):17-31.

[73] KANTHEN H K, HUY C. Supply chain coordination models with retailer's attitudes toward risk[M]//Operations Research Proceedings 2008. Berlin, Heidelberg: Springer Berlin Heidelberg, 2009:191-196.

[74] KATOK E, WU D Y. Contracting in supply chains: A laboratory inves-

tigation[J]. Management science,2009,55(12):1953-1968.

[75] KEREN B,PLISKIN J S. A benchmark solution for the risk-averse newsvendor problem[J]. European journal of operational research,2006,174(3):1643-1650.

[76] KOUVELIS P,ZHAO W H. The newsvendor problem and price-only contract when bankruptcy costs exist[J]. Production and operations management,2011,20(6):921-936.

[77] KUSUOKA S. On law invariant coherent risk measures[M]// Advances in Mathematical Economics. Tokyo:Springer Japan,2001:83-95.

[78] LAI G M,DEBO L G,SYCARA K. Sharing inventory risk in supply chain:The implication of financial constraint[J]. Omega,2009,37(4):811-825.

[79] LARIVIERE M A,PORTEUS E L. Selling to the newsvendor:An analysis of price-only contracts[J]. Manufacturing & service operations management,2001,3(4):293-305.

[80] EPSTEIN L G,ZIN S E. "First-order" risk aversion and the equity premium puzzle[J]. Journal of monetary economics,1990,26(3):387-407.

[81] LAU H S. The newsboy problem under alternative optimization objectives[J]. Journal of the operational research society,1980,31(6):525-535.

[82] LAU H S,LAU A H. Manufacturer's pricing strategy and return policy for a single-period commodity[J]. European journal of operational research,1999,116(2):291-304.

[83] LEHMANN E L. Ordered families of distributions[J]. The annals of mathematical statistics,1955,26(3):399-419.

[84] LEVY H. Stochastic dominance and expected utility:Survey and analysis[J]. Management science,1992,38(4):555-593.

[85] LEVY H. Stochastic Dominance: Investment Decision Making Under

Uncertainty[M]. 2nd Edition. New York:Springer,2006.

[86] LOCH C H, WU Y Z. Social preferences and supply chain performance:An experimental study[J]. Management science,2008,54(11):1835-1849.

[87] DE LAPPARENT M. Attitude toward risk of time loss in travel activity and air route choices[J]. Journal of intelligent transportation systems,2010,14(3):166-178.

[88] MAHAJAN S, VAN RYZIN G J. Inventory Competition Under DynamicConsumer Substi- tution[J]. Operations Research,2001,49:646-657.

[89] PURI M,ROBINSON D T. Optimism and economic choice[J]. Journal of financial economics,2007,86(1):71-99.

[90] MARKUS K, JONATHAN A. Parker. Optimal Expectations[J]. American Eco- nomic Review,2006,95(4):1092-1118.

[91] MARTÍNEZ-DE-ALBÉNIZ V,SIMCHI-LEVI D. Mean-variance tradeoffs in supply contracts[J]. Naval research logistics (NRL),2006,53(7):603-616.

[92] MCGRAW A P,MELLERS B A,RITOV I. The affective costs of overconfidence[J]. Journal of behavioral decision making,2004,17(4):281-295.

[93] MILLER N,RUSZCZYNSKI A. Risk-adjusted probability measures in portfolio optimization with coherent measures of risk[J]. European journal of operational research,2008,191(1):193-206.

[94] MOORE D A,HEALY P J. The trouble with overconfidence[J]. Psychological review,2008,115(2):502-517.

[95] MUSSWEILER T,STRACK F,PFEIFFER T. Overcoming the inevitable anchoring effect:Considering the opposite compensates for selective accessibility[J]. Personality and social psychology bulletin, 2000, 26

(9):1142-1150.

[96] NADDOR E. Sensitivity to Distributions in Inventory Systems[J]. Management Science,1978,24(16):1769-1772.

[97] OGRYCZAK W, RUSZCZYNSKI A. From stochastic dominance to mean-risk models:Semideviations as risk measures[J]. European journal of operational research,1999,116(1):33-50.

[98] OGRYCZAK W,RUSZCZYNSKI A. On consistency of stochastic dominance and mean - semideviation models[J]. Mathematical programming,2001,89(2):217-232.

[99] OGRYCZAK W,RUSZCZYNSKI A. Dual stochastic dominance and related mean-risk models[J]. SIAM journal on optimization,2002,13(1):60-78.

[100] OLIVARES M,TERWIESCH C,CASSORLA L. Structural estimation of the newsvendor model:An application to reserving operating room time[J]. Management science,2008,54(1):41-55.

[101] ÖZLER A, TAN B, KARAESMEN F. Multi-product newsvendor problem with value-at-risk considerations[J]. International journal of production economics,2009,117(2):244-255.

[102] PETERSON J C,BOURGIN D D,AGRAWAL M,et al. Using large-scale experiments and machine learning to discover theories of human decision-making[J]. Science,2021,372(6547):1209-1214.

[103] PFLUG G C. Some remarks on the value-at-risk and the conditional value-at-risk[M]//Probabilistic Constrained Optimization. Boston, MA:Springer US,2000:272-281.

[104] PLOUS S. A comparison of strategies for reducing interval overconfidence in group judgments[J]. Journal of applied psychology,1995,80(4):443-454.

[105] PORTEUS E L. Foundations of Stochastic Inventory Theory[M].

Stanford Business Books, Stan- ford, CA. , 2002.

[106] PRELEC D. The probability weighting function[J]. Econometrica, 1998, 66(3): 497.

[107] QUIGGIN J. A theory of anticipated utility[J]. Journal of economic behavior & organization, 1982, 3(4): 323-343.

[108] QUIGGIN J. Generalized Expected Utility Theory: The Rank-Dependent Model[M]. Kluwer Academic Publishers: Dordrecht, 1993.

[109] QUIGGIN J, WAKKER P. The axiomatic basis of anticipated utility: A clarification[J]. Journal of economic theory, 1994, 64(2): 486-499.

[110] QUIRK J P, SAPOSNIK R. Admissibility and measurable utility functions[J]. The review of economic studies, 1962, 29(2): 140-146.

[111] ROCKAFELLAR R T, URYASEV S P. Optimization of Conditional Value-at-Risk[J]. The Journal of Risk, 2000, 2: 21-41.

[112] ROCKAFELLAR R T, URYASEV S. Conditional value-at-risk for general loss distributions[J]. Journal of banking & finance, 2002, 26(7): 1443-1471.

[113] ROELL A. Risk aversion in quiggin and yaari's rank-order model of choice under uncertainty[J]. The economic journal, 1987, 97: 143.

[114] ROTHSCHILD M, STIGLITZ J E. Increasing risk: I. A definition[J]. Journal of economic theory, 1970, 2(3): 225-243.

[115] SCHWEITZER M E, CACHON G P. Decision bias in the newsvendor problem with a known demand distribution: Experimental evidence [J]. Management science, 2000, 46(3): 404-420.

[116] SHI M M, LIU Y, WU S H. A systematic analysis and experimental verification of joint pricing and inventory strategies in competitive newsvendor environments[J]. Systems, 2025, 13(1): 18.

[117] WANG Q W, ZHENG M M, SUN C W, et al. Optimal sourcing decisions considering quantity constraints under rank-dependent utility

theory[J]. Computers & industrial engineering, 2023, 178: 109130.

[118] SMITH S A, AGRAWAL N. Management of multi-item retail inventory systems with demand substitution[J]. Operations research, 2000, 48(1): 50-64.

[119] SOLL J B, KLAYMAN J. Overconfidence in interval estimates[J]. Journal of Experimental Psychology: Learning, Memory, and Cognition, 2004, 30(2): 299-314.

[120] SONG J S. The effect of leadtime uncertainty in a simple stochastic inventory model[J]. Management science, 1994, 40(5): 603-613.

[121] SONG Y Y, RAY S, LI S L. Structural properties of buyback contracts for price-setting newsvendors[J]. Manufacturing & service operations management, 2008, 10(1): 1-18.

[122] STECKEL J H, GUPTA S, BANERJI A. Supply chain decision making: Will shorter cycle times and shared point-of-sale information necessarily help? [J]. Management science, 2004, 50(4): 458-464.

[123] STEELE C M, ARONSON J. Stereotype threat and the intellectual test performance of African Americans[J]. Journal of personality and social psychology, 1995, 69(5): 797-811.

[124] STERMAN J D. Modeling managerial behavior: Misperceptions of feedback in a dynamic decision making experiment[J]. Management science, 1989, 35(3): 321-339.

[125] SU X M. Bounded rationality in newsvendor models[J]. Manufacturing & service operations management, 2008, 10(4): 566-589.

[126] TOMLIN B, WANG Y M. On the value of mix flexibility and dual sourcing in unreliable newsvendor networks[J]. Manufacturing & service operations management, 2005, 7(1): 37-57.

[127] TONG Y L. Probability Inequalities in Multivariate Distributions [M]. Amsterdam: Elsevier, 1980.

[128] TSAY A A. Risk sensitivity in distribution channel partnerships: Implications for manufacturer return policies[J]. Journal of retailing, 2002, 78(2): 147-160.

[129] TUTHILL J, FRECHETTE D L. Optimism and pessimism in commodity price hedging[J]. European review of agricultural economics, 2004, 31(3): 289-307.

[130] TVERSKY A, KAHNEMAN D. Advances in prospect theory: Cumulative representation of uncertainty[J]. Journal of risk and uncertainty, 1992, 5(4): 297-323.

[131] POLKOVNICHENKO V. Household portfolio diversification: A case for rank-dependent preferences[J]. Review of financial studies, 2005, 18(4): 1467-1502.

[132] VAN MIEGHEM J A. Commissioned paper: Capacity management, investment, and hedging: Review and recent developments[J]. Manufacturing & service operations management, 2003, 5(4): 269-302.

[133] VAN MIEGHEM J A. Risk mitigation in newsvendor networks: Resource diversification, flexibility, sharing, and hedging[J]. Management science, 2007, 53(8): 1269-1288.

[134] VAN RYZIN G, MAHAJAN S. On the relationship between inventory costs and variety benefits in retail assortments[J]. Management science, 1999, 45(11): 1496-1509.

[135] VAN DER LAAN N, TEUNTER R H, ROMEIJNDERS W, et al. The data-driven newsvendor problem: Achieving on-target service-levels using distributionally robust chance-constrained optimization[J]. International journal of production economics, 2022, 249: 108509.

[136] VEINOTT A F. Optimal policy for a multi-product, dynamic, nonstationary inventory problem[J]. Management science, 1965, 12(3): 206-222.

[137] WANG C X, WEBSTER S. The loss-averse newsvendor problem[J]. Omega, 2009, 37(1): 93-105.

[138] WANG S S, YOUNG V R, PANJER H H. Axiomatic characterization of insurance prices[J]. Insurance: mathematics and economics, 1997, 21(2): 173-183.

[139] WAKKER P P. Measuring utility by a trade-off method[J]. Journal of Risk and Uncertainty, 2001, 24(1): 73-95.

[140] WIGNIOLLE B. Optimism, pessimism and financial bubbles[J]. Journal of economic dynamics and control, 2014, 41: 188-208.

[141] WHITIN T M. Inventory control and price theory[J]. Management science, 1955, 2(1): 61-68.

[142] QIN Y, WANG R X, VAKHARIA A J, et al. The newsvendor problem: Review and directions for future research[J]. European journal of operational research, 2011, 213(2): 361-374.

[143] YAO L, CHEN Y F, YAN H M. The newsvendor problem with pricing: Extensions[J]. International journal of management science and engineering management, 2006, 1(1): 3-16.

[144] YAARI M E. The dual theory of choice under risk[J]. Econometrica, 1987, 55(1): 95.

[145] PRANOTO Y. Effects of human decision bias on supply chain performance [D]. Atlanta: Georgia Institute of Technology, 2005.